建设中华民族现代文明丛书
新时代中国式现代化基层党建实践丛书

□ 华中科技大学华中智库重大专项"新时代文明实践中心建设：成效、问题与建议"（项目编号：2021HZZK001）成果
□ 华中科技大学铸牢中华民族共同体意识研究专项"马克思主义民族理论中国化的历史与经验研究"（项目编号：2021ZLXJ007）成果

文明新风如何培育
新时代文明实践路径与方法

Wen Ming Xin Feng Ru He Pei Yu
Xin Shi Dai Wen Ming Shi Jian Lu Jing Yu Fang Fa

主　编 ◎ 岳　奎
副主编 ◎ 吕宏山　覃愿愿

华中科技大学出版社
http://press.hust.edu.cn
中国·武汉

图书在版编目(CIP)数据

文明新风如何培育:新时代文明实践路径与方法/岳奎主编.—武汉:华中科技大学出版社,2023.10
(新时代中国式现代化基层党建实践丛书)
ISBN 978-7-5680-9979-0

Ⅰ.①文… Ⅱ.①岳… Ⅲ.①社会主义精神文明建设-中国-文集 Ⅳ.①D648-53

中国国家版本馆 CIP 数据核字(2023)第 161911 号

文明新风如何培育——新时代文明实践路径与方法　　　　岳　奎　主编
Wenming Xinfeng Ruhe Peiyu——Xinshidai Wenming Shijian Lujing yu Fangfa

策划编辑:周晓方　杨　玲	
责任编辑:王晓东	
封面设计:廖亚萍	
责任校对:张汇娟	
责任监印:周治超	
出版发行:华中科技大学出版社(中国·武汉)	电话:(027)81321913
武汉市东湖新技术开发区华工科技园	邮编:430223
录　　排:华中科技大学惠友文印中心	
印　　刷:武汉科源印刷设计有限公司	
开　　本:787mm×1092mm　1/16	
印　　张:16.25　插页:1	
字　　数:347 千字	
版　　次:2023 年 10 月第 1 版第 1 次印刷	
定　　价:89.00 元	

本书若有印装质量问题,请向出版社营销中心调换
全国免费服务热线:400-6679-118　竭诚为您服务
版权所有　侵权必究

内 容 简 介

新时代文明实践是深入宣传中国特色社会主义思想的一个重要载体，是当前学术研究的热点领域，"统筹推动文明培育、文明实践、文明创建"是党的二十大报告中提出的重要议题。《文明新风如何培育——新时代文明实践路径与方法》主要汇集相关学者对新时代文明实践的前沿研究以及各地新时代文明实践中心培育建设的鲜活案例，内容涵盖新时代文明实践理论与实践研究、新时代文明实践组织领导体系建设、新时代文明实践志愿者队伍建设、新时代文明实践成效评估、新时代文明实践推动乡村振兴的机理、新时代文明实践与城乡基层治理、新时代文明实践中心（所、站）建设过程中的重点和难点、新时代文明实践中心（所、站）联动体系建设、不同区域新时代文明实践的比较，以及新时代文明实践资源整合及发挥作用等。本书是一部主题明晰、目标明确、材料丰富、内容全面翔实、富有层次的提供新时代文明实践路径与方法的实践样本，能为读者深入了解新时代文明实践提供全面参考，也是探索建设中华民族现代文明的鲜活样本。

前言

文化是以人化物，文明是化人为善[①]

文明有三个维度——文明之道、文明之术、文明之行。文明之行讲的是文明实践，而今天的主题也是侧重于文明实践的；文明之术讲的是文明建设的方略；文明之道讲的是文明背后的道理。由于我是个学者，今天我就对文明背后的道理、学理、哲理谈一些不成熟的看法，仅供大家参考。

文明和文化这两个概念，常常混在一起。现在很多人很难真正区分开这两个概念，经常混在一起使用。自从中央提出创造文明新形态后，我们就到了澄清文明和文化的时候。文明是个较难把握的概念。西方学者舍费尔说：社会学家、人类学家、历史学家都是为了规避文明这个词，而用文化来分析一切问题。文明这个概念承载了太多意义，以至于它往往缺失含义。尽管对于文明没有给出确定的解释，但是它的基本含义还是清晰的。它的基本含义是：文明是整个人类追求发展和进步从而走向真善美的过程及其积累起来的成果。这些是文明活的灵魂。

我们首先要从哲学上去理解文明，由此确定文明观。一般来讲，有两种文明观。第一种文明观侧重于把文明解释为事实，是一个描述性的概念。这种观点认为文明就是事实，它描述的是整个人类发展进步的事实。发展进步是各个国家、各个民族为改变其现状而向前迈进的一个自我超越、自我完善、自我发展、自我进步的过程。它具有多样性、包容性、互鉴性、平等性，它是一种复数的文明。简而言之，它就是多样的文明。习近平总书记讲的文明概念，主要是在这个意义上使用的。它的哲学基础就是多样互鉴、诸族平等的哲学观。第二种文明观侧重于把文明解释为一种价值判断的规范性概念，这

[①] 本文系国家哲学社会科学一级教授、中共中央党校原校委会委员韩庆祥于2023年4月15日在首届"新时代文明实践前沿论坛"所作主要报告。

种观点认为文明即价值，强调任何国家和民族都应该沿着确定的统一道路，朝着确定的、具有统一性的至善至美的理想目标迈进。具有文明优越感的高尚民族，站在文明发展的制高点上，即具有掌握解释世界如何运转、人类如何进步的话语权。对于文明未开化、野蛮、愚昧的非文明民族来讲，这是一种开化民族国家裁定、改变非文明国家民族的教化过程。这样的文明具有一元性、评判性、改变性和统治性，是具有统一性标准的普遍文明，是单数、一元文明。美西方讲的文明，就是第二种文明观的文明。这种对文明的解释具有历史形态的性质，它的哲学基础是客随主"变"、主统治客，是一种线性史观。根据这种文明观，就会认为文明只属于欧洲民族，欧洲之外的其他民族都处于"蒙昧""野蛮"的状态。

我主张第一种文明观。对这样一种文明和文明观的整体理解，可从五个维度来把握，分别是本体、关系、过程、结构、功能等五个维度。

（1）从本体、本原的维度来理解文明，它具有本源的意义。人是万物的尺度，万物为人而存在才有意义。人是理解一切与人有关的事物和对象的坐标。文明是为整个人类发展进步而存在的。需要以人为坐标，或者还原为人这个原点来理解本源意义上的文明。从哲学来讲，人的最高的、最核心的源追求就是真善美。人类对真善美的追求，对理解文明具有本源意义。文明就是针对愚昧、针对野蛮、针对丑恶而来的，是整个社会与国家民族超越蒙昧、野蛮、丑恶而对至真至善至美境界的不懈追求及其积累起来的积极成果。对人之愚昧的开化称之为真，对人之野蛮的规制称之为善，对人之丑恶的教化称之为美，通过对真善美的追求来推动整个人类社会与国家民族的历史进步。显然，这种文明具有四大要素。第一个要素是对创新动力、创新能力、创新活力的不懈追求及其积累起来的积极成果。第二个要素是以德治法治使国家社会得到有效的治理。第三个要素是对平衡和谐的不懈追求及其积累起来的积极成果。第四个要素是对人类群体个人与世界国家民族社会等发展进步的追求及其达到共生共建共享进而井然有序的秩序。

（2）从关系维度来理解文明，它是一个关系规律。任何事物都处在关系当中，文明需要在文化的关系中加以理解。文化与文明的关系很复杂，两者既有联系也有区别。文化和文明有相通之处，都与人有关，都是人化的产物，也都化人。但是，它们也有区别。第一，所界相对不同。文化的概念相对宽泛，有几百种；文明的概念虽然也很复杂，但有相对界限。文明是人类追求人性和人的发展进步的事实、过程及其积累的成果。第二，所指相对不同。文化相对于未经人的活动外化的原始自然而言，侧重于人和物关系中的人化事物，是在人和物关系中使用的概念。它相对注重做事、理性、知识、记忆，它是在这个框架当中来讲外化于物、人化为物。它有"化人"的含义，但其"化人"有积极和消极的两个方面。积极的方面是通过转化为文明而化人的。文明是文化之善，文化中积极的方面才能称作文明。文明这个概念侧重于人和人关系框架中的化人，是人之为人的积极成果，相对注重做人、德行、善治，是在这个框架当中内化于人、化人为善、德行天下的进步过程。从这个角度来讲，文明是文化之善；从这个角度来说，中华文明的发源要远远早于西方。文化不完全等于文明,文明也不完全等于文化。文化中蕴含着文明,但不完全是文明。文明中有文化,但不是所有的文化都是文明。文明是文化之善,是文化成果中有益于人性进步且化人为善的方面。显然,文明高于文化。西方首先把自己的文明看成整个人类文明中最先进的、在制高点上的文明,然后把这样的文明称为帝国文明。帝国文明排除其他一切文明,认为非西方文明的民族是不开化的、野蛮的,需要西方文明的民族来行使上帝旨意的文明开化使命,这个文明开化的手段是资本扩张、资本掠夺。因此,这种帝国文明异化为野蛮。就像马克思在《资本论》中提到的那样,资本总是披着文明的外衣,而背后都是血淋淋的。第三,所用相对不同。文化有先进落后、好坏优劣之分。落后的文化阻碍人类、国家、社会的发展进步;而基于事实作为描述性概念的文明,是人类发展和文化发展过程中沉淀下来的对人性进步、人类进步、国家进步、社会进步的积极成果,是文化中的先进方面、先进状态。文明没有高下优劣之分,只有特色不同之别。第四,所"种"相对不同。文明是基于民族性和地域性的概念,强调民族的自我、民族的特质、民族的差异、民族的认同。但是,文化看重的是传统,如传统的欧洲文化、中国文化、印度文化。文明也呈现为民族特色及其不同性质,但是从整个人类发展进步来讲,它更加注重民族之间的同理性、交融性、互鉴性,注重民族和地域文明所具有的世界性,它更看重人性的进步。

(3)从过程维度来理解文明,它是个过程概念,随着历史、时代、实践的发展而发展。从哲学来理解文明的发展过程,它侧重于人类交往范式的变迁。美西方国家和民族的人类交往范式是客随主"变"、主统治客,美西方认为他们自己是主,非美西方的是客。他们以主客二分的思维,以主统治客的范式来理解人类之间的交往。这种交往哪里有平等性?哪里有普惠性?中国文明的交往范式是,任何国家无论强弱和大小,在主权上、机会上、规则上都是平等的,所以才有协和万邦、世界大同、美美与共、各美其美的命运共同体。习近平总书记讲的命运共同体实际上也是一种人类交往范式。

(4)从结构维度来理解文明,它是一个结构性的概念。任何事物都是由结构要素构成的。从结构的角度来理解文明,就是要把人性进步的善念融入人与外部的关系当中来理解。在人和物的关系当中,文明是物质文明,是"君子爱财,取之有道",是人的创造能力得到充分的发挥,进而实现共同富裕;在人和人的关系中,文明是人性文明,把人当作目的,人类之间互相尊重、尊重他者、团结合作;在人自身的关系当中,在身心的关系当中,文明是精神文明,是身心和谐、身体健康、人格健全、积极向上;在人和自然的关系当中,文明是生态文明,是人与自然和谐共生;在人和社会关系当中,文明是社会文明,是公平正义、社会善治;在人和国家的关系当中,文明是政治文明,是国家德法并治、人民享有民主。除此之外,我还要补充一个人际文明。文化讲的是文化知识,文明讲的是文化素养。我们大学培养的学生,既要掌握丰富的文化知识,也要有很高的文化素养,这两者不能完全画等号。

(5)从功能维度来理解文明,它是个功能概念,可以理解为有益于人类、国家、社会的进步。如此,需要确立人类文明进步评价标准的统一性,而不是西方的双重标准。评价主体的公正化,避免话语垄断;评价方式的正义性,有益于人类进步;评价话语的共识性,防止话语权把文明异化为野蛮,防止文明进步的标准演化为帝国主义的扩张。包登有一句话很关键,也算是我以上所言之结语:"文明是一个既可以描述现实,又可以塑造现实的概念。文明这个术语的力量相当之大,既可以用来赞扬,也可以用来谴责。"美西方就是用文明来谴责其他国家,而其自身把文明异化为野蛮,却不提这些。

从上面的理解可以看出,文明从根和源的意义上描述了整个人类"化性起伪"的利他性,是文化之善、化人之善。

目 录

第一章 理论探索 ... 1

新时代文明实践中心建设与基层社会共同体建构
  萧 放 袁 瑾 ... 3

新时代主流意识形态大众认同的"四重"困境
  耿春晓 ... 18

新阶段新时代文明实践工作建设思路与创新举措
  吕宏山 曹圆慧 ... 29

党的创新理论何以"飞入寻常百姓家"——基于"百姓宣讲"的政治传播学分析
  王江伟 刘宇城 ... 43

新时代文明实践:当代中国马克思主义大众化的创新路径
  孙 伟 温 波 ... 56

新时代文明实践的理论遵循——学习习近平关于精神文明建设的重要论述
  王 军 ... 65

新时代文明实践助推乡村振兴的内在机理与路径研究
  王道勇 宋兰兰 ... 76

新时代文明实践中心建设的价值意蕴及其路径选择
  陈海蓉 ... 84

第二章 实践做法 ... 93

协同治理视角下新时代文明实践中心与县级融媒体中心的运行逻辑与优化路径研究
  赵家璇 ... 95

新时代文明实践中心建设的成效与困境——以Z市为例
  肖丽敏 ... 108

研究生支教团助力新时代文明实践中心建设研究
  宋 冰 ... 119

新时代文明实践阵地建设的资源优化配置问题
  李 光 ... 126

新时代文明实践中心建设存在的问题及对策探讨
　　魏能国 ··· 131
基层新时代文明实践站(所)建设与运用
　　皮　博 ··· 137

第三章　经验样本 ··· 143

新时代文明实践志愿服务的金湖实践研究
　　张　宝　田芝健　吉文柱　吉启卫 ··································· 145
市校共建新时代文明实践工作模式研究
　　潘加军 ··· 156
远离七个误区,做实新时代文明实践中心建设——松滋市关于新时代文明实践中心建设的几点思考
　　熊　帅 ··· 168
县级融媒体中心与新时代文明实践中心融合发展的桐梓探索
　　张　波　田珍珠 ··· 174
新时代文明实践"衢州有礼"特色志愿服务体系的实践与思考
　　姜建勋　毛明华　冯　琳 ·· 182
新时代文明实践中心助力南京市浦口区乡村文化振兴的现状调查及对策建议
　　钱梦佳 ··· 191
聚焦需求,突出特色　致力打造贫困山区新时代文明实践"鹤峰模式"——鹤峰县新时代文明实践中心试点建设情况汇报
　　胡国涛 ··· 197
"政校合作"视域下城市新时代文明实践路径探索——以南京市梅园新村为例
　　董迅石 ··· 202
坚持群众主体地位,提升文明实践成效
　　朱友金 ··· 209
唤起同心千百万,一呼百应总动员——秭归县新时代文明实践中心志愿服务动员机制建设探索
　　刘　珍　赵建华 ··· 216
让新时代文明实践生根开花
　　张伟伦 ··· 222
新时代文明实践所建设过程中的重点和难点
　　卜美娟 ··· 227

新时代文明实践中心(所、站)建设过程中的重点和难点

  任志勇 ………………………………………………………………… 233

新时代文明实践资源整合及作用发挥

  陆龙杰 戢 锐 …………………………………………………… 238

参考文献 ……………………………………………………………………… 244
跋 …………………………………………………………………………… 249

第一章

理论探索

新时代文明实践中心建设与基层社会共同体建构

萧　放　袁　瑾[①]

【摘　要】

新时代文明实践中心建设与基层社会共同体的建构,是当代中国增进社会文明的重大举措,它为中国社会上下层的精神贯通与主流价值观的功能发挥提供了重要路径。中国特色的社会主义价值观是构建中国基层社会共同体的精神核心,发挥其在当代多元化道德场景的整合、引领作用,在个体与国家直接关联中强化社会伦理规范的约束力,并在汲取优秀传统伦理道德观念的过程中强化个体道德的情感体验,促进新时代中国特色社会主义思想的内化。公共空间建设是当代基层社会共同体重建的重要路径。我们以新时代文明实践中心(所、站、点)为空间基础,充分调用符号空间与数字空间的生产与延展能力,将中国特色的志愿者队伍建设与服务项目的培育作为维系与推进基层社会共同体建设的重要组织与机制性保障;将新时代文明实践中心建成基层社会共同体的精神文明与社会生活服务的吸附与辐射中心;从而实现国家文化建设与普通百姓意愿之间"最后一公里"的真正畅通。

【关键词】

新时代;文明实践;中心;社会主义核心价值观;基层社会共同体

新时代文明实践中心建设,是党的十八大以来党中央增进与深化社会文明建设的重大举措,我们将新时代文明实践中心建设与基层社会共同体重构进行连通研究,是一项具有学术意义的尝试与探索。新时代文明实践中心建设体现了以人民为中心的理

[①] 作者简介:萧放,男,博士,教授,北京师范大学中国社会管理研究院/社会学院;袁瑾,女,博士,副教授,杭州师范大学文化创意与传媒学院。
基金项目:研究阐释党的十九届五中全会精神国家社科基金重大项目"拓展新时代文明实践中心建设研究"(21ZDA076)。

念,主要工作目标是从人的心灵建设开始,以共享和参与的方式创造公共化的意识形态的叙事方式和生产空间,将新的文明理念与人民个体的认同意识直接连通,用人民国家共同的理想凝聚起最大的向心力,从而促进当代基层社会共同体的重构。"共同体"是社会科学研究中的重要概念,一直受到社会学、政治哲学、公共管理等相关学科的重视,其内涵范畴最早由德国社会学家滕尼斯提出。滕尼斯认为"共同体"是基于持久、真正的共同生活与共同记忆而自然形成的。传统的共同体类型有血缘共同体、地缘共同体与精神共同体。其中,精神共同体以共同精神为基础联结个体,具有超越血缘、地缘因素的特征,是"真正的人的和最高形式的共同体"①。中国传统的熟人社会就是这样的"精神共同体",既具有一定的地域自足性,亦以礼治、伦理为本位。② 伴随着近代以来中国社会的重大变迁,人们的日常道德生活发生了深刻的变化,原有的熟人社会共同体日渐式微。在基层社会如何激活优秀的传统道德文化基因,如何增进新的文明道德实践,从而以社会主义核心价值观为基础、以培育基层社会公共伦理为目标、实现基层社会共同体的再造,是重要的现实课题。新时代文明实践中心建设,对于中国基层社会共同体的再造与精神认同来说,是一个重要的价值观重塑的历史契机。我们以习近平新时代中国特色社会主义思想为指导,以民族优秀文化传统为根源,吸收当代人类文明有益营养,结合当代社情与政情,从共同价值观念凝聚、文明实践空间重构、实践路径明晰等方面推进基层社会共同体的建构。

一、新时代文明实践与共同体价值观的建构

共同的价值观是维系基层社会共同体存在与发展的精神纽带。基层社会共同体的持续发展与高效运作有赖于内部价值主体在持续互动、相互关联的基础上结成有机生命体,最终形成观念形态的统一体。"社会是一个人与人之间、各种目的之间相互发生作用的价值共同体"③,这就要求每一个基层社会文明参与者坚持公共的价值理念,在奉行"协调多元、责任共担"的公共意识的同时,恪守和践行新时代文明核心精神引领下的社会主义核心价值观。只有共同体内部"每一成员和组织的价值追求落实为公共性的行为实践"时,才能实现个体、共同体的社会性与公共性统一。④

---

① [德]斐迪南·滕尼斯:《共同体与社会——纯粹社会学的基本概念》,林荣远译,北京大学出版社2010年版,第53页。
② 赵旭东、张文潇:《乡土中国与转型社会——中国基层的社会结构及其变迁》,载《武汉科技大学学报(社会科学版)》,2017年第1期。
③ 肖永辉、胡海波:《消解价值相对主义——从康德的观点看》,载《东北师大学报(哲学社会科学版)》,2010年第2期。
④ 石路、程俊霖:《社会治理共同体演进的三重逻辑》,载《中共福建省委党校(福建行政学院)学报》,2020年第5期。

新时代文明实践中心建设的使命是"提升人民思想觉悟、道德水准、文明素养和全社会文明程度",重塑社会道德,把促进习近平新时代中国特色社会主义思想、社会主义核心价值观深入人心、落地生根作为最大的价值旨归。在不断推进基层社会主义精神文明建设过程中,我们要充分发挥社会主义核心价值观在当下多元化道德场景的整合、引领作用,积极调用优秀传统文化资源,在个体与国家直接关联中强化社会伦理规范的约束力,并在汲取优秀传统伦理道德观念的价值中强化个体道德的情感体验,促进新时代中国特色社会主义思想的内化,促进基层社会共同体的形成与发展。

(一) 以优秀传统价值观培育道德情感

传统是具有最深厚底蕴的文化力量,以优秀传统价值观唤醒与激发生命个体的道德意识与道德情感,是我们重建基层社会共同体有效途径。当党和国家及个体价值同构意识进一步内化为个体道德行动的心灵向导时,文化心理上的归属感体验尤为重要。文化情感的核心在于个体对国家、民族、人群共有社会历史、道德伦理、生活场景等传统文化要素的记忆、认可与追求。这其中包含着代际传承的生存智慧、社会运行的规范和义务,它们在历史的积淀中固化,具有稳固的象征意义和价值倾向,成为"地方惯例和传统权力"[①],并以连续的文化观念作为基础,深刻地形塑着个体的文化心理与现实行为。因此,中华优秀传统文化精神的弘扬是新时代文明实践在思想道德建设的重点内容。

围绕孝德文化、睦邻文化、好人精神、勤劳节俭等传统美德,各地持续发掘地方文化资源将之与现实理论宣传融合,以此调动、激发个体对社会主义核心价值观的认同,更加主动地接受科学思想的教育。比如,甘肃省金昌市坚持把培育"孝善文化"作为农村精神文明建设和促进乡风文明的重点推进内容。通过打造孝文化长廊、孝善亭、孝道文化墙等景观,设立"孝善基金",组织开展"婆媳互夸会""好媳妇·好妯娌·好邻里"等活动,挖掘优秀传统文化的时代价值,引领当地社会风气奋发向上、崇德向善,自然而然地将社会主义核心价值观融入颇具地方特色的孝善文化。乡土社会是讲究人情和面子的熟人社会,传统伦理道德在基层社会仍然具有广泛深厚的群众认同基础。浙江省诸暨市立足现代生活需要,敏锐捕捉到优秀传统文化与现代社会的对接点,设立村级关爱基金实现了患难相恤、邻里守望的传统美德与现代基金管理制度的有效衔接,让传统的睦邻美德在现代乡村得到继续传承与弘扬。

在日常生活世界中,人们常常用"好人"来赞扬那些具有正派、公道、守信、仁爱等各种优良品德的人。将"好人"概念运用于社会文明道德建设中,能够直白而又鲜活地表达社会所倡导的、推崇的价值理念。如安徽省合肥市近年来落实《公民道德建设实施纲

---

① 任辉:《论社会结构、道德实践和道德有效性》,载《伦理学研究》,2014年第3期。

要》,深入开展"合肥好人"精神文明建设。又如贵州省龙里县通过独具地方特色民族绘画反映民族文化、脱贫成效、移风易俗、乡风文明等主题,引领广大农村党员群众从党的政策理论受众变成了宣传宣讲参与者、志愿者。① 以忠义、德孝、节俭、质朴为核心内容的传统价值观,是中国几千年来优秀传统文化的结晶,它深植于广大百姓的内心。在新时代文明实践建设中,我们从今天共同体建设需要出发,激活这样的道德资源,促进它与当代社会主义核心价值观的融合,由此,获得人们良好的道德自觉,为当代新文明观的形成与确立奠定坚实基础。

(二)以国家认同强化社会伦理

家国情怀、家国一体是中国长久形成的历史品格,家国观念成为中国人血脉中流动的传统,在近百年的时代变迁中,虽然家国观念因时代政治影响处于弱化之中,但作为现实的人,每个人都生活在其所处的社会关系之中,尤其统摄于自身与国家的关系之中。"现代国家的意义早已超越传统文化、地域、时间的约束和局限,逐渐上升到价值层面,本质上国家就是一个价值共同体。"②新时代文明实践中心建设的目标在于"凝聚群众、引导群众、以文化人、成风化俗",随着理论宣传教育的不断下沉,社会成员个体能够与国家意识形态发生日益紧密的直接联系。这就要求我们在培育和践行社会主义核心价值观,推进国家治理体系和治理能力现代化的目标视野下,将党和国家所强调的新时代文明精神与人民群众个体的日常生活相联系,重新激活我们浓厚的家国情怀传统,形成以"我们感""家园感""归属感"等为特征的党和国家、个体之间的伦理价值同构与协同创新,不断规范日常道德行为。

"人们奋斗所争取的一切,都同他们的利益有关。"③唯物主义史观肯定获取利益对于社会进步的推动作用。国家-个人利益共同体的建构是实现国家认同的物质基础与前提条件,并具有深刻的时代内涵。坚持和发展中国特色社会主义,就是要坚持以人民为中心的发展思想,不断促进人的全面发展,把人民对美好生活的向往作为奋斗目标,实现全体人民共同富裕的奋斗目标。中国梦归根到底是人民的梦,只有依靠人民才能实现,而每个人也在这一过程中获得了实现自我、奉献社会、与祖国时代一起成长进步的机会。④ 让社会成员将自身的现实发展、价值实现与国家、民族的伟大奋斗目标联系起来,在对自身的不断反思中,将个体融入整个国家意志的叙事框架。以此为基础建立起

---

① 《着眼群众期盼 引领群众思想 发动群众力量 开辟新时代文明实践龙里路径》,中国文明网,http://www.wenming.cn/wmsjzx/ksd/202103/t20210305_5968267.shtml。
② 石路、程俊霖:《社会治理共同体演进的三重逻辑》,载《中共福建省委党校(福建行政学院)学报》,2020年第5期。
③ 《马克思恩格斯全集(第1卷)》,人民出版社1956年版,第82页。
④ 中央文明办一局:《建设新时代文明实践中心指导手册》,学习出版社2020年版,第31页。

来的社会伦理共识能够为公民个体提供"内在价值依据",成为其日常社会生活的行为准则,引导其"甄别、厘清、判断、选择、追求、实践公民道德目标的行为过程"[①]。

从这一目标出发,各地在科学理论宣传教育中注重对科学理论的消化转化,让身边人说身边事、用百姓话说百姓事、用大白话说天下事,把"大道理"讲活讲深讲透。将国家政策方针与身边事、身边人,关注的社会热点联系起来,形成"近距离"的情感认知,强化对国家-个体关系的主观认知。在新时代文明实践中,弘扬主流价值观,以中国特色的社会主义核心价值观为引领,成风化俗,将国家倡导的新文明理念与百姓的伦理认知连通,实现主流价值观内化并普及为社会伦理,成为基层社会共同体自觉践行的伦理原则。

(三)以社会主义核心价值观引导新时代文明实践

文明,是人类不断提升自我的表现,用以表示国家和社会的开化程度与状况。它不仅仅是对社会进步状态进行单纯描述的概念,同时也是关涉社会主体存在和发展状况的价值概念。我国改革开放40余年,市场经济参与各方在不断追求自身利益最大化的过程中,既促进了社会物质财富的快速积累,也在客观上形成了当下社会利益主体、利益结构多元化及利益关系多层次性的局面。在社会生活表现为多元道德场景的存在,这将诱发穿梭其中的社会成员之间价值观的差异,进而造成价值观的迷茫。当传统伦理价值体系被解构,道德的良知、正义的观念,只能以"碎片"的形态浮游于现实伦理生活之上时,个体便会因为缺乏共识性社会价值观念的支持而陷入个人主义的虚无与对工具理性的盲目崇拜之中。

面对新时代更加复杂而多元的基层生活场景,迫切需要以中国特色社会主义思想引领基层精神文明、道德价值体系的重塑,为基层社会多元共同体形成提供核心价值观念,促进社会稳定健康发展。社会主义核心价值观作为国家主流价值观与伦理精神,它与人民的根本利益是一致的,是引导人民群众追求美好生活的思想武器。深化社会主义核心价值观的认同,能够"强信心、聚民心、暖人心、筑同心",引导全体社会成员围绕国家核心利益达成价值共识。

价值认知是价值认同的基础,价值认知需要通过具体形式进行价值内涵的阐发,以通俗的语言、活泼的形式,适当时机、全过程、总体性的启发与教化,来达到内化于心、外显于行,实现真正的价值共识。在新时代文明实践中心建设工作中,各地在做好社会主义核心价值观的引导与党与政府的大政方针的理论宣传中,有许多生动的实践案例。从中可以看出如下经验:

第一,需要理论水平高,宣传能力强的理论宣讲队伍。各地都普遍重视理论宣讲队

---

① 李兰芬:《国家认同视域下的公民道德建设》,载《中国社会科学》,2014年第12期。

伍建设,根据基层社会人员构成复杂情况,以骨干理论宣讲家为核心着力建设人员结构多元化多层级的宣讲志愿者队伍,以覆盖不同社会阶层。通过上接天线、下接地气的宣传教化方式,社会主义核心价值观已经不仅是文字的表达,而且转化为人们听得懂、用得上的生动语言与行为示范。

第二,充分利用现代新媒介技术,为扩大与提升理论宣传效果提供重要的科学保障。当代社会,数字科技应用日益广泛与深入,传媒影响到人们的社会选择。新时代文明实践过程中因为有了数字技术支持,它在传播社会主义价值理念与宣传党的理论上,具有了更强大的传播能力。线上+线下协同,为科学理论在更大范围社会群体中的传播提供了技术与渠道保障,并显示出较好的宣传效果。社会主义核心价值观作为新时代文明实践的精神核心,通过这样的具体宣传方式,深入了人们的日常生活。

新时代文明实践中心建设,需要首先明确新时代的文明实践以社会主义核心价值观为引领,这是我们文明实践的灵魂。文明实践过程是我们在基层社会的铸魂工程,需要有阐述、传播社会主义核心价值观的理论人才队伍,作为传道者、辅导人,需要大批各层级的理论传播志愿人才来适应多领域多行业的具体需要,将主流价值观的传播工作落实落细;同时,也需要借助现代数字技术与新媒介渠道,让主流价值观及时、全面、形式多样地进入人们的生活。只有这样,我们才能真正为基层社会精神文明的提升与共同体的筑梦铸魂助力、赋能。

新时代文明实践中,价值观的重塑是首要的工作,它是当代基层社会共同体建设能否得以构建完成的精神动力与精神象征。新时代的文明实践以社会主义核心价值观为引领,融合吸收优秀传统价值观营养,将古老的家国情怀导入对当代国家的认同过程,以国家、社会、个人的伦理自觉与古今的道德情感熔铸为基层社会共同体的精神品格与共同的价值观,从而使古老的乡土文明走入新时代人类文明的大格局中,为中华民族的伟大复兴夯实牢固的社会基础。

二、新时代文明实践中心建设与基层社会公共空间的重构

当下公共生活世界对个体日常道德养成的作用日渐显现。公共空间不仅是物理性的,同时也是"心灵的一种活动",是"人类把本身不结合在一起的各种感官意向结合为一些统一的观点的方式"[①]。空间有赖于人的活动和认知,本身内含着道德的向度,是人与人之间精神观念相互活动的场所。公共空间的重构是新时代文明实践中心建设与基层社会共同体建构中的基本问题,是文明实践中心价值引领的无形精神中心,也是活动载

---

① [德]齐美尔:《社会是如何可能的》,林荣远译,广西师范大学出版社2002年版,第292页。

体的物理性实践中心。因此,以场馆为中心形成的公共空间是培育新时代文明精神、道德伦理意识的重要场所,同时数字技术形成的虚拟空间同样是当代公共空间的重要组成部分。各地新时代文明实践中心(所、站、点)以及各类延伸空间,不仅在外观上具有可视性特征,而且承载着文明理念,对当地民众日常生活有特定的功能价值导向的意义空间,表现出结构上的层级贯通、符号化的意义生产和数字化的空间拓展等特征。

(一) 层级空间的贯通性

对应中国行政管理的层级模式,新时代文明实践中心建设借助行政层级结构形成县中心馆、乡镇所乃至社区站为主的层级式空间分布结构,在三级结构中依托既有的行政资源,自上而下进行贯通,由此获得纵向连通的工作效能。我们在浙江三级模式建构实践中看到了倒置的伞状结构,县级中心与乡镇所、社区站场馆空间的设置与安排呈现出均匀有序的贯通联结状态。同时,我们还注意到村落社区内的文明示范点建设,如台州临海设立5000余个示范点,新时代文明实践理念在"主血管"与"毛细血管"中畅通无阻。这一上下贯通模式依托既有行政地域边界划分框架,对新时代公共文化空间进行再结构,目的在于促进社会空间的集聚化转型,重构基层社会共同体边界。

以区县为中心的空间层级体系打造,有利于发挥区县在中国治理体系中独特的"接点性"地位优势[1]。一方面,它是国家宏观政策的执行者,承接着来自省地市两级的统筹指导与监督考核,直接介入地方社会微观经济、文化建设与社会发展过程;另一方面,相较于乡镇(街道),区县级政府拥有相对完整的行政职能与组织机构。作为地区内政治、经济、文化的领导机构,它能够调动辖区内丰富的体制资源以实现工作目标,包括宣传、民政、教育、科技、政法、卫生、融媒体中心等诸多党政部门的公共资源积累,把沉淀在基层社区、村落中的各种要素调动起来,整合搭建服务于理论宣讲、文化教育、体育健身、生活服务等的文明实践平台。在实际工作过程中,文明实践中心建设工作是"一把手"工作,即借助党的政治优势,通过建立党委负责人牵头的领导小组,统合政治与行政资源实施整体性治理[2],以增加工作的有效性。新时代文明实践中心场馆空间建设,首要在于"整合现有基层公共服务阵地资源"。各地通过整体规划,盘活各类场馆资源,在极短的时间内完成"文明空间"在基层社会中的布局。

这一类公共空间的融合不仅发生在"中心"层面,同时亦向"所""站"下沉,后者在基层社会服务、意识形态教育领域的"中枢"地位得以进一步明确。如宁波奉化新时代文明

---

[1] 徐勇:《"接点政治":农村群体性事件的县域分析——一个分析框架及以若干个案为例》,载《华中师范大学学报(人文社会科学版)》,2009年第6期。

[2] 贺华丽、何显明、潘宇峰:《县域治理及其创新实践的制度逻辑:基于地方政府自主性的视角》,载《浙江社会科学》,2021年第12期。

实践所依托综合文化站建立,融合镇(街道)党群服务中心,整合职工文化中心、志愿服务枢纽站等;新时代文明实践站融合村(社)党群服务中心,整合邻里中心、志愿服务工作站、家长学校、妇女之家等。为了突破社区网点布局难的问题,宁波江北区对城市生活公共空间进行再整合,打造社区、商业中心、商务中心、文化中心互动联合的新型城市基层文明实践综合体。

(二) 符号空间的生产性

作为道德形塑与教化空间的新时代文明实践场馆阵地,是文明实践主体置身其中的社会价值场域,是"非客观的、人造的"①。"作为一个价值场,其中弥漫着善与恶、美与丑、肯定与否定的价值评价,同时也提供了评判是非善恶的价值标准。"②个体则通过感官捕捉外部空间中各类具有象征意义的图像、文字等符号系统,解读隐含的象征意义,从而形成自身的价值判断。由此,新时代文明实践场馆内的视觉标识系统、解说系统、展陈布置便具有了空间生产意义的阐释功能。它们依托于一定的物理空间,同时也具有超越具体空间的符号性指引的深层意义,共同组成"一种组织化的格式或者交流的参考框架",完成"对社会规范、价值与经验的表达的一种阐发和引申",从而实现了空间生产的积极能动性。③

在地域性整体空间规划的同时,各地通过微观景观设计,通过统一的宣传语、图片、展板、标识牌以及色彩、字体、图案等表达新时代文明理念的符号对散布的公共空间进行统一装饰、标识,从而对空间意义进行概念化抽象,完成空间意义的再生产。比如江西省寻乌县整合新时代文明实践站、党群服务中心、农家书屋等基层公共服务场馆,用"以人民为中心"作为统一标识,做到统一Logo、统一风格、统一标识牌等"九个统一"。④ 最为直观而简便的方式则是在既有场馆建筑物外悬挂"新时代文明实践中心(所、站、点)"牌匾,清晰直白地标识了建筑空间与中国特色社会主义价值观的密切关系。

场馆的内部功能划分上,各地聚焦不同群体需求,优化空间布局和功能,设置展示大厅、理论讲堂、志愿者之家、互动体验区、图书阅览室、文化活动室等。展示厅展陈设计以文字、图片、影像构成主要媒介,围绕"传播新思想,引领新风尚"主题,突出"凝聚群众""引导群众""以文化人""成风化俗"建设目标,形成主体叙事框架,在相应板块内加入本地在理论宣讲、志愿者队伍建设、公共文化服务、移风易俗等工作中的具体做法与效果。通过围绕中心点的统一叙事框架与地方故事的衔接,凸显出空间内在精神价值、伦理观

---

① [英]齐格蒙特·鲍曼:《后现代伦理学》,张成岗译,江苏人民出版社2003年版,第171页。
② 龚长宇、晁乐红:《道德空间界说》,载《湖南师范大学社会科学学报》,2015年第5期。
③ [法]亨利·列斐伏尔:《空间的生产》,刘怀玉等译,商务印书馆2021年版,第xvii页。
④ 中央文明办一局:《建设新时代文明实践中心工作方法100例》,学习出版社2021年版,第198页。

念,使之成为日常生活中具有特定功能内涵的空间,进而赋予其中个体具有价值导向的身份感。

此外,对祠堂、茶馆、庭院等传统乡村社区公共空间的改造利用,则将空间价值认知导向更深层的内在情感链接中。比如祠堂往往带有血缘聚落空间和社会意义上的双重性质。历史上承担着家族祭祀、议事庆典、个体启蒙、道德规范、失范惩罚、文化传承等功能,具有维系乡村秩序、文化服务、社会教化等方面的价值,是村落中最具整合意义的象征性符号。[1] 不少地方在保留祠堂既有功能布局的基础上,将祠堂空间固有村落历史文化叙事与科学思想理论宣传融合起来,既保留了传统价值,也使之成为具有现代政治思想教育功能的公共空间。相较传统形式,更加突出意识形态宣传,祛除了具有浓厚封建宗法落后色彩的内容,更多地着意于弘扬优秀传统文化,传承优良家风家教,也使祠堂空间的受众范围不再局限于单一的族群观念而扩大到村落社区的所有受众,内部空间结构更具现代意义的公共性特征。符号性空间与实体空间的并置互动,给新时代文明实践中心(所、站、点)赋予了更积极的意义,获得更好的精神吸附与辐射作用。

(三) 数字空间的拓展性

数字技术的发展是推动新时代文明实践中心建设深化的重要手段,它进一步拓展扩大了社会主义核心价值精神的实践空间。

首先,与一般虚拟的电子网络世界(赛博空间)中个体道德生活匿名化不同,数字文明实践空间具有鲜明的价值导向与功能分区。各级新时代文明实践数字平台建设,由文明实践中心党组织"总揽全局、协调各方"[2],相关政府职能部门入驻,对接各类志愿服务组织与社会企事业单位,将群众个人与志愿者纳入其中,促进文明实践共同体的凝聚。如浙江温岭自主开发"阳光温岭"智慧云区级平台,集成文明资源调度系统、志愿服务管理系统、文明实践督考系统等三大管理系统和理论宣讲、教育服务、文化服务、科技与科普服务、健身体育服务、公共法律等六大资源平台,融合志愿者注册、志愿活动信息发布、爱心对接服务、文明设施等功能于一体。清晰的网站板块架构为对应的责任主体、志愿者、求助者提供了高效行动"地图",帮助多元参与主体打造线上线下联动的实践共同体,进行跨部门、跨领域的资源统筹。

其次,数字空间更加有利于解决信息不对称,促进公共资源从分散转向整合,加强供需精准对接。借助大数据、云计算、区块链等技术,平台充分调查并获取志愿服务资源与社区需求等信息,通过清单制以条目方式例举公开,形成群众"点单"、志愿服务队伍

---

[1] 武志伟、马广海:《仪式重构与村落整合——以烟台市北头村祠堂修缮为例》,载《山东社会科学》,2017年第3期。
[2] 袁方成、王泽:《中国城市社区治理现代化之路——一项历时性的多维度考察》,载《探索》,2019年第1期。

"抢单"、中心(所、站、点)"分单"、群众"评单"的志愿服务运行体系,提升文明实践服务效能的精准度。推动文化礼堂与文明实践中心对接连通,建立起民生服务直通车,确保群众需求第一时间反馈,群众困难第一时间解决。

再次,通过多终端联动,搭建多元主体互动互商互惠桥梁,促进价值认同形成。在数字平台上,党组织、相关政府部门、社区、村委、志愿组织、社会企事业单位、个人等是一个个信息传输节点,通过数据的多向流动,彼此结合成中心分散的网状关系结构,并在这一关系网中生成对自身道德价值认知的主体感。任何参与主体都可以借助网络、微信群、手机 App、自媒体等数字网络平台,随时随地了解信息、反馈意见建议,进行民主协商与监督。比如浙江临海联合互联网企业、新闻传媒、民间自媒,加上社会各界专家人士与热心网民组成的网络评议团,构建具有本地特色的联席网络评议制度,对各项网络事务开展讨论评定,并以法律技术、市场等手段积极应对,密织"互联互通互惠""共商共建共治"的清朗网络,由此为新文明形态的形成提供技术路径与条件保障。

空间在当代是一个相较于时间更具革命性的概念,它在基层社会共同体建设中的地位至关重要。我们只有通过空间活动场所,形成文明实践的行为中心,通过空间有形活动,传播理念、鼓舞人心、聚拢人气,成为基层共同体的吸附与辐射中心。同时它通过有形空间的符号、标语与展陈布置等具体或抽象的符码,为我们构建了第二层感知空间,这一空间的生产性具有重要的传播力与影响力。在数字技术全面进入当代社会的情境下,新时代文明实践中心建设充分利用了这一互联互通的技术力量,为我们开辟了第三层空间。通过数字空间的拓展,一方面,基层社会共同体成员呼应之间声息相通,人们有了更密切的共同体的感觉;另一方面,它与更广阔的社会有了更紧密更直接的联通,获取了更大更多的生产资源与生活资源便利,为基层社会共同体的建构提供了重要的物质与精神支持。

三、志愿服务与基层社会共同体生活伦理实践

文明观念的内化、共同目标的实现有赖于实践主体在日常生活中履行道德的义务。我们需要将宏观的意识形态、社会伦理规范细化为具体的公共文化实践,借由共同体的实践将个体置于具体的、彼此关联的、信赖的、可靠的关系网络之中,由此维系个体具体的"身份感",进而践行"身份"所标识的伦理道德义务。在此基础上,基层社会共同体能够成为成员在个人家庭生活之外、公共生活场域之中建构彼此信任的生活方式。在新时代文明实践工作中,志愿服务队伍担负着组织保障基层社会共同体生活伦理实践的功能,并对基层社会共同体的日常生活予以协调、促动。

志愿服务队伍建设是新时代文明实践中心建设的重要组织保障,也是维系基层社

会共同体的积极力量。"我国的志愿服务作为伴随改革开放出现的新生事物,是长期开展的学雷锋活动的发展和延续,有着广泛群众基础和独特优势。"① 虽然在形式上借鉴了域外经验与智慧,但将志愿服务作为新时代文明实践与基层社会共同体建设的组织形式,是我国的发明与创造。新时代文明实践志愿服务机制在基层社会中的存在既有对传统社区、青年等志愿者队伍与社会组织网络的接续,同时也是中国古老的乡约自治传统的当代传承,并且在组织化、制度化与精神内涵方面对两者不断进行深化与完善,进一步拓展基层社会共同体活动的内容。

(一) 志愿服务项目的培育与新时代志愿精神的呈现

志愿服务是公民基于信念、道义、责任、良知等公共价值认知与自我价值意识,利用个人的时间、精力和专业技术为他人和社会提供的一种公益性服务,具有自愿性、无偿性、公益性、利他性等特征。② 志愿服务是新时代文明实践中心建设的主要活动方式,志愿者是直接承担中心工作开展的主体力量。③ 新时代文明实践中心建设既为群众提供了"学雷锋做好事"个人道德实践的渠道,更为党和政府引导广大群众参与基层社会生活提供了大舞台。

志愿服务项目是推进新时代文明实践的有效载体和有力抓手。当下志愿服务在既有的大型赛会、应急救助、社区服务基础上,以"最后一公里"的基层社会需求为导向,培育了一些接地气聚人气的服务项目。各地"中心"紧密结合人民群众对美好生活的期盼,着眼于解决广大人民群众普遍化的民生需求,推出"15分钟公共文化服务圈",推动优质资源下乡,建立向文明实践站所志愿项目常态化输送机制。在面对面的服务中,志愿者将思想教育、理论宣传融入生动、鲜活、具体的生活场景中,在解决民生问题、让人民群众得到实惠的同时,建立起具有生成力的道德伦理场域,影响感染身边的人加入到志愿服务队伍中来。除了围绕教育、文化、科技、医疗、法律等与生活密切相关的普遍、共性的现实需要设计普惠性志愿服务项目外,各地志愿者组织还聚焦留守儿童、空巢老人、失独家庭、残障人士等特殊困难群体,定制内容各异、需要专门配送的特惠性志愿服务项目。

志愿服务是一个"以合作为支撑,以共赢为目标指向,遵循共同规则共同应对处理公共事务的持续过程"④。其核心是将个体利益与公共利益结合起来,以此激发公共服务中个体的"主体意识"和"参与感",激发个体承担道德义务的责任感,并从中获取对自

---

① 2008年中央精神文明建设指导委员会:《关于深入开展志愿服务活动的意见》,中国政府网,http://www.gov.cn/jrzg/2008-10/09/content_1116582.htm。
② 李晓燕、方萍、陈泳欣:《志愿服务在经济社会发展中的作用及完善路径》,载《学术交流》,2013年第4期。
③ 中央文明委关于印发《关于深化拓展现时代文明实践中心建设试点工作的实施方案》的通知(文明委〔2019〕5号),2019年10月23日。
④ 夏锦文:《共建共治共享的社会治理格局:理论构建与实践探索》,载《江苏社会科学》,2018年第3期。

身主体价值的认可。来自不同行业专业领域的志愿者们在服务社会民生的过程中,相互协作,"通过不断深入具体的实践增强主体的道德自觉"①,弘扬奉献、友爱、互助、进步的新时代志愿精神,为基层社会共同体的凝聚注入时代活力。

(二)仪式化生活的重振与地方社会情感凝聚

志愿服务实践不仅在于日常琐细生活的便利与满足,更重要的是激发个体对所在共同体当下的道德归属感与认同感,进而推动国家意识进入个人生活叙事流,并由此内化为个人生活经验的组成部分。在这方面,基层社会共同体活动的开展可以借助志愿者力量重新促动、激活民间社交礼仪与岁时节庆等方面的传统习俗,以作为强化共同体成员情感与认同的社会组织活动。

传统节日是引导社会系统和地方的本体性建构"文化语法",它在民众生活世界中创造了一个有别于日常的空间和时刻。节庆的文艺展演、饮食、仪式以及集体性的狂欢具有激活、唤醒、建构和强化被隐藏的集体记忆的功能。浙江温岭新河镇新时代文明实践所在一年之中,除却农忙、暑热或者霜寒的七月、八月、十一月三个月,几乎月月有庆典。如一月迎新春,二月闹元宵、庆立春,三月度惊蛰,四月过清明,五月有立夏,六月做端午,九月过中秋,十月庆重阳,十二月做冬至,周而复始。相应的仪式庆典、民间文艺活动、饮食游艺、传说歌谣等得以恢复。传统节日凭借地方性文化表达,成为人与人、人与地方联结的强纽带。杭州半山街道社区利用传统的立夏节,开展了系列送春迎夏活动,既有传统的乌米饭、七家茶的分享,也有现代的跑山休闲体育项目的实施,通过这些丰富的节俗活动,凝聚了社区的人心与情感。在对共同文化历史的记忆、对地方传统的讲述中,日常生活的紧绷感与疏离的人际关系得以缓和,人们彼此之间产生一种亲密的联系感,映射出地方社区共同的情感体验与价值追求,进而影响到个体的价值观念、情感认知、行为方式以及共同体成员之间的互动方式。

除了恢复节日仪式外,不少地方还因地制宜,汲取了现代创新元素,培育出新型礼仪活动,不断建构地方性礼仪内涵与中国特色社会主义核心价值观的紧密联系。比如新时代文明"参军礼"活动②,在雄壮的国歌声中入伍新兵倍感荣耀,由此营造"一人当兵,全家光荣"的氛围,也汇聚了关心国防、尊敬军人的当代理念。陕西省蓝田县立足破除婚嫁陋习,推行新式婚礼,包括传思想、诵乡约、立家训、送文化等环节,让整个婚礼既热闹又不失庄重。在仪式实践性叙事的框架下,政治意识和形象、社会认同和表征符号得到重视,不同主体话语叙事的差异性边界逐渐消弭,个体生活叙事与国家概念、地方

---

① 李建华、刘畅:《道德空间:内涵、维度与建构》,载《社会科学战线》,2021年第9期。
② 荣成市人民政府门户网站。http://www.rongcheng.gov.cn/art/2019/9/18/art_40748_2135407.html。

文化意义融合为"我们感"。

仪式是一种规范性的程序化的语言与行为。当带有凝聚力的代词"我们"被不断反复时,共同体便已形成。此时,参与者"不仅相聚在一个可以定界的外部空间,而且相聚在一种由他们的言语行为决定的理想空间"[①]。新时代文明实践中仪式活动的恢复体现的是社会主义核心价值观为导向的社会性道德,并形成一系列符合公共利益的互动伦理准则以及相应的人群组织形式。个体通过"我们"将自身置于"一种'身份建构'的社会化网络之中",并在"重新恢复道德在日常生活中的主体性地位"中实现共同体"伦理主体间的价值连接"[②]。

(三)志愿队伍建设与基层内生组织的激活

随着新时代志愿服务体系建设不断推进,现代志愿者组织发展迅速,成为人们自觉服务他人和社会,建设美好生活,推动社会主义精神文明的重要力量。在组织架构上,各地普遍建立与新时代文明实践中心三级体系相适应的三级组织队伍,即在县(区)层面建立新时代文明实践志愿服务总队,镇(街道)建立新时代文明实践志愿服务分队,村(社)志愿小队。人员结构上,形成以党员干部为引领,社会组织成员、企业人员、新乡贤、各界人士等广泛参与的志愿服务队伍,从而最大限度调动社会力量参与其中。

志愿者队伍通过吸纳地方力量等方式,在回应群众需求的服务过程中不断深入地方社会日常生活场景。如浙江诸暨在村一级组建以邻里纠纷调解队、民间文艺演出队、乡风文明理事会、邻里互助促进会、乡贤议事参事会等"两队三会"为主要内容的志愿服务小队,广泛发动群众,摸清群众需求,组织实施志愿服务。此外,以某一行业、专业领域单位(组织)相关人员为主的专业性志愿组织也正在大批出现。

在新时代文明实践工作开展中,地域社会内生组织对基层社会治理难点进行柔性疏解,其引导基层道德伦理发展方面的作用日益凸显,其中的乡贤"五老"等"地方权威"发挥了积极的推动作用。浙江省诸暨市推举一批在当地德高望重、热心服务、公平公正、具有代表性的乡贤人士、党员群众代表组成乡风文明理事会、红白理事会、乡风评议会、禁毒禁赌会等群众自治组织,推进新时代文明实践工作。在移风易俗工作中,红白理事会等自治组织第一时间介入本地红白喜事,推动婚丧礼仪改革,定期开展乡风评议[③]。

中国乡土社会向来有依赖乡贤协助治理的传统,依靠乡贤群体激活当地自我服务的内生社会组织,不仅能够借助其对地方社会、经济资源支配力推进文明实践各项工作,更重要的意义在于树立群众身边的道德模范和"好榜样"。乡贤本人通常被视为当地

---

① [美]保罗·康纳顿:《社会如何记忆》,纳日碧力戈译,上海人民出版社2000年版,第67页。
② 李建华、刘畅:《道德空间:内涵、维度与建构》,载《社会科学战线》,2021年第9期。
③ 邵凤丽:《诸暨新时代文明实践中心建设调查报告》,未刊稿。

普遍接受的核心传统伦理价值观念的典型代表与可以信任的践行者。换句话说,"能否成为乡贤,其关键因素在于他能否遵从并满足当地特定文化观念下的普通村民的普遍期待"①。在文明实践推进过程中,赋予一批具有直接乡土渊源的地方精英以"乡贤"身份,显示出对深受群众认可与尊重的地方性伦理道德观念体系的尊重与培育。通过"乡贤"垂身示范的嘉言懿行与号召力、组织力,促进社会主义核心价值观在当地文化土壤中生根,推动这些民间"意见领袖"真正成为基层社会多元共同体的核心主体之一。

伦理观念的生活化实践是不断巩固共同体的黏合剂。在共同的道德实践中,个体在与共同体的关系性存在中获得对自身价值观念、道德行为选择的肯定,增强对所属志愿服务组织的融入感与归属感。就志愿服务队伍建设而言,在现有绩效化、指标化评价体系中,除金融化激励政策外,进一步探索柔性方式提升参与者的个人获得感、价值感,这对吸引群众、形成良好的社会舆论环境有直接的作用。在激发他们的热情与动力的同时,加快服务者与被服务者身份的转化,真正有效调动广大群众自我教育、自我提高、自我服务的积极性、主动性,促进新时代文明实践中心在群众中"生根",以共同的伦理生活实践保持基层社会共同体鲜活的生命力。

四、结语

党的十九届五中全会将"提高社会文明程度"纳入"十四五"时期经济社会发展目标之中。实现这一目标,首要的是坚持党的领导,不断增强党的政治领导力、思想引领力、群众组织力和社会号召力。建设新时代文明实践中心正是加强党中央关于加强基层思想政治工作、夯实党的执政基础的重要举措,是思想政治教育举措的创新形式,也是建构基层社会共同体的重要路径。一方面,它在高举旗帜,不断推进习近平新时代中国特色社会主义思想深入人心、落地生根的过程中,以科学的理念引导基层群众形成具有深刻时代内涵、传承中华美德的价值共识,为基层社会共同体的建构注入最强健的精神力量。另一方面,在共同的价值观的引领下,通过开展新时代志愿服务活动,引导人民群众积极参与社会事务,有效地发挥每一位参与者的主观能动性,促进国家意识、社会伦理的内化,以共同的文明实践实现国家、社会、人民共同利益的最大化。这将极大地促进传统基层社会组织结构的现代化以及社会组织运行的规范化和文明化发展,对建设"共建共享共融"的基层社会共同体发挥着重要作用。

然而,基层社会共同体的建设必然需要一个较长的周期,需要充分的历史积淀。如何打通教育群众、服务群众的"最后一公里"依然是一个严峻而现实的问题。打通"最后

---

① 李晓斐:《当代乡贤:地方精英抑或民间权威》,载《华南农业大学学报(社会科学版)》,2016年第4期。

一公里",一方面是"中心"阵地网点下沉、人与物的流动。考虑到当代人生活工作的多场景性,可以通过更加灵活的方式增加文明实践站点的布局,增加其在基层社会空间中的触点——比如社区便利店、商铺、共享单车、快递服务等,不断增强文明辐射力,提升人民群众的认知,激发他们主动参与的意愿。同时,另一方面更重要的是通达基层社会成员心灵上的"最后一公里",即把新时代文明实践工作做到群众心坎里。为此,应当更加重视地方性知识的运用与优秀地方文化传统的接续。通过对地方性知识的吸纳与地方文化传统的接续,使新时代文明实践工作融入地方社会固有的传统历史文化脉络,融入人民群众的日常生活。

由此可见,新时代文明实践中心承载着提升社会文明的使命,充分发挥着凝聚基层社会的作用。同时,它也给予每一个基层社会成员在文明实践中以自我教育、自我提升、自我表达、自我欣赏并相互促进、共同成长的机会。因此,新时代文明实践中心是推动与引导新型基层社会共同体构建的重要路径,是持久稳固国家社会基础,实现社会治理现代化的重要组织保障。

新时代主流意识形态大众认同的"四重"困境

耿春晓①

【摘　要】

　　新时代主流意识形态大众认同的关键是实现大众心理上主动选择接受和行为上积极自觉实践的实质认同,要求的是真"知"、真"行"和"知行统一"。但当前,主流意识形态大众认同却存在着因个体发展需要、利益分红差异、社会思潮渗透、中西发展对比等而导致的虚假性认同、摇摆性认同、障碍性认同、选择性认同等"四重"认同困境。若不及时准确把握新时代主流意识形态大众认同存在的困境,则不利于实现大众对主流意识形态的实质认同和真心认同。为此,迫切需要对这些认同困境进行逐一解剖,其旨在分析的基础上为不断增强新时代主流意识形态大众认同的真实性、稳定性和有效性提供一定的思路。

【关键词】

　　新时代;主流意识形态;大众认同;困境;虚假性认同;摇摆性认同;障碍性认同

　　主流意识形态大众认同,既是新时代中国特色社会主义理论自信、道路自信、制度自信和文化自信的重要基石,也是稳固新时代中国共产党合法合理执政的重要条件和基础,还是实现中华民族伟大复兴、迈向全面建设社会主义现代化国家新征程的重要积淀。但当前,新时代主流意识形态大众认同却面临着形式主义认同、表象认同、虚假认同等严峻问题,面对诸多价值选择、信念选择等现实诱惑,这就需要不断对其进行深度剖析,旨在研判并破解当前我国主流意识形态面临的主要困境基础上,不断提升新时代大众对我国主流意识形态的认同度和信仰度,增强大众对主流意识形态的实质认同和真

---

① 作者简介:耿春晓,1992 年生,女,山西平遥人,汉族,武汉大学马克思主义学院博士研究生。研究方向:思想政治教育基础理论与方法,社会思潮与思想政治教育。

心认同。

一、因个体发展需要导致的"虚假性"认同困境

虚假认同,即为假的、伪装性的认同,而非真实的、真心的、真正的认同。新时代大众对主流意识形态表现出来的虚假认同,并不仅仅局限于"外显的、为主体所意识到的表层虚假性,而且具有不为受众所明确意识到时的表征机制与文化后果"①。从个体发展需要的维度看,新时代主流意识形态大众认同存在的虚假认同困境,主要体现为部分大众对主流意识形态的形式认同、表面认同和表演性认同,并不是发自内心的真实性和实质性认同。这种形式上、表面上的虚假认同,不仅不利于个体自身的发展,而且对于国家共识的凝聚也是极为不利的。

(一)被动性的虚假认同

当前,部分大众为满足自身发展需要,形式上认同我国的主流意识形态,但本质上却属于对主流意识形态的被动性虚假认同。这种被动的虚假认同,主要表现为部分大众"形式上认同社会主流意识形态所倡导的规范并在行动中遵守执行,但在心理上与之保持一种疏离的态度,在价值观上实际保持不认同态度"②,这类群体突出体现在部分官员群体、企业家群体以及一些青年学生群体当中。一是部分官员群体为了满足自身对"权力"的欲望,享受被"尊崇"、被"吹捧"的虚荣,形式上认同新时代主流意识形态,看似遵守社会主流意识形态所倡导的行为规范、履行作为官员的职责义务等,但其本质而言仅是为了满足自身的个人利益诉求,心理上对主流意识形态并不认同,甚至始终保持一种疏离、冷漠的态度,对新时代主流意识形态的规范要求也实则不认同,时常会试图挑战各类规范、法纪的底线。二是部分企业家和企业经理打着"为民服务""为改善人民生活质量"等旗号,表面服从国家的领导管理,但在享受国家为其带来政策福利同时,却行败坏法纪、道德的行为,形式上对新时代主流意识形态表示认同,实则却在干出卖国家、贩卖国家情报等行为勾当,如2022年4月被曝的"马某某事件"。马某某作为杭州一家科技公司的研发部经理,却利用某网络资源,勾结境外敌对势力,充当反华"桥头堡",其

---

① 徐翔:《文化与媒介传播中的虚假认同问题——基于文化研究的多维视角》,载《吉首大学学报(社会科学版)》,2011年第1期。
② 王芝眉:《结构断裂:转型期主流意识形态认同困境的内潜性原因分析》,载《新疆大学学报(哲学社会科学版)》,2014年第6期。

对主流意识形态的认同实则就是典型的虚假认同。三是当下部分青年群体,尤其是部分青年学生群体,为了能够找到一份好的、稳定的工作,满足自身的利益诉求,被动接受新时代主流意识形态倡导的思想观念、价值理念等,形式上积极入党、积极参与新时代主流意识形态传播与宣讲的系列活动,但实则只是为了获得更多个人利益的满足,满足自身在青年群体中的荣誉地位、身份需要、物质追求等,本质上并非对新时代主流意识形态和主流价值观的实质认同,只是一种被动的虚假性认同。综上,当前在部分大众群体中,确实存在着一些被动性的虚假认同,有的为了生存、有的为了虚荣、有的为了满足等,而将虚假认同"作为一种权宜之计,通过对主流价值观的表面认同……达到个人发展的短期目标"①。这种虚假的认同不仅腐蚀着新时代主流意识形态大众认同的群众基础,而且对国家的长远发展也是极为不利的。为此,必须从根本上着力破解这些形式上虚假认同的出现和发生,着力提升新时代大众对主流意识形态的实质认同。

(二) 自觉性的虚假认同

当前,部分大众为满足自身发展需要,表面上认同新时代主流意识形态,但本质上却属于对主流意识形态的自觉性虚假认同。这种自觉的虚假认同,主要表现为部分大众对主流意识形态的"伪认同",通过"主动寻求关于主流意识形态的某些信息,主动接受并自觉认同,但其实质上隐藏了自己的真实价值倾向"②,是一种伪装性的虚假认同。同时,这种带有伪装性质的虚假性认同是难以迅速识别的,而且对于社会共识和国家共识的形成和实现具有较大的迷惑性。一是部分大众为了自身特定的需求,表面上认同新时代主流意识形态,只是为了更好地隐藏自身的真实价值取向,本质而言却是一种自觉的、伪装性的虚假认同。尤其体现在部分名人名家群体中,他们为了满足自身物质利益、政治利益、名誉权益等需求,做着积极正向的工作,享受着国家为其提供的平台待遇;表面上为国家、为人民服务,形式上认同我国主流意识形态,但实则却行与之相违背之行为。前些年曾轰动一时的某电视台女主播成蕾案,成蕾利用自己的特殊身份,一次次获得国家重要机密,又一次次把这些机密资料传到国外,说明其对我国主流意识形态的虚假认同。二是部分大众为了享受国家发展带来的更多红利、满足自身事业发展的需要,表面上对新时代主流意识形态积极倡导、主动践行并自觉弘扬,但实际上却向往西方的生活,不仅改了国籍,更时常在公开场合发表不当言论,试图挑战国家权威。本质而言,这类群体的价值取向已然发生偏离。这突出体现在某些娱乐明星群体中,表面上认同国家统一,支持实现祖国的完全统一,实际上却与主流意识形态背道而驰。为此,必须对

---

① 田雨杰、慈勤英:《虚假认同:带着面具生存》,载《中国青年研究》,2003年第11期。
② 王芝眉:《结构断裂:转型期主流意识形态认同困境的内潜性原因分析》,载《新疆大学学报(哲学社会科学版)》,2014年第6期。

这类群体加以规约和引导,逐渐破解这一困境带来的负面效应。

二、因利益分红差异导致的"摇摆性"认同困境

摇摆性认同,即大众对新时代主流意识形态的认同很容易受到其他外力因素的影响和左右,呈现出对主流意识形态认同的周期性徘徊、偏振性摇摆等不确定不稳定的状态。这本质上就是对新时代主流意识形态思想观念的不完全信任和不完全认可,表现出偏离于主流意识形态认知认同范畴之外。究其缘由,主要是利益分配差异、需要与满足程度差别以及西方各种诱导诱惑等,而导致部分人对新时代主流意识形态认同出现动摇、摇摆、不稳定、不信任的困局。若要不断稳固新时代大众对主流意识形态的实质认同,就必须着力破解这一困境。

(一) 身份认同的摇摆性困境

当前,在西方物质利益的诱导下,部分人对新时代主流意识形态极易产生身份认同的摇摆性困境。身份认同是大众对国家与个体自身的一种认知和描述,包括自身对国家的认同、文化的认同、民族的认同、信仰的认同、自我的认同等等。具体到本书这里即是对主流意识形态的认同摇摆,既包括大众对国家和国家意识的身份认同摇摆,也包括大众对国家文化的身份认同摇摆,更重要的是大众对主流意识形态倡导的理想信念、价值理念、道德观念等核心思想观念的身份立场认同摇摆。近年来,随着改革开放的不断推进,大众的生活水平和生活质量不断提高,所接触到的事物也越来越丰富、越来越多彩,但某些人在享受更多福利待遇的同时,想要的也越来越多,这就为西方向我国国内大众进行物质诱导提供了便利窗口和有利条件,致使越来越多的大众群体更加容易受到西方物质利益的诱导,继而出现对自身国别身份、政治身份等方面的怀疑和质疑。而西方正是通过抓取部分人对金钱、地位、名誉等的追求和渴望,为这些群体提供"便利条件",通过让其"搭便车"来实现"自我追求",产生所谓的"自我价值"。这对于大众正确认识"大我"与"小我"、国家与个体等的关系是极为不利的。为此,我们迫切需要破解这一困境,使大众在明晰国家意志、明确自身身份等基础上,不断增强和稳固对主流意识形态的实质认同。

(二) 价值认同的摇摆性困境

当前,在西方文化价值的供给中,一些人对新时代主流意识形态极易产生价值信仰和价值认同的摇摆性困境。价值信仰是一种相对稳定的心理结构,每个人都需要信仰,都需要有价值归属,需要有价值信仰支撑。没有信仰、没有价值认同,就会丧失支撑力和精神力,同样,如果"群体没有信仰或者说没有推动他们前进的思想,那么这些就是没有活力的群体、空虚的群体"[1]。新时代大众对主流意识形态产生的价值信仰,是支撑大众勇往直前、奋勇向上的精神动力,而要使新时代主流意识形态成为大众"坚定不移的共同信仰,就要使之适应人的情感需求,在尊重差异的基础上最大程度上整合不同社会群体的人生目标、文化习俗和道德追求,形成普遍性的价值共识"[2]。也就是说,要稳固新时代主流意识形态大众认同,使大众对主流意识形态产生真正的价值信仰和价值认同,就需要在尊重大众差异性发展的基础上,不断满足大众各类的情感诉求、思想追求、精神需求等。但当前,正是由于主流意识形态在内容供给上,未能及时满足部分人的需求,不能切实解决大众存在的思想困惑、精神空虚等问题,致使一些人对新时代主流意识形态产生价值认同危机。同时,随着改革开放的不断深入和深化,各种纷繁复杂的信息涌入大众的视野,这就给西方文化价值观的渗透与传播提供了滋生蔓延空间。通过抓住一些人在精神和文化等得不到满足的问题,西方趁机为一些人提供所谓的"长足""长效"的文化供给、价值供给,旨在分化甚至破坏大众对主流意识形态价值信仰和价值认同的基础,使一些人对主流意识形态的认同出现"断裂",继而产生价值认同的摇摆,这对于稳固新时代主流意识形态大众认同的文化基础是极为不利的。为此,迫切需要引起我们的关注并及时破解这一困境。

(三) 思想认同的摇摆性困境

当前,在利益分红存在差异的问题上,一些人对我国主流意识形态思想产生信任危机,极易出现思想认同的摇摆性困境。一般而言,信任关系的确立需要给予一定的条件:要么相互依赖、相互成就,要么有共同的目标追求等。不同学科对信任概念的理解是不同的,社会科学将信任定义为一种依赖关系,心理学和管理学将信任解释为个体对他者(或物或人或期望等)的一种稳定的、不会损害自己利益的信念。通俗地讲,新时代大众

---

[1] 李友梅、肖瑛、黄晓春:《社会认同:一种结构视野的分析》,上海人民出版社 2007 年版,第 28 页。
[2] 刘波亚、李金玉:《网络空间中主流意识形态的认同逻辑》,载《教学与研究》,2019 年第 4 期。

对主流意识形态思想的信任,基于大众对主流意识形态的一定的期望,认为主流意识形态能够满足自身的思想文化追求,精神上对其有一定的信赖依赖,并将其确立为自身的一种信念支撑。但当前,尽管国家极力倡导和追求实现共同富裕思想,包括物质上的共同富裕,尤其强调精神上的共同富裕,但是在现实生活中,共同富裕仍未实现且任重道远,大众可以维持信任关系并尊重差异,但长期差异性的存在却极易破坏信任关系的稳定。同时,面对当前各类利益分红之间较大差异的长期存在,使得一些人对新时代主流意识形态思想的信任与依赖逐渐降低,产生对主流意识形态核心思想的信任危机,继而出现思想认同的摇摆,这对于稳固新时代主流意识形态大众认同的群众基础是极为不利的。为此,迫切需要引起我们的关注并及时破解这一困境的出现和发生。

三、因社会思潮渗透导致的"障碍性"认同困境

障碍性认同,主要是受一些外在阻力性因素的影响,使大众对主流意识形态产生一定的认知障碍和认同困难,且使大众很难鉴别错误思想言论、谣言信息等背后的渗透干扰之实质。而这些外在阻力因素存在的目的,就是阻碍或妨碍大众对新时代主流意识形态形成正确和科学的认知认同。当前,尤以西方社会思潮在我国传播渗透的影响更为严重,部分社会思潮通过放大理想与现实之间的客观差距,干扰大众对新时代主流意识形态的理性认同;通过传播、宣扬西方反动的"普世"文化观念、散播各类错误的思想言论、歪曲党的历史发展事实、扭曲客观的生活现实等,旨在分化大众对新时代主流意识形态的科学认识和理性认同,通过埋下所谓"怀疑""质疑"的种子,继而产生新时代主流意识形态大众认同的障碍性困境。

(一)历史发展的障碍性认同困境

受历史虚无主义的渗透干扰,一些人对我国主流意识形态建设的历史发展认知与认同存在障碍。对主流意识形态建设过程、建设经验、建设历程等的科学认知,既是形成主流意识形态大众理性认同和科学认同的重要前提,也是增强主流意识形态大众实质认同的历史基础,还是切实强化大众对党和国家历史认同的重要基石。但近年来,历史虚无主义通过不断丑化主流意识形态建设过程中诞生的英雄人物、诋毁党的领导人物等,来分化大众对主流意识形态建设者、践行者的认知认同;通过曲解历史真相,打着"重启""评价""记忆"等之名,刻意裁剪历史事实,扭曲历史事件,以此来分化大众对主流意识形态指导思想的认同,即分化大众对马克思主义理论体系的认知认同、分化大众对中

国共产党领导地位认同的历史基础等。同时,近年来历史虚无主义还通过否定革命、美化帝国主义侵略、用假设来代替甚至否定事实真相,企图在淡化大众对民族历史情感认同的基础上,分化大众对主流意识形态认同的民族情感基础。由此可见,受历史虚无主义思潮的渗透影响,大众对主流意识形态历史发展的正确认知面临着严重干扰,致使大众对主流意识形态的建设发展历史产生一定的认同障碍,并逐步弱化大众对党和国家历史发展的认同基础。为此,我们迫切需要及时关注到这一问题,破解因历史虚无主义的恶意干扰而导致主流意识形态大众认同的障碍性困境。

(二) 主流思想的障碍性认同困境

受西方反动的"普世价值"的渗透、妨碍,一些人对新时代主流意识形态的核心思想等存在价值认同障碍。对主流意识形态核心思想的正确理解和科学认知,既是形成主流意识形态大众价值认同和实质认同的理论前提,也是切实增强大众对党和国家向心力和凝聚力的核心关键。但当前,随着西方"普世价值"的泛化渗透,境外敌对势力及别有用心之人不断向大众兜售西方反动的"普世"思想,恶意极化"人权""民主""法治""公正""自由"等价值思想的理解,泛化这些价值思想的内涵和外延,不断向大众进行所谓的"中西价值"对比,歪曲我国倡导的社会主义核心价值观,其本质就是向大众推销西方的所谓"民主国家体系"和"自由体制"等,企图在混淆我国主流价值思想与西方思想观念的本质要义的基础上,动摇大众对党和国家认同的思想基础。同时,西方"普世价值"思想的渗透传播,旨在妨碍干扰大众对我国主流意识形态倡导的理想信念、价值理念、道德观念等核心思想的正确理解和科学认知,通过宣扬"普世价值"继而使大众的心理产生负面效应,给大众对主流意识形态的价值认同设置障碍,不断分化乃至动摇大众对主流意识形态认同的价值基础。为此,我们必须清醒认识到新时代主流意识形态大众认同面临的这一障碍,不断破解因西方"普世"思想的渗透、妨碍而导致的对主流意识形态大众认同困境。

(三) 主流话语的障碍性认同困境

受网络民粹主义的渗透影响,部分人对新时代主流意识形态的领导话语、主流话语等存在认同障碍。"党管宣传""党管意识形态",是我们党和国家在长期实践中形成的重要原则和制度,要推动中国特色社会主义事业长远发展,必须牢牢掌握党对意识形态的领导权和话语权。当前,随着网络技术的不断进步和发展,网络空间的"话语权革命"不断形成,网络成为各类思想宣扬传播的主要阵地,与此相伴生的就是网络民间舆论的话语权越来越大,致使不少社会思潮趁机不断融入渗透,这对我国主流意识形态的建设和认同提出了巨大挑战。其中,尤以网络民粹主义叫嚣最甚,时常"举着民主的旗帜,借助人民主权观念来为大多数普通民众的选择进行政治辩护"[①],归根到底,网络民粹主义通过扩大并利用大众对"民主""平等"的期望,把民粹主义者自身的政治观念或政治要求诉诸大众,不断鼓动、操纵民意,本质而言,就是反对新时代主流意识形态、反对社会主义的主流价值观念等,其旨在通过掌握网络空间的话语权来干扰和妨碍大众对新时代主流意识形态主流话语的认同。为此,必须掌握当前这一思潮的传播路径和传播目的,牢牢掌握现实生活和虚拟空间的话语权,不断破解因其向大众的渗透影响,而妨碍或阻碍主流意识形态大众认同实现的困境。

四、因中西发展对比导致的"选择性"认同困境

选择性认同,是大众在面对不同信息、不同思想、不同观念之类差异性对比性等内容时,并不会对所有的内容都选择接受、一视同仁,而是会优先选择了解、理解甚至认知、认同与自己利益密切相关,且能够满足自身某些方面追求等思想内容,这就给新时代实现主流意识形态大众认同造成了一定的难度。尤其是随着改革开放的不断深化,大众自身能及时了解并掌握到国内外发展的最新动态,并且在掌握这些信息动态的同时,会不自觉地进行对比、比较,在比较中逐渐偏向自身的"理想型"生活或"满足型"需求的一面。这就极易导致大众在中西发展的片面对比中,以及自身生活现状与理想状态的差异对比中,形成大众对主流意识形态的盲目摒弃,对国外价值取向和所谓的"理想生活"的盲目向往和盲目崇拜,继而形成大众对主流意识形态的选择性认同困境,这就迫切需要引起我们的关注并及时破解。

(一)价值观念的选择性认同困境

这是因中西文化价值观发展的片面对比,而引发的部分大众对新时代社会主义核心价值观出现选择性认同困境。新时代的中西文化价值观发展具有质的差异性,但也有容易被别有用心之人利用的看似"趋同"或"类似"的价值观念,这就给一些人认同新时代主流意识形态造成一定的困扰。社会主义核心价值观是我国主流意识形态的重要内容体系,而要强化大众对新时代主流意识形态的实质认同,就需要不断增强大众对社会

---

① 陈尧:《网络民粹主义的政治危害》,载《人民论坛》,2016年第9期。

主义核心价值观的认同力。那么,如何理解、区分中西文化价值观的本质差异,如何看待或透视看似"同样"文化价值理念背后所要坚守的政治立场,这是科学认知社会主义核心价值观、强化主流意识形态大众认同的内在要求。但当前,由于一些人对中西文化价值观念发展的片面理解认知,选取片面对比方式和对比角度,而造成其对新时代主流意识形态价值观念的认同出现选择性困境,认为西方文化价值观的发展要比我国社会主义核心价值观的发展相对成熟,且能够满足并引起部分民众的思想共鸣或精神共鸣,致使这类群体对我国社会主义核心价值观念的片面认同,只认同那些看起来与西方文化价值观念相似的理念,而未从本质上真正理解我国社会主义核心价值观的核心要义。为此,要破解新时代主流意识形态大众认同的选择性困境,就需要从增强大众客观、理性对比中西文化价值观的发展差异上下功夫。

(二)经济思想的选择性认同困境

因中西经济发展差异性的片面对比,时常会引发部分民众对我国社会主义市场经济理论的选择性认同困境。国家经济发展水平的高低,直接影响甚至能够决定普通大众生活水平与生活质量的好坏高低,而且经济发展问题也是大众普遍关心和密切关注的问题。近年来,中西经济发展对比已成为大众时常关注的问题,尽管近些年来我国经济发展水平持续提高,但因为庞大的人口基数决定了我国目前仍属于发展中国家,经济发展水平仍落后于部分西方发达的资本主义国家。当前,国内仍有部分民众盲目崇洋媚外,只看到中西经济发展存在的差异性问题,片面关注自身经济利益问题,主观忽视近年来我国在社会主义市场经济理论指导下所取得的巨大成就。这种通过片面对比中西经济地位、经济发展水平等,就极易引发一部分人对我国主流意识形态的经济基础理论等产生怀疑,进而出现一部分人对我国社会主义市场经济理论的选择性认同。这一困境的出现极易弱化新时代大众对主流意识形态经济基础的认同,归根到底也是不利于中国特色社会主义经济发展的。为此,我们迫切需要及时关注到这一问题,不断破解因片面对比而异化客观存在的差异性问题、因片面追求表面"美好"生活而主观忽视乃至抛弃自身应确立的经济指导思想等困境,旨在不断夯实新时代大众对主流意识形态经济基础的真心认可和实质认同。

(三)政党思想的选择性认同困境

因中西政治民主化程度的片面对比,而引发一部分人对中国共产党政治思想主张的选择性认同困境。民主,作为"一种统治方法,是社会上层建筑的组成部分"[①],它需要以一定的经济基础来支撑;而政治民主,是国家的一种统治形式和统治模式。表面来看,西方国家的民主化进程开始得要早,所取得成果相对而言也较多,经验也较为丰富,但这并不代表西方国家的民主化程度就要比我们国家的高。一般而言,西方发达资本主义国家的政治民主,是建立在为资产阶级服务的政体之上,只是打着为"公民"服务、以"人民"名义的旗号而实施的"民主",尽管看起来西方国家的公民能够参与到政党选举、公共事务管理等之中,但实际并未真正享有话语权和参与权,且这也只是一小部分"公民"才能享有的权利。但当前,我国有一部分人却没有看到这一点,片面地认为我国的政治民主发展程度没有西方国家的高,片面地对比中西方公民公开参与公共事物管理的程度,片面地关注近年来如美国总统选举所谓的各州"全民参与"问题等,继而就会不断质疑我国的政治民主化程度,对新时代主流意识形态的政治思想等出现选择性认同的困境,这就迫切需要让大众较为全面地理解、认知我国的国体和政体、科学地看待新时代主流意识形态的民主性特征,不断增强新时代大众对主流意识形态所蕴含政党思想、政治思想等的实质认同和真心认同。

五、结语

新时代主流意识形态大众认同的关键是实现大众心理上主动选择接受、行为上积极自觉实践的实质认同。但当前,新时代主流意识形态大众认同出现了"虚假性""摇摆性""障碍性""选择性"等"四重"认同困境,这些困境的存在不仅对个体发展、社会发展以及国家发展都极为不利,而且对于凝聚国家共识和社会共识具有负面效应。为此,我们必须深入解剖这些困境是如何产生或出现的,深刻把握这些困境存在背后的实质,只有这样,才能在厘清新时代主流意识形态大众认同面临的主要困境基础上,为破解这些困境提供破解方向和解决思路。总体而言,要破解新时代主流意识形态大众认同面临的困境,需要从"主体"的角度出发,通过不断引导新时代主流意识形态的领导者、建设者、传播者以及大众树立正确的理想信念、价值理念、道德观念等,将理论引导与群众切身利益相结合,破解新时代主流意识形态大众认同的"虚假性"和"摇摆性"困境,促使大众对新时代主流意识形态的形式认同、表象认同、虚假认同等向实质认同、真心认同转变。同时,也需要从"客体"的角度出发,通过建构与现实契合的新时代主流意识形态话语,占

---

① 徐大同:《准确认识西方政治民主制度》,载《红旗文稿》,2015年第15期。

领新时代主流意识形态的现实空间和网络空间,将理论宣传与实践检验相结合、理论批判与实践斗争相结合,引导大众树立科学的认知观和比较观,破解新时代主流意识形态大众认同的"障碍性"和"选择性"困境,促使部分民众从对新时代主流意识形态的片面认同、选择性认同向理性认同、科学性认同转变。

新阶段新时代文明实践工作
建设思路与创新举措

吕宏山　曹圆慧[①]

【摘　要】

党的二十大报告强调"统筹推动文明培育、文明实践、文明创建",三者互为补充、相互促进、缺一不可。新时代推进党的理论政策落地生根、提升社会文明程度,需要充分发挥新时代文明实践的作用,解决文明实践工作推进中的现实问题,拓展工作思路,探索创新举措。文章从梳理新时代文明实践工作成效入手,剖析文明实践工作新阶段的总体特征,揭示既往工作中存在的主要问题,并有针对性地提出深化新时代文明实践工作的总体思路与创新举措,主要是建议各地围绕二十大精神的贯彻落实探索文明新风培育的创新路径,通过区域城乡基层治理与文明实践一体推进、活动建设与平台建设双管齐下、优化绩效评估机制、加快信息化数字化步伐等有力举措,全面促进新时代文明实践工作上水平,见实效。

【关键词】

新时代文明实践;工作成效;阶段特征;建设思路;创新举措

进入新时代以来,以习近平同志为核心的党中央高度重视社会主义精神文明建设,持续推动基层宣传思想工作与时俱进、守正创新。作为践行人类文明新形态的公共空间,新时代文明实践中心借助形式多样的文明实践活动宣传社会主义核心价值观,发挥"凝聚群众、引导群众、以文化人、成风化俗"的价值引导作用,助推党的方针政策和创新

[①] 作者简介:吕宏山,哲学博士,华中科技大学马克思主义学院副教授、湖北省新时代文明实践研究院研究员、华中科技大学国家治理研究院研究员(武汉,430074);曹圆慧,华中科技大学马克思主义学院硕士研究生(武汉,430074)。
基金项目:国家社科基金青年项目"马克思恩格斯对古典人类学的批判及其当代价值研究"(项目编号:18CKS005);华中科技大学华中智库重大专项"新时代文明实践中心建设:成效、问题与建议"(项目编号:2021HZZK001);湖北省重点马克思主义学院项目"马克思主义基础理论的若干重大问题研究"(项目编号:21ZDMY08)。

理论入脑入心、落地生根。经过常态化的实践探索,新时代文明实践中心建设成效卓著,组织领导体制和运行机制有序构建,活动项目和志愿服务扎实开展,"五有"①标准实现全面覆盖。随着文明实践工作进入深化拓展的新阶段,相关实务问题也随之显现,新形势和新任务呼唤创新举措,只有思路清晰、措施得当,才能更好地推进新时代文明实践工作全面提质增效。

一、新时代文明实践工作的建设成效

在全国各地的积极响应和贯彻落实之下,新时代文明实践试点工作取得了显著成效,文明实践中心、所、站等阵地全覆盖的目标基本实现,纵横协作的组织领导工作体制有序运转,文明实践活动项目深入开展,志愿服务体系机制模式也趋于成熟,新时代文明实践逐渐成为群众心有所系、情有所寄的精神家园。

(一) 文明实践阵地全面覆盖

建好新时代文明实践阵地(中心、所、站等),是时代之需、使命所系、群众所盼。试点工作开展以来,各地积极推进新时代文明实践阵地建设工作,在覆盖广度、体系纵深和资源盘活等方面都取得了明显成效。第一,新时代文明实践阵地广泛覆盖。截至第二轮试点工作完成,全国范围内按照"五有"标准建成新时代文明实践中心3000余个、新时代文明实践所3.8万多个、新时代文明实践站58万多个,②基本实现基层无死角、全覆盖;第二,中心、所、站等三级联动协调机制日臻完善。区县一级设实践中心,乡镇(街道)一级设实践所,行政村(社区)设实践站,进而搭建起立体交叉、纵横交错的文明实践网格阵地骨架;第三,基层阵地资源得到有效盘活。各地积极整合拓展公共文化服务阵地资源,将文化礼堂、综合服务中心、爱国教育基地和闲置集体房屋等纳入新时代文明实践基地。例如,在贵州黔东南苗族侗族自治州,一些村寨利用闲置学校、祠堂、集体仓库等场所改造建成"合约食堂",用以承接村民过节和婚丧嫁娶的酒席仪式,并以此为依托开展长桌宴、干部培训等活动,从思想根源和现实行动两方面解决了农村滥办酒席成风的问题。③天津市大多数新时代文明实践站依托党群服务中心挂牌,并以文化礼堂、科技之

---

① "五有":有场所、有队伍、有活动、有项目、有机制。
② 新华社:《以文明实践汇聚前行力量——各地新时代文明实践中心扎实引导群众踔厉奋发新征程》,2022-10-12,https://baijiahao.baidu.com/s?id=1746491106332998l732&wfr=spider&for=pc。
③ 案例整理自媒体报道或实地调研见闻,下同。

家、老人食堂、退役军人服务站等为据点,组织开展评剧唱演、法律咨询、反诈宣传等文化教育和志愿服务活动,整合阵地资源的同时,也加深了群众对于文明实践的知晓度和参与度。以阵地优势支撑任务落地,依托阵地资源丰富活动项目形式,新时代文明实践中心(所、站等)成为基层强化思想政治工作、传播科学理论、弘扬时代新风、开展志愿服务的桥头堡和集训营。

(二)组织领导形成工作合力

组织领导是党建的根基,也是新时代文明实践工作的重要前提和根本保障。纵向上,在中宣部和中央文明办的总体指导与督促落实下,省份、地市两级成立的工作指导组牵头各地区新时代文明实践中心建设工作,顶层督导,基层推进,二者统筹协调,一级抓一级,一级带一级,层层抓落实,共同推动各地区新时代文明实践平台、机制、项目与活动的组织策划与落地实施。县级新时代文明实践中心作为"一线指挥部",由县委书记担任第一责任人,向上承接宏观政策布局与具体工作任务,向下统筹县域各类资源整合以及部门分工调度,带头推进文明实践工作任务落实;乡镇、村两级党组织书记分别担任文明实践所长、站长,率先垂范,靠前指挥,主抓任务具体落实。由此,基本构建起了"县(市、区、旗)中心统筹、乡镇(街道)所指导、村(社区)级站实施"的工作体系;横向上,在党委牵头指挥下,基层教科文卫等各部门立足新时代文明实践中心平台,将中心相关任务摆上部门工作重要议程,通过联席会议、信息服务共享等形式各尽所能、各展所长,争取上力、借用外力、自身努力、形成合力,共同助力新时代文明实践各项工作层层传达、有序开展、逐级落实。

(三)活动项目深入广泛开展

举办活动项目是吸引群众参与文明实践、维持文明实践中心(所、站等)常态化运行的必要举措。在开展活动项目的过程中,各地基本能够将群众需求和满意度作为贯穿文明实践活动项目征集、设计与实施全过程的走向导引和评价尺度。在活动征集方面,多地新时代文明实践中心(所、站等)着眼群众需求,倾听群众意见,群众"点单"模式愈发多见。以广大群众最为喜闻乐见的文体活动为例,安徽省马鞍山市当涂县太白镇新时代文明实践所建立之后,着眼群众文化生活需求新变化,从"给群众演"转变为"让群众点""带群众演",并根据村民需求探索开设了绘画、书法等新课程,发掘村民兴趣爱好,唤起文明源动力。较之以往的被动接受,新时代文明实践赋予人民群众自主选择文化生活的空间和条件,而活动征集环节面向群众、服务群众的定位则是实现这一自主选择的重要保障。在活动设计方面,多地致力于打造品牌化项目,将理论学习融合嵌入蕴含当地特色的活动实践之中,如厦门市坚持试点先行、品牌先行,创建了台胞社区主任助理志愿服务队和新时代文明实践公益法律顾问等特色品牌,开创了社会治理和文明实践相结合的新模式。武汉市东西湖区柏泉街定期举办"三风"现场会和"三风"主题研学活动,讲述乡贤故事,让群众从家乡人、身边事中直观感受乡风文明意蕴。

在活动实施方面,各地常态化推进"五项工作"[①]。党的二十大召开前后,各地紧跟时事,突出"喜迎二十大"主题,广泛开展强国、爱国主题活动和二十大精神理论宣讲,举办各具特色的知识宣讲、文艺演出活动,在全社会营造了浓厚的文明实践氛围。为提升活动实施效果,多地的文明实践中心(所、站等)推行了文明实践积分制,群众可通过参与活动换取积分,再用积分兑换生活用品等物质奖励,参与文明实践的积极性大大提高,人人参与、人人实践、人人共享的生动局面渐已成型。

(四)志愿服务体系不断完善

志愿服务体系和队伍建设是新时代文明实践的关键环节,也是推动文明实践工作的有力抓手。当前,新时代文明实践志愿服务体系趋于完善,主要体现为以下三点:

第一,志愿服务参与力量得以壮大。志愿服务队伍建设逐渐成形,各地广泛调动人员组建志愿服务梯队,在新时代文明实践中心建立起志愿服务总队,配备理论政策宣讲、文化文艺服务、助学支教、医疗建设、科学普及、法律服务、卫生环保、帮扶帮困"8+N"的志愿服务支队,如湖南省吉首市根据全年工作重心和亮点,成立了包括文明宣讲、农业农技、安全生产、美丽乡村等专项服务队;河南省新时代文明实践中心成立了理论政策宣讲、文化文艺服务、卫生健康服务等15支志愿服务队伍,常态化开展"志愿服务乡村行"活动;贵州省黔西南兴义市吸纳中央音乐学院学生、农业农村局农艺师等专业技术人才入驻新时代文明实践中心,成立专业化志愿服务队,助力打造高质量的志愿服务活动。志愿者队伍的壮大拓宽了文明实践活动范围,也使志愿服务质量和效果更有保障,群众满意度和好评率得以大幅提升。

第二,志愿服务机制建设得以强化。各地着力制度机制创新,探索构建志愿服务管理培训、活动运行、权益保障和嘉许激励等一系列制度机制,围绕贯彻落实各项服务机制来组织集中培训、观摩演练等实践活动,如山东省寿光市出台了《新时代文明实践志愿服务暂行办法》,制定落实星级评定、荣誉授予、评先树优等奖励扶持和激励措施,财政列支专项经费补贴,扶持设立志愿服务项目,保障组织开展运营培训,充分提高了志愿

---

① "五项工作"指学习实践科学理论、宣传宣讲党的政策、培育践行主流价值、丰富活跃文化生活和持续深入移风易俗。

者能力素质。制度机制建设落地生根,志愿者的社会认同感大大增强,相关制度的执行效果也得到有效保障。

第三,志愿服务模式日渐成熟。各地瞄准群众需求,"群众点单—中心(所、站等)派单—志愿服务组织接单—群众评单"的闭环服务模式逐步推广开来。例如,东莞市有"世界工厂"之称,针对数量庞大的外来务工者的志愿服务需求,东莞市长安镇从家庭入手,将新时代文明实践站设在了员工家门口,由员工和家属"点单",志愿者组织文体协会、社会力量配送订单,以家庭为支点撬动群众精神文明建设;甘肃省兰州市红古区围绕"文明红古""爱心红古",推行"社工+志愿者""项目+队伍"双联动模式,培育了"授渔行动""暖冬行动"等品牌志愿服务项目,形成了有亮点、有特色的文明实践"红古体系"。在传统帮扶形式之外,志愿服务路径模式也得到拓展和创新,诸如"时间银行""爱心超市"等志愿服务创新项目不断涌现和推广。例如,山东省荣成市开创了"志愿+信用"的文明实践路径,立足农村信用基础,将个人参与志愿服务的次数、时长等转换为信用加分,守信群众可在信用超市用积分兑换生活用品和专门开发的信用激励产品;湖北省襄阳市滨湖社区推出了"时间存折"+"银龄互助"的志愿服务模式,鼓励相对年轻的老年人发挥余热、以老助老,为高龄老人、空巢老人提供多元化、个性化的志愿服务。如此一来,群众参与志愿服务的主人翁意识得到空前激发,村组织进行村务管理的战斗堡垒作用也被充分激活,志愿服务与基层社区治理、农村空心化治理的有机融合让"共建、共治、共享"的愿景成为现实。

二、新阶段新时代文明实践工作形势的三重转变

随着前两批试点工作的广泛开展,遵照党和国家对于精神文明建设的最新部署,结合国内外发展环境的深刻变化,新时代文明实践工作已然进入新阶段,深入理解新阶段的总体特征,有助于把握重点、发现问题、巩固成果,进而为下一阶段改进新时代文明实践工作提供方向性指导。

(一)试点建设向常态长效的转变

2018年7月6日,中央深化改革委员会第三次会议审议通过《关于建设新时代文明实践中心试点工作的指导意见》,自此以后,新时代文明实践试点工作持续推进,试点单位从50家扩大到500家,覆盖全国31个省(区、市)和新疆生产建设兵团,至第二轮试点工作中期评估之时,全国范围内已基本完成中心(所、站等)全覆盖的试点阶段目标任务。

新时代文明实践试点工作取得了显著的阶段性成效,在此基础之上,新阶段对于新时代文明实践常态化、长效化提出了新的要求,在将新时代文明实践做实、做活之外,更要持续发力,将新时代文明实践工作重点转移到做久、做深上来。从试点建设向常态化、长效化工作的转变。一方面,要求基层有关部门彻底摒弃完成任务逻辑和晋升锦标赛思维,将新时代文明实践工作嵌入基层常态化社会治理,使之与地区整体发展步调相一致;另一方面,长效化指明文明实践活动项目、志愿服务品牌化、专业化、特色化的现实面向,更加强调实质而非形式、强调质量而非数量。由此可见,从试点到常态、长效建设的转变驱使各地转变新时代文明实践工作思路,切实保障新时代文明实践行稳致远、健康永续发展。

(二) 精神文明建设工作部署的转变

党中央对于精神文明建设的总体部署是开展新时代文明实践工作的指南针和风向标。党的二十大精神是新阶段统筹推进文明实践工作的总遵循所在。从十九大到二十大,党中央对精神文明建设的总体要求体现出由浅入深、由表及里、由局部到整体、由起始到推广的动态转变。如从"培育和践行社会主义核心价值观"到"广泛践行社会主义核心价值观",从"加强思想道德建设"到"提高全社会文明程度",相关表述凸显出了新时代精神文明建设全域性、纵深性等特点;二十大作出了"推进城乡精神文明建设融合发展"的新指示,这对各级地方城乡阵地建设整体水平和基层资源整合能力提出了更高要求;此外,二十大报告中还出现了"统筹推动文明培育、文明实践、文明创建"的新提法,新时代文明实践工作的定位更加明确,文明实践是三位一体中不可割裂的有机部分,以新时代文明实践中心(所、站等)为据点承接文明培育工作,并服务于文明创建,三者共同作用于全社会文明程度的提升。这些新要求应当引起各级领导和基层工作者的充分重视,并以此为指导思想调整优化治理策略,及时适应工作部署的转变。

(三) 文明实践活动内容重心的转变

当今世界正处于百年未有之大变局,国内外发展环境的急剧变化同样牵动新时代文明实践工作进展。首先,突发的新型冠状病毒感染从"乙类甲管"调整为"乙类乙管"。一方面,随着人群检测策略和隔离措施等防控手段的调整,近三年来持续开展的防疫消杀、核酸检测、出入登记等疫情防控志愿服务活动也将落幕,许多地区现有的常态化文明实践志愿服务队伍或将面临调整。另一方面,新的志愿服务需求出现,如新冠康复老人等弱势群体面临照料问题,社会心理健康问题普遍增多而亟须更为专业的心理健康科普教育,凡此种种都呼唤着新的文明实践活动提上日程、摆上台面。其次,中国式现代化的物质文明与精神文明具有内在统一性,随着经济发展质量稳步提升,产业化和数字化趋势加快,消费水平更上一个台阶,物质生活更加丰富,人民群众的精神生活需要同精神文明建设的供给能力同步增长,新时代文明实践活动现代化、智能化的步伐渐趋加快。最后,动荡的国际形势下,基层意识形态工作的重要性尤为凸显,单就新时代文明实践而言,则更为强调理论宣讲的意识形态功能。党的二十大为新阶段文明实践提供了丰富的理论学习素材,以二十大精神为主线,围绕不同主题展开政策解读,增进百姓对新时代中国特色社会主义"四个自信""四个认同"的认识,将成为新阶段新时代文明实践活动的主旋律。

三、当前新时代文明实践工作面临的主要问题

新时代文明实践是一项需要长期坚持、不断深化、整体推进的系统工程,目前虽取得了一定的阶段性成果,但也存在一些不容忽视的薄弱环节,区域城乡间做法、成效有所差异,人员经费尚显不足,中心(所、站等)定位模糊,行政力量单一驱动,移动互联时代依托信息平台的数字化手段应用较少等问题逐渐凸显,面对新发展阶段的形势变化,亟待采取有效措施切实加以解决。

(一)阵地建设水平失衡,区域城乡之间存在差距

当前,新时代文明实践工作正处于从试点探索向常态长效推行的过渡阶段,区域间、城乡间文明实践阵地(中心、所、站等)建设及运行效果相应呈现出不平衡的状态,总体表现为先建试点地区普遍好于后建地区、县级市普遍好于市辖区、城市地区普遍好于农村地区。具体来看,横向上,区域间建设成效还存在一定差异。客观而言,社会经济水平、行政管理效率、文化历史传统等地域因素和前置变量都可能对新时代文明实践中心(所、站等)建设造成影响,导致各地文明实践的投入产出比差距较大。但是,出于文化建设思维落后、长期形成的发展惯性和惰性以及领导干部的形式主义作风等主观原因,部分地区新时代文明实践工作确实存在流于形式、甚至形同虚设的情况,难以达到预期目标和理想效果。就其组织结构而言,部分区域的中心、所、站等建设缺乏统筹规划,建设布局不尽合理,中心、所、站等存在编制定位模糊问题,中心一级或被模糊边缘化,或出现向所、站等退化的倾向,并没有发挥其应有的资源统筹和指挥调度的功能。如在面向湖北省 W 市 H 区的调查中,部分社区居民将文明实践中心等同于文明实践站,对站点开

展的文化活动参与度较高,而对于中心的认识相对模糊;T镇X村的情况则相反,由于资源难以有效下沉,活动项目和志愿服务只能在县级中心开展,站、所等在村庄的建设几近于无,欠缺维持其运营的物质条件和组织依托。这些案例表明,文明实践在阵地建设和资源下沉上仍有所欠缺,以致难以精准落实部署、发挥实效,甚至沦为宣传政绩的空架子。

纵向上,城乡间建设水平存在差距。一方面,政策方针在逐级向下传递的过程中易受干扰,难免出现政策曲解、政策附加、政策截留和政策滞后等适应性执行和"中梗阻"问题,各级行政主体内部博弈,加之外部监管机制缺失滞后,导致新时代文明实践工作的执行效果在农村大打折扣。"上有千根线,下有一根针。"基层村镇干部日常工作任务多、压力大,加之客观存在的责权利不匹配等问题,导致其没有充沛的精力投身于文明实践工作。另一方面,农村基础设施有限,乡镇、村实践站点建设面临资源力量下沉不均、活动设施条件不足的现实困难,不少地方文明实践仅具备一定空间场所,有其名而无其实,难以满足广大人民群众实地参与文明实践活动的需求。如笔者在走访调查中发现,山东省J市L区D镇Y村等多个村集体将支部大队办公室挂牌为新时代文明实践站点,但内部并未配备相应的活动设施,亦无志愿服务工作队伍,且文明实践站点与居民的日常生活区域相距较远,居民来往不便,甚至有部分居民对此地并不知情。综上所述,主客观因素造成区域城乡文明实践建设水平差距难以填平补齐,很容易导致区域城乡融合发展进程受阻。

(二)资源整合力度欠缺,社会动力激发不足

资源整合情况是考察评估新时代文明实践公共服务水平的一个重要视角,新时代文明实践所需资源范围广泛,涉及政策、资金、人员、设备、技术等有形资源以及理解、认同、声誉、影响力、社会资本和公共精神等无形资源。各地在新时代文明实践工作推进过程中已对资源整合利用问题给予重视关注,并朝阵地资源统合利用的方向迈进,但队伍资源、项目资源、活动资源、行业资源分散的问题在短时间内还无法彻底解决,尚难形成洼地盆吸优势,各类资源在优化配置、高效利用、共建共享、惠民育民和资源下沉等方面有待进一步加强,"五大平台"之间的融合度和共享性也需进一步提升。治理并没有排除由政府和官僚机构直接提供商品或服务,但它需要根据具体情况来寻找治理的最佳形式。行政力量固然是当前新时代文明实践工作的主要推动力,然而有的地方仅仅依靠村"两委"干部、文明实践员开展工作,与市场主体、社会组织协同联动不够,在社会资源挖掘利用方面不尽如人意;文明实践志愿服务队伍多以行政机关牵头,在组织"五老"人员、企业家、社会名人、新乡贤、先进典型人物和热心群众等参与志愿服务方面还不够深入有力,没能充分调动其自主投身文明实践志愿服务的主观参与意愿。此外,志愿服务

组织注册、志愿者等级评定等不应有的外设门槛也导致社会力量参与受阻,如湖北省W市J区要求志愿者通过云平台登记注册,程序较为烦琐复杂,加之许多中老年人不具备手机、平板电脑等智能终端的使用条件,不少有参与志愿服务意愿的群众无形中被拒之门外,导致文明实践志愿服务组织发展缓慢。

(三) 文明实践活动同质化,群众参与热情不高

新时代文明实践中心(所、站等)应牢固树立人民至上理念,做到以群众为中心,以宣传党的先进理论、提升社会文明程度为宗旨,但实际运作中由于项目活动资源统合不到位、人员经费短缺、监督管理薄弱等外在因素和创新意识不够、执行能力有限等治理短板,一些地方并未充分理解和彻底践行新时代文明实践中心(所、站等)建设的群众导向和深层内涵,活动内容单一、流于形式,或将基层治理的常规工作冠之以文明实践,或空有活动而未能激发群众参与兴趣,表现出流于表面形式的同质化倾向。大致说来,可分为以下两种情况。

一是活动形式缺少差异性。一方面,活动项目对当地文化传统和文明基因的挖掘程度不够,地域特色并未在文明实践活动中得到充分体现,学习典型经验变成了生搬硬套,容易导致文明实践活动千人一面、刻板僵化;另一方面,志愿服务有形式主义之嫌,"一招鲜,吃遍天"的情况时有出现,受众需求本是多元的,但许多地区的服务活动并未针对主体需求分级分类,缺乏针对性,不乏将环境清理、扶贫走访等活动与文明实践混为一谈的情况。如湖北省X市H社区组织开展为孤寡老人送米送面的志愿服务活动,但独居老人日常对米面的消耗并不大;相反,诸如日常照料、医疗保健、便捷出行等急需解决的问题则并未得到关注。此类生搬硬套的实践活动并未真正解决群众"急难愁盼"的问题,难以实现新时代文明实践的初衷。

二是活动内涵浮于表面。文明实践活动与其他社区文体娱乐活动难以区分,其应有的价值引领作用得不到充分发挥,在展现宣扬主流价值观、推进精神文明建设的思想内涵等方面有待进一步挖掘加强。由于文明实践活动项目和志愿服务品牌化、精准化水平不高,人民群众的参与热情得不到激发和调动,尤其是在广大农村地区,优质文化产品供给普遍有限,志愿服务组织难以下沉,亟须依托本地资源优势和特色文化打造品牌。总之,新时代文明实践工作须切实提升活动内容质量,牢牢牵住"内容为王"这个牛鼻子,聚焦群众需求,倡导文明普惠,着力在文明实践提质增效上做文章、下功夫。

(四) 传统模式手段单一粗暴,信息共享程度有待提升

当前,学界普遍认为基层治理有效性主要体现在党政体制、条块体制和锦标赛体制

的三大优势上,这些传统治理模式手段在新时代文明实践工作中同样发挥着重要作用。传统治理模式手段植根于我国的制度特点和社会环境,通过协调动员、任务委派、督导检查、量化考核和绩效排名等措施使文明实践任务指标层层下达、有效落实,是我国基层实践中行之有效的治理模式,但也应看到传统工作方法天然具有的局限性和片面性。

一方面,在新时代文明实践工作推进过程中,传统治理模式存在过于单一粗暴的问题,尤其表现在对民俗文化和宗教信仰的处理方面,以禁代管和一刀切的现象时有出现。在走访调研过程中,笔者获知一些地区政府部门打着新时代文明实践的旗号,以封建迷信为由一概禁止居民演出民俗戏剧,并强行拆毁封禁群众自发建立的公共性庙宇,此种治理手段过于简单粗暴,导致群众曲解了文明实践工作,进而产生不满情绪和抵触思想。

另一方面,传统模式固然有其稳定性,但基层治理也要跟上时代步伐。移动互联时代,网络信息技术给人民群众的社会生活带来翻天覆地的变化,信息化、数字化已成为基层治理大势所趋。就当前新时代文明实践的服务效果而言,现代科技赋能文明实践的作用彰显还不够,信息技术手段应用较少,对数据资源的利用意识普遍缺乏,大部分地区只部署完成了省级新时代文明实践中心云平台,而县(市、区)级信息平台建设仍有待推进,尚未实现数据资源的互联互通及与省级数据中心的并联贯通,且无统一使用的信息枢纽平台,或需要额外购买服务。如根据政府采购及购买服务公开信息,南方某国家级经济技术开发区2022年花费30万元资金购买时代文明实践中心云平台管理服务,占党委办公厅(室)及相关机构事务预算的20.13%,给基层财政造成了较大负担。在智能平台的使用方面,尽管一些地区已经探索使用云端平台、借助信息技术手段开展志愿服务活动,尝试推广诸如文明实践"积分商城"小程序等便民应用,但不仅登录注册程序烦琐,给群众参与志愿服务设置了门槛,而且功能尚不健全,实际应用中宣传、管理、交流、展示和服务功能较弱,其推广应用对提升文明实践活动效果的辅助作用尚不明显,大有回归传统方式手段的倾向。总之,新时代文明实践信息化、数字化建设任重道远,各项具体措施仍有待进一步统筹推进。

四、新阶段深化新时代文明实践工作的总体思路

针对现阶段面上工作开展情况和存在的主要问题,各地应以二十大精神为纲,统筹推进文明培育、文明实践、文明创建,整合盘活各类资源,突出结果导向和成效评估,以新思路指导文明实践工作,深化探索文明实践创新路径。

（一）以二十大精神为总遵循，落实意识形态工作总体要求

党的二十大强调要求，全面建设社会主义现代化国家，应坚持中国特色社会主义文化发展道路，建设具有强大凝聚力和引领力的社会主义意识形态，广泛践行社会主义核心价值观，提高全社会文明程度，繁荣发展文化事业和文化产业。要明确新时代文明实践工作的主旨要义在于拓展理论宣传的有效载体，推动习近平新时代中国特色社会主义思想深入人心、落地生根；在于借助形式多样的文明实践活动，激发城乡精神文明建设发展活力；在于通过阵地平台构建和组织领导体系建设，进一步加强和改进基层思想政治工作；在于以人民为中心，更好地满足群众精神文化需求。因此，各地要继续深入贯彻落实二十大精神，着眼区域工作总体布局，把党中央对宣传工作的总体要求不折不扣地落到实处。

（二）以文明创建为落脚点，一体推进城乡精神文明建设

社会文明程度是人类发展进步的深刻映照，提升社会文明程度是社会主义现代化建设的重要内容和主要目标。党的二十大对"统筹推动文明培育、文明实践、文明创建，推进城乡精神文明建设融合发展"给出了纲领性要求，精神文明工作落脚到文明创建，而文明实践作为其中承上启下的重要环节，是文明培育的有效依托和文明创建的有力抓手，与精神文明工作全局密切相关。新时代文明实践中心（所、站等）具备良好的阵地资源优势，作为传播党的创新理论的大众平台、弘扬时代新风的精神家园和传播志愿服务的广阔舞台，能够助力文明创建，承载文明培育，打通城乡精神文明建设。因此，应将新时代文明实践与高质量发展、文明培育、文明创建、基层治理、区域协调发展等各项工作紧密结合起来，着力提升社会文明程度，一体化推进城乡精神文明建设。

（三）着力提升服务效能，激发群众内生动力

习近平总书记指出，我们必须充分调动人民群众参加精神文明建设的自觉性、积极性和创造性。人民至上，以人为本始终是推进各项工作的核心原则和不二法门。群众满意度是衡量新时代文明实践工作成效的最高尺度，文明实践阵地建设和组织运营要围绕群众的现实需求，活动设计和项目运行也应对接关照群众的实际需要，以人民为中心着力提升文明实践服务效能。因此，有关负责人应着眼于满足群众共性需求，培育具有

引领作用的主题文明实践、志愿服务项目,以人民之所需作为相关工作改进提升的进路,以人民之所盼作为相关工作落实的目标。本着以人为本的原则,文明实践中心(所、站等)运营部门应着力提升服务水平和效能,盘活各类存量资源,有序推进专项基金筹建工作,为人民群众提供更好的参与体验,从而有效激发群众参与文明实践的热情。

(四)强调实践效果导向,重视实践成效评估

针对文明实践工作开展不平衡、活动内涵浮于表面、工作保障不充分等问题,未来新时代文明实践工作应强调结果导向,重视成效评估。一方面,做好典型培育和宣传推介,将切实有效的经验做法加以推广;另一方面,对工作进展缓慢的新时代文明实践中心(所、站等)进行专项督导,着力解决好各地工作开展不平衡问题。用好考核指挥棒,将新时代文明实践中心(所、站等)建设纳入党政领导班子和领导干部考核、意识形态工作责任制监督检查和文明城市创建督察当中,进一步压实各级责任,推动中心、所、站等建设不断提档升级。

五、深化新时代文明实践工作的创新举措

着眼于以上问题,各地应加强顶层设计和整体谋划,注重资源整合与纵横联动,统筹平台建设与活动建设,健全绩效评估机制提升服务供给质量,推动数字化、信息化跟上时代步伐,助力新阶段新时代文明实践工作更上一个台阶。

(一)双融合:抓好区域城乡基层治理与文明实践一体推进

针对新时代文明实践工作进程中普遍存在的城乡落实差异化情况表现,尤其是县、镇、村文明实践服务供应不足、资源配置不均、流动不畅等现实问题,应将工作重心向农村转移下沉,通过合理的制度安排实现文明实践工作的"城乡结合"。一是要推动优质资源下沉。通过季节性下乡、机制化帮扶、渐进式推进的措施,将优质资源打通整合盘活并下沉到村级文明实践所站;二是要灵活调整服务供给。结合农户生产生活所熟悉、关注的议题,对照乡镇农村居民思想观念的新变化,通过问卷调查、入户走访等方式真正了解群众需求,及时调整和更新项目服务安排,切实做到按需有效下沉;三是要扎实推进农民文化素质普及教育工作,通过村集体学习、观影、观看文艺表演等方式,提振乡风文

明，提高乡镇居民对文明实践的感知度和接受度，从而为文明实践活动的进一步推广奠定坚实基础。针对阵地资源不平衡、不充分问题，各地应将新时代文明实践融入基层治理环节中，发挥党建引领作用，将基层党校、综合文化服务中心、爱国教育基地、文化展馆等纳入新时代文明实践中心统筹调度。还要把新时代文明实践站点建设纳入基层治理年度规划中，加强调研指导，及时发现并落实解决基层突出困难，下大力气推进组织领导、队伍建设、资金保障和考核评估等各项工作落地。

（二）双驱动：统筹平台建设与活动建设双管齐下

要使新时代文明实践工作取得显著成效、获得群众认可，活动项目建设与实践平台建设密不可分、必不可少，二者相互嵌入、深度融合，这样方能将双核驱动新时代文明实践本土化、特色化做深做实。各地在设计和开展活动项目时，应突出人民群众的主体地位，把艺术创造和活动营造"向着亿万人民的伟大奋斗敞开"，回答人民群众普遍关心关注的理论热点问题，解除干部群众普遍存在的思想认知困惑。要坚持以传播党的先进理论为首要任务，通过微党课、微宣讲、视频推送等人民群众喜闻乐见、易于接受的方式，广泛开展二十大精神和中央省市县重要会议精神宣讲活动；要继续推进集中性示范活动开展，结合具体节日、休息日和当地特色节庆日等设立相对固定的文明实践活动日，为人民群众提供政策咨询、义诊义检等便民服务，切实增强文明实践活动的场景性和获得感。在强化平台建设方面，要推进专业志愿服务研究院所和培训中心与新时代文明实践阵地（中心、所、站等）的双向无缝对接，面向群众推出志愿服务培训课程；要完善志愿服务信息平台，推广文明实践积分管理制度。围绕新时代文明实践"五大平台"建设，各地要因地制宜拓展创新平台的内涵和形式，打造特色平台项目，让当地文化色彩在新时代文明实践中得以彰显。

（三）双导向：优化"显绩"+"潜绩"评估机制

要保证新时代文明实践工作成效，需要发挥绩效考核指挥棒作用，完善绩效评估制度。对新时代文明实践工作的考核评估不应只停留在表面，而是要优化落实"显绩"+"潜绩"的双重评估机制，既督促新时代文明实践工作扎实推进，也能将埋头苦干、扎实做贡献的干部识别出来。既要做到"显绩"量化可考，参照日常工作机制开展情况、阵地建设情况、干部日常台账、活动开展频次等量化指标赋予考核成绩，并将新时代文明实践工作开展考核成绩与干部个人晋升考核和嘉许奖励相挂钩，还要做到"潜绩"定性可评，由省文明办派驻督察组深入新时代文明实践中心（所、站等）建设一线，通过参观项目、感知活动、面向群众开展问卷调查等方式,重点了解干部工作思路、精力投入、攻坚成效,获取群众对于文明实践活动开展效果的直观评价。"潜绩"评价工作应由多方主体共同实施,由文明创建部门设计考核评价体系和评分表,建立多元主体考核参与机制,邀请建设主体、服务对象和群众代表参与考评打分,做到"让知情人评价,让专业人打分",保证考核成绩真实精准反映新时代文明实践工作成效。

(四)双同步:切实推动数据化、信息化同频共振

建设新时代文明实践智慧云平台是推动文明实践现代化的必要举措。一方面,各省要深入运用大数据、云计算和人工智能交互等先进技术,吸纳相关专业技术人才组建对口开发团队,完善新时代文明实践云平台开发建设,搭建理论学习、志愿服务管理、在线服务、展示宣传等功能模块,探索出具有推广价值的技术体系;要简化用户使用流程,优化网上"点单、派单、接单、评单"管理服务流程,降低使用门槛,提升用户体验;要开设政策解读、法律咨询、志愿服务、乡风文明、传统文化等学习专栏,丰富学习内容,实现"一站式"学习服务功能。另一方面,要加强文明实践信息服务平台与融媒体中心的深度融合,整合融媒体中心资源,布好信息技术网和信息宣传网;要组建"新时代网络文明实践中心",提高各级新时代文明实践阵地的整合力,推动业务贯通、功能融通、平台联通、人员打通,实现数据信息、活动内容对接,线上线下同频共振,扩大文化生产再生产的空间场域,切实提高文明实践活动传播力、影响力。

新时代文明实践工作承担着"举旗帜、聚民心、育新人、兴文化、展形象"的使命任务,既是塑性通道,又是铸魂工程。当前新时代文明实践工作已跨越区域试点阶段,跟随精神文明工作的总体部署,迈入更为常态长效的崭新阶段,各地应及时转变工作思路,以二十大精神为纲领、以文明创建为落脚点、以人民群众精神文化需求为中心,提高认识,统一思想,不断推进文明实践与区域城乡治理交相融合、平台建设与活动建设双管齐下、工作落实"显绩"与"潜绩"双效评估和信息化、数据化有效同步,真正做到阵地资源整合到位、机制体制健全到位、服务群众精准到位,以更为生动鲜活的实践活动开创生机勃发的社会文明新样态。

党的创新理论何以"飞入寻常百姓家"
——基于"百姓宣讲"的政治传播学分析

王江伟　刘宇城[①]

【摘　要】

党的创新理论何以传递给基层民众,既关系到马克思主义大众化实现,更关涉党的执政基础巩固。进入新时代以来,"百姓宣讲"作为新时代文明实践活动的重要内容,成为推动党的创新理论"飞入寻常百姓家"的有效实现形式。基于政治传播学的理论视角,研究发现新时代文明实践下"百姓宣讲"在传播体制上确立了党的领导与中心统筹相结合的基层政治传播体制新架构;在传播主体上形成了一套"发现百姓名嘴(传播者)"的机制;在传播话语上构建起"贴近生活、贴近实际、贴近群众"的政治传播话语框架;在传播形式上采取与当地群众生活方式、本土特色资源和文化相适应的传播形式。"百姓宣讲"这一基层政治传播形态,其核心集中反映了党群沟通的互动关系,通过正确处理好党的领导与群众主体的关系实现主流意识形态在基层落地生根。

【关键词】

百姓宣讲;新时代文明实践;政治传播;意识形态

习近平总书记指出:"必须推进马克思主义中国化时代化大众化,建设具有强大凝聚力和引领力的社会主义意识形态,使全体人民在理想信念、价值理念、道德观念上紧紧团结在一起。要加强理论武装,推动新时代中国特色社会主义思想深入人心。"[②]从政治传播的角度看,推进马克思主义大众化、推动新时代中国特色社会主义思想深入人心

---

① 作者简介:王江伟,1988年生,法学博士,江西师范大学马克思主义理论博士后流动站研究人员,江西师范大学马克思主义学院副教授、江西新时代文明实践研究中心副主任,主要从事当代中国政治与基层治理研究。刘宇城,2000年生,江西新时代文明实践研究中心研究人员,主要从事思想政治教育理论研究。

基金项目:本文系国家社科基金项目"新时代党领导基层治理的政治整合机制研究"阶段性成果,项目号:21CZZ015。

② 习近平:《习近平谈治国理政(第3卷)》,外文出版社2020年版,第32-33页。

就是要解决好把马克思主义理论,尤其是党的创新理论传播给人民大众的问题。中国共产党既是一个善于理论创新的政党,也是一个善于及时将党的创新理论传播给人民大众的政党。探讨中国共产党如何将这些与时俱进的创新理论传递给普通民众极具现实意义,这既涉及主流意识形态如何在基层传播的问题,也反映出党群沟通的互动过程,更关涉党如何在宣传思想领域构建和巩固执政合法性的问题。

为推动党的创新理论"飞入寻常百姓家",党的十八大以来我们党和国家不断守正创新宣传思想工作,通过建设新时代文明实践中心、县级融媒体中心和"学习强国"学习平台,构建了网上网下、媒体融合、全方位、立体化的主流意识形态传播体系,尤其是建设新时代文明实践中心,将党的宣传思想阵地深入到城乡社区,打通了宣传思想工作的"最后一公里"。因而党的十九届六中全会也将"建设新时代文明实践中心"作为新时代以来思想文化建设领域的重大成就与经验写入"历史决议"予以肯定。本文聚焦于"百姓宣讲"这一新时代文明实践形式,借助政治传播理论的分析视角,从学理层面回答新时代党的创新理论何以"飞入寻常百姓家"。

一、文献回顾与问题提出

政治传播的研究起源于国外,学界认为美国政治学者沃尔特·李普曼在20世纪20年代关于印刷媒体和无线电广播宣传效果的研究,标志着现代政治传播学的兴起,其经典著作《舆论学》对于公共舆论与宣传理论的探究以及关于议程设置理论的思想,"为政治传播奠定了理论基础及研究模型"[①]。随着研究的深入,国外学界产生了许多有影响力的政治传播理论。这些政治传播理论一方面为我国的政治传播研究提供了基本概念和理论框架,具有一定的奠基性和借鉴意义。但另一方面,由于国外的政治传播理论大都植根和服务于西方政治生活和实际,无法解释中国特色社会主义政治传播实践。正如学者荆学民所说:"西方的基于政治竞选和媒介中心的政治传播理论,很难解释现实的中国政治,更难以解释和引导中国的政治传播实践","我们要从既有的西方政治传播理论中进行剥离和重建,更需基于中国经验的理论创新"[②]。

基于此,国内学者力图构建中国特色的政治传播理论,认为:"对于中国特色政治传播来说,基础是中国政治,轴心是中国共产党政治宣传实践。"[③]同时,将政治传播界定为

[①] 张晓峰、荆学民:《现代西方政治传播研究述评》,载《教学与研究》,2009年第7期,第76-85页。
[②] 荆学民、段锐:《政治传播的基本形态及运行模式》,载《现代传播(中国传媒大学学报)》,2016年第11期,第8-15页。
[③] 荆学民:《中国特色政治传播理论的基础、轴心与边界》,载《中国社会科学报》,2015年4月10日。

"特定政治共同体中政治信息扩散和被接受的过程"[①],认为政治宣传、政治沟通与政治营销是政治传播的三种基本形态。[②] 在政治传播研究本土化的趋势下,中国共产党的宣传宣讲实践逐渐被纳入研究视野并予以学理探讨。具体体现为三个层面:

一是宏观的政治传播制度研究层面。苏颖从系统运作的角度将中国政治传播制度视为一个"宣传文化系统",其特征表现为:一是政党领导原则,二是合纵连横的大宣传系统,三是在结构上分为内容输出、信息管理两个部分。苏颖认为中国政治传播是一种超越意识形态宣传的"混合现代价值倾向的国家治理手段"。[③] 苏颖等学者梳理了中国共产党百年政治传播体制的变迁,认为中国政治传播以"权威性沟通"模式为基本形态,为回应多元社会与现代制度权威构建的需要,这一模式在制度变迁中出现一元化沟通、混合型沟通、整合性沟通三种变体。[④]

二是中观的政治传播机制研究层面。许多学者关注到"中国共产党的领导"在中国政治传播运行中的鲜明特点及其作用。荆学民等学者从我国独特的政党政治现实——中国共产党的领导出发,指出建立在这一政党政治形态上的政治传播以"政治统摄传播"为特质,形成了以中国共产党为联结中心,集党内传播、党群传播和党政传播为一体的政治传播模式,形成了以政治宣传为基础、轴心和边界的传播格局。[⑤] 于淑婧等人认为,自媒体时代的中国政治传播体现出"政党领导的交流秩序"的运行特质,党的领导是自媒体时代中国政治传播的制度力量。"政党领导的交流秩序"是一种政治信息"供给侧"的交流,是导向国家与社会共治的交流,是"代表性"和"整合式"的交流。[⑥] 赵洁等学者将政治传播与党的群众路线结合起来,认为政治传播活动是在"党群互动"的机制中进行的,党和群众均在群众路线中扮演着重要的政治传播角色。群众路线整体上是一个内嵌政治宣传和党内政治沟通环节的、以党和群众互为传播主客体的复合型政治传播模式。[⑦]

三是微观的政治传播实践研究层面。李红艳等人基于农民宣讲团的案例发现,农民宣讲作为一种文化传播实践,既是一个受政府引导的过程,又是一个主动参与的过程。农民作为宣讲者,也对农村文化进行着再生产和再传播。[⑧] 李海波基于广西崇左"大榕树课堂"宣讲模式,总结了使基层理论宣讲与民族文化相融合、借助群众自发活动

---

① 荆学民、施惠玲:《政治与传播的视界融合:政治传播研究五个基本理论问题辨析》,载《现代传播(中国传媒大学学报)》,2009年第4期,第18-22页。
② 荆学民、段锐:《政治传播的基本形态及运行模式》,载《现代传播(中国传媒大学学报)》,2016年第11期,第8-15页。
③ 苏颖:《守土与调适:中国政治传播的制度结构及其变迁》,载《甘肃行政学院学报》,2018年第1期,第71-82,99页。
④ 苏颖、于淑婧:《权威性沟通及其变革——中国共产党百年政治传播制度变迁研究》,载《政治学研究》,2021年第4期,第50-63,156页。
⑤ 荆学民、赵洁:《特质与效能:中国政党政治基础上的政治传播析论》,载《学术界》,2019年第12期,第15-26页。
⑥ 于淑婧、荆学民:《政党领导的交流秩序:自媒体时代中国政治传播的运行特质》,载《行政论坛》,2021年第4期,第34-40页。
⑦ 赵洁、荆学民:《"群众路线"的政治传播意蕴新解》,载《山西师大学报(社会科学版)》,2020年第3期,第27-34页。
⑧ 李红艳、吴洲钇、牛畅:《乡村治理视角下乡村文化的生产与传播——基于北京市郊区农民宣讲团的案例分析》,载《新闻与传播评论》,2019年第1期,第50-61页。

平台为讲台、结合群众的现实诉求、打造综合性理论宣讲队伍、加强宣讲品牌建设等基层理论宣讲经验。刘伟等人从政治沟通的角度分析了"百姓宣讲"的运作逻辑及其信息传递、达成共识、政治合法化功能。①

总体而言,已有研究对于基层宣传宣讲实践的关注较为不足,尤其是对于进入新时代以来的基层宣传思想文化领域的实践探讨较为匮乏。实际上,基层宣讲不仅是微观的政治传播实践,它还涉及政治传播的宏观和中观层面,它是在由中国共产党所构建的宏观政治传播体制中展开的,其运行离不开中观层面的政治传播机制。基于已有的研究基础,本文聚焦新时代文明实践中心建设背景下的"百姓宣讲",从政治传播的理论视角探讨"百姓宣讲"的结构要素和运行机制,并分析提炼其理论意涵。

二、"百姓宣讲"的结构要素与运行机制

"百姓宣讲"是由党委宣传部门组织开展,来自各行各业的百姓宣讲员组成宣讲主体,以党的思想理论及其实践为主题,以百姓身边的典型或模范故事等为具体内容,面向平台群众开展互动化、分众化、常态化的宣讲活动,目的在于将党的声音传送到群众中去。② 发动和动员百姓来宣传和宣讲党的思想理论与政策主张,是党的宣传思想工作的传统和政治优势。本文所称的"百姓宣讲"是指在基层党组织的领导下,依托新时代文明实践阵地(中心、所、站等)平台,从基层民众中挖掘和培育一批具有一定宣讲能力的宣讲员,担当传播者的角色,通过传播话语和传播形式的群众化、传播活动的大众化以及与传播活动相匹配、相适应的一系列惠民服务,真正打通宣传、教育、动员和服务群众"最后一公里"的中国特色基层政治传播模式。基于政治传播理论,本文从传播体制、传播主体、传播话语、传播形式四个方面探讨"百姓宣讲"的结构要素及其运行机制。

(一)传播体制的优越性:党的领导与中心统筹

体制是有关组织形式的制度,政治传播总是在一定的传播组织架构下进行的,传播体制的优劣制约着政治传播的效率和效果。我国的政治传播体制是中国特色社会主义制度在政治传播领域的体现,党对政治传播活动的领导既是在中国特色社会主义政治

---

① 刘伟、肖舒婷:《作为政治沟通方式的百姓宣讲:运作逻辑及其功能》,载《中共天津市委党校学报》,2021年第4期,第30-39页。

② 刘伟、肖舒婷:《作为政治沟通方式的百姓宣讲:运作逻辑及其功能》,载《中共天津市委党校学报》,2021年第4期,第30-39页。

传播的本质要求,也是区别于西方政治传播的根本特征。党的二十大报告中提到,要"牢牢掌握党对意识形态工作领导权";在2018年的全国宣传思想工作会议上,习近平总书记强调"要加强党对宣传思想工作的全面领导,旗帜鲜明坚持党管宣传、党管意识形态"[①]。这表明,我国的政治传播不是"传播者-传播对象"的二元互动,而是"党-传播者-传播对象"的三元沟通。建设新时代文明实践中心(所、站等)便是守正创新农村基层宣传思想工作的重要举措,它以县、乡镇、村三级为单元,三级书记分别担任县级新时代文明实践中心主任、乡镇新时代文明实践所所长、村新时代文明实践站站长。由此,新时代文明实践中心(所、站等)也就成为党开展基层宣传思想工作的统筹调度平台,基层意识形态阵地进一步夯实,也确立了党的领导与"中心"统筹相结合的基层政治传播体制新架构。

在基层的政治传播活动中,新时代文明实践中心(所、站等)阵地平台对"百姓宣讲"的保障和推动作用主要体现在四个方面。

一是保障政治传播资源的统筹协调,特别是政治传播阵地的集约化配置和有效使用,使"百姓宣讲"有"地"可依,即提供了政治传播的基本场地条件保障。以江西寻乌为例,其激活和整合了闲置校舍、老村部、祠堂、文化服务中心等原有的或者闲置的场所和空间,由新时代文明实践中心(所、站等)统一调度和配置使用。既减少了闲置资源的浪费,又有效整合了基层阵地资源。

二是通过对政治传播主体的挖掘、选拔和教育培训,使"百姓宣讲"有"人"可用,即培育符合政治传播活动要求的传播主体。以江苏海安为例,该地形成了新时代文明实践中心体系下的"1个导师团队-30位名嘴骨干-50名村居百姓名嘴"的名嘴培养体系。在新时代文明实践中心的统筹下,从基层群众中选拔具有一定政治传播能力的"准名嘴",通过一个"30×50孵化工程"的名嘴培训计划,以多种形式帮助基层名嘴提升宣讲素养与能力,使其达到政治传播主体所应具备的要求,培养了一批群众身边的理论宣讲名嘴和基层宣讲员。

三是通过对政治传播活动予以制度化安排,使"百姓宣讲"有"章"可循,即促进政治传播活动的可持续发展。以福建福安为例,其制定出台了《福安市注册志愿者管理办法》《"爱心超市"积分兑换办法及星级评定制度》等制度,通过完善志愿服务队伍的招募、管理、培育和激励等制度体系建设,推动志愿队伍向制度化、规范化、专业化发展。

四是推动政治传播活动与其他活动的一体化联动,使"百姓名嘴"有"物"可联,即促进政治传播与其他活动的相互联系,以提高政治传播的系统性和实效性。以福建上杭为例,其在打造"政策理论宣讲"的"百姓名嘴"和"新思想·红古田"基层理论提升服务项目的同时,也配备了"文艺轻骑兵服务队"等7支志愿服务队伍和建设了"温暖同行·帮扶助困"等30多项志愿服务项目。通过与其他活动相互联动、相互赋能,"百姓宣讲"这

---

① 习近平:《习近平谈治国理政(第3卷)》,外文出版社2020年版,第314页。

一政治传播活动的政治性和理论性不再显得干瘪,理论宣讲更接地气、更有温度,群众性更加凸显,基层民众的参与度和积极性增强,政治传播更具实效性。

党的领导与中心统筹相结合的基层政治传播体制具有四个方面的鲜明特点:第一,使政治传播活动具有稳定性和持续性。在党的领导和推动下、在新时代文明实践中心的组织架构中,"百姓宣讲"成为常态化、制度化和体系化的政治传播活动,有强大的组织资源保障,由此确保了这一政治传播活动的稳定和可持续。第二,保证了政治传播的一元性和统一性。在党委领导和中心统筹下的"百姓宣讲",从指导思想和总体要求到传播主体和传播内容的确定,再到传播效果的评价与考核,都由党的宣传部门进行规范和把关,由此保证了政治传播活动政治上的一元性和统一性,有利于实现"统一思想、凝聚力量"的要求。第三,保证了政治传播内容的科学性和专业性。虽然"百姓宣讲"的传播主体来自基层民众,可能存在宣讲专业水平不高的情况,但是通过新时代文明实践中心提供的理论教育和专业指导,可以有效解决这一问题,确保政治传播内容和活动的科学性和专业性。第三,实现政治传播与惠民服务相结合。新时代文明实践中心平台统筹下的"百姓宣讲",不同于其他孤立单一的政治传播活动,而是打通了政治传播与其他惠民服务性活动的联系,推动了两者的互联互通,实现了在服务群众中宣传教育群众。总之,党委领导和中心统筹下的基层政治传播体制,为"百姓宣讲"传播机制的运行提供了稳固的政治前提和基础。

(二)传播主体的群众化:让身边人说身边事

正如毛泽东同志所说:"政治路线确定之后,干部就是决定的因素。"[①]基层政治传播体制建立之后,还需要有一批政治传播主体(传播者)来落实和执行。政治传播者是传播活动的主导者,也是与作为受传者的基层民众直接交流互动的人,其素质和特性对传播活动的开展和传播效果具有重要影响。传播者的构成,一定程度上反映了政治传播的出发点和价值目标。我国政治传播的性质和目标以及新时代文明实践中心扎根基层的组织特点,决定了传播者的群众化特性。所谓"群众化",一是与行政化相对,选择基层民众身边熟悉的、有公信力或为大众所认可的人为传播主体,以减少政治传播的隔阂感;二是与专家化相对,由熟悉基层民众生活和语言的身边人用土话乡言进行理论宣讲,以增加政治传播的亲近感;三是与资本化相对,服务于党和人民的利益,以传播党的创新理论和提高人民的精神文化生活和精神力量为宗旨,以保证政治传播的价值性。对此,新时代文明实践中心作为党的创新理论传播阵地,从人民立场出发,尊重人民主体地位,形成了一套"发现百姓名嘴(传播者)"的机制。

---

① 毛泽东:《毛泽东选集·第二卷》,人民出版社1991年版,第526页。

"百姓名嘴"传播者的群众化,主要体现为以下三个方面:一是"百姓名嘴"构成的群众化。传播者队伍构成的群众化是传播群众化的直接体现。在浙江诸暨,该地的"百姓名嘴"主要由红色网络"大V"、道德模范、"草根达人"、文化能人等一些"身边的榜样"构成。在贵州龙里,该地选择"道德模范、德行龙里人物、文明家庭、优秀共产党员、乡贤人士"等典型作为"百姓名嘴",其共同点是这些"名嘴"们大多在平常生活中与基层群众交流互动较多,且在某一方面有突出表现而被群众所认可。二是"百姓名嘴"选拔标准的群众化。对传播者的要求是衡量政治传播活动为谁服务的重要标准。在江西寻乌,"百姓名嘴"在思想上要求有较高的政治觉悟,在能力上要求具备较强的表达能力、较丰富的才艺能力,以及掌握基层民众所熟悉的乡音俗语、山歌故事。在福建福安,"百姓名嘴"的标准是"群众身边威信高、口碑好"。这些标准归根结底就是群众的标准,是从受传者的角度考虑的。三是"百姓名嘴"选拔过程的群众化。在江西赣州,该地通过开展寻找"名嘴"、山歌赛、"故事汇"等形式选择"百姓名嘴"。在江苏常州,该地以群众为评价主体,通过"百姓名嘴"风采展示、"金牌宣讲员"评选活动等方式,选拔出一批深受群众欢迎的"百姓名嘴"。

由"百姓名嘴"担当"百姓宣讲"的主体,宣讲队伍的群众化体现了新时代文明实践中心贴近群众和动员群众的优势。其具有以下特点:第一,保证了政治传播活动科学性、专业性和群众性的统一。基层政治传播的重要任务和核心使命就是把党的创新理论传递给群众。作为一种科学理论,党的创新理论必然是由一系列内涵丰富和逻辑严密的内容体系组成,与基层民众存在一定的距离感。由一批群众化队伍组成的"百姓名嘴"则有效承担了实现科学理论与基层民众之间沟通"转译"的任务。第二,体现了政治传播者的先进性、代表性和群众性的统一。政治传播使命和任务的重要性和复杂性决定了传播者来自群众的同时,又要超越普通群众。从各地对"百姓名嘴"的选拔中可以发现,传播者都在道德规范或者能力表现上优于普通群众并为群众和主管部门所认可。三是体现出政治传播者构成的多样化。宣讲内容的复杂性和多样性、基层群众需求的多样性决定了"百姓名嘴"构成的多样化,既有道德模范,也有乡土文化工作者,还有创业能人、科技能人等。传播者构成的多样化与传播方式的多样化紧密联系,来自不同群体的宣讲员能够利用各自的特长,通过不同的形式和途径,向基层民众呈现出不同形态的理论政策,从而提高政治传播的丰富性和实效性,把群众的智慧释放出来。

(三)传播话语的本土化:用百姓话说百姓事和天下事

根据施拉姆的人际传播理论,政治传播就是政治信息在传播者与受传者之间的编码和译码的过程,编译程度影响传播的效果。而在实际中,话语的运用是影响编译程度的重要因素。① 在"会议式"的政治传播活动中,宣讲者往往运用官方话语,照本宣科式地向基层群众宣传党的理论和政策。由于官方话语具有宏观性、严肃性和专业性的特点,与基层民众的生产生活实际相脱节,因而这种会议式的政治宣传容易引发官方话语传播和基层民众接受之间的抵牾,表现为群众接收政治信息的意愿不强、效率低、效果差。与之相对的是群众话语或群众语言,群众话语产生于基层民众的生产生活实践,与人民群众有着天然联系,具有内容朴实又生动活泼的特点,是与基层民众相适应的话语体系。要提高基层政治传播的效率和效果,就必须用好群众话语。对此,各地新时代文明实践中心发挥"百姓名嘴"的优势,注重运用基层群众的话语叙事方式,构建起百姓宣讲"贴近生活、贴近实际、贴近群众"的政治传播话语框架。

百姓宣讲实现传播话语的群众化主要体现为三个方面:一是有一批贴近生活的、群众化的传播者,这是传播话语群众化的基本条件。以贵州龙里为例,该地的"山歌传唱"宣讲服务队,就是由山歌能手和山歌爱好者组成的。这些"百姓名嘴"一方面生活于基层群众之中,了解当地风土人情和基层实际,熟悉宣讲对象所需要的、所感兴趣的、所忌讳的事物等"第一手材料",能够"言之有物",使原本宏观的内容更加充实;另一方面,由于"百姓名嘴"本身就来自基层群众,对群众话语的运用也更加熟练和灵活。二是政治传播语言表述的形式贴近实际。以海南琼山为例,该地立足实际,用海南话、"三句半"等演绎"八个一"新时代文明实践主题系列作品,通过具有地方特色的海南本地方言、本地文艺来传播党的创新理论,赢得了当地群众的好评,有效推动了党的理论和政策在当地的传播。三是政治传播语言表述的内容贴近群众。以浙江海宁为例,该地的宣讲员用通俗易懂的语言,以当地发生的故事、亲身经历和自身学习的新感悟为载体,向群众生动形象地讲述新思想和新理论,切实有效地推动了党的创新理论的传播。

百姓宣讲以"百姓名嘴"为传播主体实现传播话语的群众化,具有以下优势和特点:第一,从本质上来看,这是政治传播活动坚持人民立场的直接体现。运用群众话语向群众传播党的理论政策,就是毛泽东同志创造性引用的俗语"到什么山上唱什么歌",各地新时代文明实践中心在充分了解基层和群众实际情况的基础上,以尊重群众为前提,真心实意地"宣传群众、教育群众、关心群众、服务群众",真正做到了"以人民为中心"。第二,从传播效果来看,群众话语具有内容实在、言之有物、生动活泼等特点,符合群众的生活实际和心理需要,容易引起群众的共鸣、激发群众的认同感,从而有效促进政治传播活动顺利进行,让党的理论和政策真正为群众所接受。第三,从基层宣传思想工作来看,重视运用群众语言,构建群众话语体系,有利于保持良好的工作作风,拉近与群众的距离,打通理论传播与群众认知之间心理上的"最后一公里"。通过传播话语的群众化来推进党的创新理论的传播,"用百姓话说百姓事和天下事",有助于在增进群众情感认同的

---

① SCHRAMM W, ROBERTS D F. The Process and Effects of Mass Communication[M]. Urbana-Champaign: University of Illinois Press, 1971:24.

基础上实现政治认同,从而达成政治传播的效果。

(四)传播形式的大众化:用群众文化传播政治文化

政治传播形式解决的是如何将传播内容呈现和输送给传播对象的问题。根据拉斯韦尔"5W 传播模式"理论,传播媒介(in which channel)与传播效果(with what effects)有着密切联系,传播媒介直接影响着传播效果。在具体的政治传播实践中,传播形式作为一种特殊的媒介形态,同样对传播效果有着重要影响。① 作为一个坚持人民立场、人民至上的政党,中国共产党从开展政治传播活动之初,就十分注重用人民群众喜闻乐见的方式传播政治主张,并取得了显著的成效。这些有效方式经过沉淀,成为党和国家政治传播的重要经验和优良传统。作为新时代守正创新基层宣传思想工作的重要平台,新时代文明实践中心在充分了解基层民众的需求和喜好的基础上,因地制宜、勇于创新,发挥百姓宣讲的优势特点,打造出丰富多样的、与基层政治传播特点相适应的、大众化的传播形式。

根据政治传播内容呈现方式的差异,可将"百姓宣讲"的传播形式分为五种类型。一是讲述身边故事,使政治信息故事化传播,其特征是以生动形象的语言文字表现传播内容。以贵州清镇为例,通过汇编绿色环保、产业发展、脱贫致富等方面贴近当地县情、民情的感人故事,打造了"村官讲故事"的宣讲项目,将党的创新理论融入故事中生动地向基层民众讲述。二是多种形式的文艺表演,使政治信息文艺化传播,其特征是以轻松愉悦的艺术审美表现传播内容。以海南省海口市琼山区为例,其结合当地群众所喜爱的琼剧文化,打造"琼戏台里有讲堂"的志愿服务项目,使群众在欣赏琼剧的氛围中学习和接受党的理论和政策。三是聊天、拉家常,使政治信息通俗化传播,其特征是以通俗易懂的日常交流表现传播内容。例如,琼山区立足"老爸茶馆"这一具有当地特色的群众聚集性交流场所,打造"益·老爸茶"宣讲活动。"百姓名嘴"用海南方言俗语,以聊天、拉家常的方式,通俗易懂地向群众宣传党的创新理论。四是实践的形式,使政治信息情境化传播,其特征是让群众在实际参与中体验传播内容。以陕西延川为例,其依托红色夜校,利用当地丰富的红色文化资源,将宣讲活动同农技培训、实景课堂等联系起来,有利于群众在实践中切实感悟理论的魅力。五是充分利用各种载体,使政治信息阵地化传播,其特征是依托群众生活的特定场合开展传播活动。在陕西志丹,"百姓名嘴"依托"文明大篷车"开展志愿宣讲服务,其一般选择基层群众"过喜事""过节""开表彰会"等关键时间节点,即人口聚集多、受众广的时机,将理论宣讲等志愿服务活动送至基层,从而提高政治传播的影响力。在福建福安,其联通网络平台资源,将"百姓名嘴"宣讲通过各类宣传

---

① 郭庆光:《传播学教程》(第 2 版),中国人民大学出版社 2011 年版,第 55 页。

阵地和新媒体呈现给群众,拓宽了政治传播活动广度,推动理论传播从"线下"现实领域向"线上"网络领域扩散。

百姓宣讲的大众化传播形式呈现出以下特点和优势:第一,创新了理论传播的形式。各地新时代文明实践中心因地制宜,充分挖掘和发挥地方特色资源,形成一系列具有地方特色的理论宣讲品牌。具体形式主要包括本地传统习俗和民族特性融入、本地群众的生活方式融入、本地的红色资源运用等三种类型。实质上,就是使政治传播内容与当地文化和基层民众相适应、相融合,推动党的创新理论真正融入本地和基层民众之中,从而提高政治传播的实效性。第二,促进了理论传播形式的多样化。具体表现为种类的多样化、领域的多样化和载体的多样化,其出发点和目的是满足不同群体、不同层次群众的不同需求,以及同一群体和同一层次群众的多样化需求。第三,增强了理论传播的效果。采取人民群众喜闻乐见的方式开展理论宣讲,传播党的理论和政策,不仅有利于在形式上提高群众的接受兴趣和接受程度,也有利于群众在实质上真正认可党的创新理论。总之,百姓宣讲通过大众化的传播形式,满足了群众的需求,有利于增强政治传播的吸引力和实效性。

三、"百姓宣讲"政治传播形式的理论意涵

"百姓宣讲"是一套扎根并生成于我国"土壤"的基层政治传播形态,是党以新时代文明实践中心为阵地(平台)守正创新基层宣传思想工作的有效抓手,是对"传播者—传播媒介—传播对象"的传统政治传播结构的丰富和创新,是具有强大生命力的政治传播新形式,其基于传播体制的优越性、传播者的群众化、传播话语的本地化、传播形式的大众化,有效回答了党的创新理论如何通达基层,并打通理论传播"最后一公里""飞入寻常百姓家"的问题。基于对"百姓宣讲"的系统分析,可以从中提炼出其蕴含的理论价值。

首先,"百姓宣讲"是中国特色政治传播的重要实践形式,有助于促进中国特色政治传播理论的发展,也是对西方政治传播理论的超越。一方面,"百姓宣讲"丰富了我国政治传播的理论和实践形式。作为政治传播的主要形态之一,政治宣讲可分为干部宣讲、专家宣讲和百姓宣讲三种类型。① 其中,百姓宣讲是基于干部宣讲和专家宣讲的特点和不足,在基层政治传播实践中探索出的创新举措。在新时代文明实践中心阵地(平台)的统筹调度下,集中体现了宣讲活动的系统性、协同性和常态化,凸显了基层政治传播机制的特点和优势。另一方面,"百姓宣讲"也超越了西方政治传播理论的不足和缺陷。西

---

① 刘伟、肖舒婷:《作为政治沟通方式的百姓宣讲:运作逻辑及其功能》,载《中共天津市委党校学报》,2021年第4期,第30-39页。

方政治传播理论主要局限于大众传媒的研究,且与其政治生活的主题——政党竞选活动紧密联系,本质上是服务于资产阶级的政治统治,具有狭隘性和封闭性,以及将作为传播对象的人民大众工具化等缺陷。相比较之下,"百姓宣讲"则彰显出中国特色政治传播的四大优势:一是在中国共产党的领导下开展政治传播活动。学者荆学民认为,党的领导使我国的政治传播呈现出"政治统摄传播"的特点,突破了西方以"媒体独立"为特质的传播架构及其带来的一系列局限性。① 党的领导是"百姓宣讲"这一政治传播机制优越性的核心。在"百姓宣讲"中,政治对传播的"统摄"主要表现为政治上的正确领导、组织上的有效统筹、执行上的坚实保障和政策上的积极推动。二是尊重人民主体地位,体现为"百姓宣讲"群众化、大众化的特点,这是中国特色政治传播的本质要求,也是优越于西方政治传播理论和实践的显著标志。三是以增强人民群众的精神力量、促进人的全面发展、增进人民福祉为根本价值目标,这是人民至上理念在中国特色政治传播目标价值上的具体体现。四是开放性的优势。主要体现为两方面:在政治传播机制上的灵活性与多样化;在政治传播内容上与政治传播活动所在地的特色和群众喜好相融合相适应。

其次,"百姓宣讲"是党的群众路线在政治传播实践中的运用和发展。群众路线是中国共产党的根本工作路线,也是党百年政治传播实践的核心理念和根本工作方法。有学者从宏观的理论角度提出了群众路线与政治传播的关系:中国特色政治传播的基础和核心是"党群互动机制",而群众路线涵盖了输入、转换、输出、反馈等一系列政治信息流动环节,蕴含着党群相互联系和作用的价值理念,是一种以党和群众互为传播主客体的复合型政治传播模式,有利于弥补传统政治宣传所缺乏的反馈与再循环过程的不足。② 而从微观具体的基层政治传播实践来看,"百姓宣讲"有效继承和发展了党的群众路线在政治传播实践中的"党群互动机制",其主要表现为三个方面:一是,在价值目标上坚持"一切为了群众"的价值取向。党构建新时代文明实践中心平台和"百姓宣讲"体系,根本目的是要解决当前基层群众物质与精神生活的失衡问题,满足人民群众的精神文化需求,用科学理论武装群众头脑,最终促进人的全面发展。并且在这一理念的指导下,围绕群众所需所想,探索出"百姓宣讲"的一整套群众化宣讲体系,并且做到了宣传群众、教育群众、关心群众、服务群众的相互促进和有机结合。二是,在传播主体上坚持"从群众中来,到群众中去"。传播主体是落实和执行政治传播的决定性因素。"百姓宣讲"在群众路线的指导下,探索出一套科学有效的"发现名嘴"机制,实现了传播主体的群众化。三是,在主体性的发挥上坚持"一切依靠群众"的工作方法。建设新时代文明实践中心的创新之处就在于它是群众的舞台,百姓宣讲则是展现群众力量的实现形式。两者有效结合所形成的基层政治传播机制,从覆盖面上看,能够动员群众积极地广泛参与其中;从持续性上看,也能够有效实现基层政治传播的反馈和再循环。

---

① 荆学民、赵洁:《特质与效能:中国政党政治基础上的政治传播析论》,载《学术界》,2019年第12期,第15—26页。
② 赵洁、荆学民:《"群众路线"的政治传播意蕴新解》,载《山西师大学报(社会科学版)》,2020年第3期,第27—34页。

最后,"百姓宣讲"是我国政治传播体制在基层落地的关键一环,是党的创新理论"飞入寻常百姓家"的实现机制。习近平总书记在全国宣传思想工作会议上指出,要让党的创新理论"飞入寻常百姓家"[①]。有学者指出,我国构建了一个严密的宣传文化系统来开展政治传播活动,这是政治传播领域的制度优势[②]。那么,党的创新理论如何具体抵达千家万户、直入人心?我国的宣传文化系统又是如何打通政治传播的"最后一公里"?"百姓宣讲"创造性地回答了一系列关于基层政治传播的时代之问:依托一个党领导的阵地(平台)——新时代文明实践中心,围绕中国特色社会主义伟大实践下党的创新理论传播这一主题,通过群众化宣讲体系、组合化活动内容、科学化管理服务等一整套相互联系的机制,推动党的创新理论真正融入基层群众之中。其中,包括三个核心问题:其一,把握党群关系这个根本。中国特色政治传播归根结底是一个"党群互动机制",党群关系是我国政治传播的核心,"百姓宣讲"正确处理了党的领导与群众主体的关系。其二,抓住机制灵活这个关键。"百姓宣讲"通过结合实际、发挥优势、联动互通和惠民服务等一系列综合有效的理念和措施,实现了机制灵活和有效运行。其三,实现常态化宣讲与利用重要节点的统一,解决了政治传播的连续性和集中性的问题,做到了"传"而不散、与群众生活深度融合。

四、结论

中国是一个大国,中国共产党是一个善于理论创新的政党。如何及时将党的创新理论传递到千家万户,是亟待从学理上探讨的重要论题。进入新时代以来,建设新时代文明实践中心作为守正创新基层宣传思想文化工作的重大举措,正在形塑基层政治传播形态。"百姓宣讲"作为中国共产党宣传思想工作的传统和政治优势,在新时代也焕发出新的活力与生命力,其日益成为新时代文明实践活动的重要内容,并依托新时代文明实践中心(所、站等)深入城乡社区和千家万户,承载着推动党的创新理论"飞入寻常百姓家"的重要功能。基于政治传播学的视角,新时代文明实践下"百姓宣讲"模式的结构要素与运行逻辑是在传播体制上确立了党的领导与中心统筹相结合的基层政治传播体制新架构;在传播主体上形成了一套"发现百姓名嘴(传播者)"的机制;在传播话语上注重运用基层群众的话语叙事方式,构建起"贴近生活、贴近实际、贴近群众"的政治传播话语框架;在传播形式上采取与当地群众生活方式、当地特色资源和文化相适应的传播形式。这一新型基层政治传播形态,或许可以在宣传思想工作领域中揭示中国共产党治

---

① 习近平:《习近平谈治国理政(第3卷)》,外文出版社2020年版,第313页。
② 苏颖:《守土与调适:中国政治传播的制度结构及其变迁》,载《甘肃行政学院学报》,2018年第1期,第71-82、99页。

国理政制度优势和治理效能的"密码"。

　　这一"密码"集中体现为坚持以人民为中心的根本价值理念和秉持群众路线这一党的生命线和根本工作方法。新时代文明实践下的"百姓宣讲"不是单纯的理论宣讲,而是宣传、教育和服务的结合,尤其强调在服务群众中宣传教育群众,是以增强人民群众的精神力量、促进人的全面发展、增进人民福祉为根本价值目标,是人民至上理念在中国特色政治传播目标价值上的具体体现。"百姓宣讲"也是党的群众路线在政治传播实践中的运用和发展,体现在价值目标上坚持"一切为了群众"的价值取向,在传播主体上坚持"从群众中来,到群众中去",在主体性的发挥上坚持"一切依靠群众"的工作方法。概言之,"百姓宣讲"这一基层政治传播形态,其核心集中反映了党群沟通的互动关系,通过正确处理好党的领导与群众主体的关系实现主流意识形态在基层落地生根。

新时代文明实践:当代中国马克思主义大众化的创新路径

孙 伟 温 波[①]

【摘 要】

唯物史观认为,任何事物的出场都不是偶然的,都必须遵循一定的路径。当代中国正处于两个百年的历史交汇口上,新发展阶段迫切需要科学思维的指引。理论创新的推进、基本矛盾的变化、西方文化的野蛮入侵倒逼马克思主义大众化路径作出适时调整,当代中国需要"以人民为旨归""有的放矢"的马克思主义大众化路径。新时代文明实践作为党中央加强基层思想政治工作的战略部署,立足当代中国的时代场域,从主体导向、思想引领、实践体认、话语转译、渠道创新五重维度出发,助推理论、掌握群众,实现了理论创新和实践创新的良性互动。推动当代中国马克思主义深入人心、扎根大地,是当代中国马克思主义大众化的创新路径。

【关键词】

马克思主义大众化;新时代文明实践;当代中国;创新路径

在马克思主义经典作家看来,任何思想的出场都不会是偶然的,必然有其深刻的时代烙印。中国化的马克思主义作为对马克思主义的民族化、时代化、创新化发展,其在保留马克思主义基本原理、思想、方法的基础上,在革命、建设、改革的不同历史时期,会根据中国实际的需要适时适势调整自己的理论形态。理论形态的变更,必然会带来出场路径的调整。面对不同的历史背景、发展阶段、主体特质,马克思主义会以不同的理论形态出场,进而理论大众化的内涵外延、途径方式会因场域的转变而呈现差异化的特质。

[①] 作者简介:孙伟,男,硕士研究生在读,苏州科技大学马克思主义学院;温波,男,博士,苏州科技大学马克思主义学院院长、教授,苏州新时代文明实践研究院院长。

基金项目:本文系2021年江苏省研究生科研创新项目"新时代文明实践的哲学研究"(KYCX21_2989)的阶段性成果。

马克思主义大众化唯有遵循差异化出场路径,才能维系马克思主义在大众间的持续在场。①

如今,我们站在"两个百年"的历史交汇口上,站在高质量发展的新阶段上,站在社会矛盾已经发生深刻改变的新形势下,新的时代、新的理论需要什么样的马克思主义大众化路径,理论的大众化如何才能跟上时代的步伐,如何"有的放矢"地推进马克思主义大众化,这是我们应当思考的重大时代命题。新时代文明实践正是基于这一时代背景孕育而生,是当代中国马克思主义大众化的创新路径,肩负着理论创新与实践创新的重大使命。

一、问题的提出:当代中国为何需要马克思主义大众化新路径

历史已经深刻表明,每当社会处于重大转型和深刻改革时期,对马克思主义的发展都提出了更高的要求,既是挑战也是机遇。②"埋头苦干,一心只向经济看齐"的时代已经成为过去,在复杂多变的国内外形势中孕育而生的新时代迫切需要理论的指引,当代中国需要用马克思主义的科学真理武装全体人民来共同应对各类重大挑战,唯如此,人民对于美好生活的真切向往才能得到充分满足,中国式现代化道路才会越走越宽。

(1) 理论创新不断前进,推动党的创新理论"飞入寻常百姓家"的需要。理论只有回答时代之问才能彰显其时代价值,理论的大众化也只有随着理论创新而不断调整其出场路径与出场形态才能彰显其历史使命。理论创新每前进一步,理论武装就要跟进一步。③ 习近平新时代中国特色社会主义思想作为当代中国马克思主义和 21 世纪马克思主义,是对时代之问的深刻回答,是对复杂国际形势的精准研判,是对百年未有之大变局的系统应对,是民族复兴的行动指南。④ 如何推动习近平新时代中国特色社会主义思想走进田间地头、走进基层的每一个角落、走进人们的心坎里,并逐渐转化为实际行动的巨大力量,是我们当前面临的迫切任务。

(2) 基本矛盾发生变化,融入新发展阶段、增长新发展动能的需要。当前我国的社会主要矛盾已经转变为"人民日益增长的美好生活需要和不平衡不充分的发展之间的矛盾"。这一重大研判是对时代大势的精准把握,它不仅对发展的质量提出了更高的要求,而且对理论的思想先导作用也提出了更高的期望。改革开放四十多年的发展,为我国奠定了坚实的物质文明基础,但在很长一段时间里,精神文明的发展速度未能及时跟

---

① 任平:《创新时代的哲学探索——出场学视域中的马克思主义哲学》,北京师范大学出版社 2009 年版,第 10 页。
② 王永贵:《论推动当代中国马克思主义大众化》,载《南京师大学报(社会科学版)》,2010 年 5 月第 3 期,第 20 页。
③ 习近平:《在"不忘初心、牢记使命"主题教育总结大会上的讲话》,载《人民日报》,2020 年 1 月 9 日,第 2 版。
④ 何毅亭:《谈谈推进马克思主义大众化》,载《红旗文稿》,2021 年第 4 期,第 7 页。

上物质文明的步伐,导致两条腿一长一短、跛腿走路,这对于短期的跳跃式发展也许行得通,但对于步伐要求更加稳健的新发展阶段而言就有些"黔驴技穷"了。2021年7月1日,习近平总书记在"七一"重要讲话中向世界发出"中国已全面建成了小康社会","正在意气风发向着全面建成社会主义现代化强国的第二个百年奋斗目标迈进"的庄严宣告,这也意味着我们需要向更加科学的现代化道路迈进。中国的现代化不仅仅是物质文明的现代化,更是人的现代化,是物质文明与精神文明齐头并进的现代化。这就必然呼唤理论更好地发挥凝心聚力的引领作用,引导广大人民为了共同的目标而勠力奋斗。同时,科学理论的完整掌握和精神面貌的极大提升,相应地也会促进人民内部迸发出更多的活力与创造力,为经济社会发展提供更多新动能。

(3) 面对西方文化的"野蛮入侵",巩固马克思主义意识形态指导地位的需要。新冠疫情的应对举措及效果揭下了西方宪政体制和资本主义面前的最后一块遮羞布,西方政客们看到了中国这样的社会主义举国体制的巨大优越性,并愈发觉得中国的发展劲头势不可挡,但他们并不愿意承认这个铁的事实,于是尽可能地采取一切措施给中国的发展设置障碍,其中意识形态就被他们作为重要工具。借助网络时代高速化、便捷化、碎片化的特点,西方国家打着多元文化交流的旗号,不断通过网络渗透资本主义意识形态,一时间消费主义、泛娱乐主义盛行,试图淡化社会主义核心价值观,削弱十四亿中华儿女的凝聚力、战斗力、向心力和执行力,消解马克思主义意识形态。为此,我们必须切实推动马克思主义大众化,助力马克思主义意识形态在人们心中生根发芽、蓬勃生长,理性辨别资产阶级意识形态的虚伪性、欺骗性,自觉抵制资本主义文化工具的温柔陷阱、糖衣炮弹。

二、现实的反思:当代中国需要什么样的马克思主义大众化路径

"一个民族要想站在科学的最高峰,就一刻也不能没有理论思维。"①我们党自诞生以来就高度重视理论工作,始终把思想建党和理论强党作为永葆科学性与先进性的关键所在。党的百年奋斗历程已经证明,无论是革命时期的延安整风,还是新中国建国初期的历次思想教育运动,抑或是进入十八大以来党内历次集体学习教育活动,都给党和国家带来了凝聚力、向心力、战斗力的极大提升。知史鉴今,新时代赋予了理论工作新的使命,新时代催生了新的思想。当代中国离不开思想的引领和理论的指导,必须在更深

---

① 中共中央马克思恩格斯列宁斯大林著作编译局编译:《马克思恩格斯选集:第三卷》,人民出版社1972年版,第875页。

程度上、更大范围内、更高标准上切实推进当代中国马克思主义大众化。

（1）"以人民为旨归"的马克思主义大众化路径。"出场学"强调，差异性出场作为出场学辩证法的核心环节，是马克思主义出场的必然逻辑。① 但是，无论以何种形态、何种路径出场，马克思主义建构在人民性基础之上的"本质立场、基本理论、方法论"是不曾改变的，马克思主义的人民性至死不渝。马克思主义大众化从来就不是目的，而是作为人民生活得更好、追求人的自由全面发展的手段。特里·伊戈尔顿曾犀利地指出了真相，"马克思主义阶级理论最大的愿望就是没有阶级，马克思主义者最大的希冀就是没有使命"②，这是因为马克思主义者深谙自己仅是历史的报幕者，而不是历史的剧作者。马克思主义大众化也是如此。大众化只是手段，并不是真正的目的与归宿，形式不能大于实质，必须紧紧把握现实的人这一最高尺度。当代中国的马克思主义大众化路径，必须紧贴人们的现实生活，必须关切差异化社会带来的多元利益诉求，必须建构在人民群众最关心、最亟待解决的民生矛盾之上，必须正面、果敢回应人民群众提出的尖锐问题。大众唯有在与马克思主义的互动中，感受到马克思主义所秉持的价值与个体的意义具有同一性，个体才会逐渐产生情感认同与情感依附，才会真正认同、接纳、吸收、实践马克思主义，唯有如此，马克思主义"大众化"才能彻底。

（2）"有的放矢"的马克思主义大众化路径。延安时期，针对当时党内长期存在的主观主义、教条主义等错误倾向，毛泽东同志在《改造我们的学习》中提出要"有的放矢"地去解决中国革命中的理论问题和策略问题。在毛泽东同志看来，要用马克思列宁主义之"矢"，去射中国革命之"的"。③ "有的放矢"作为我们党长期以来最重要的实践经验，其本质就在于坚持问题导向，一切从实际出发，在解决现实问题的过程中实现实践创新和理论创新。作为一项时代命题，当代中国的马克思主义大众化路径应当从"当代中国"的时代场域出发，秉持"有的放矢"的态度推进马克思主义大众化。首要的就是要抛弃"囫囵吞枣式""一锅乱炖式"的传统马克思主义大众化路径，即准确掌握矛盾的普遍性与特殊性的辩证关系，不仅做好全覆盖式的"大众传播"，也要根据实践主体这一场位的不同做好"分众传播"，针对"多质化"大众的现实需求、行为特点、性格秉性、文化水平等实际情况采取不同的理论教育与实践教育形式。唯有如此，马克思主义大众化在当代中国才能真正做到"一把钥匙开一把锁"，理论"最后一公里"才能不漏掉任何一个角落。

---

① 任平：《出场与差异：对马克思主义时代化、中国化、大众化路径的哲学反思》，载《江苏行政学院学报》，2010年第4期，第9页。
② [英]特里·伊格尔顿：《马克思为什么是对的》，李扬等译，重庆出版社2018年版，第19页。
③ 毛泽东：《毛泽东选集：第三卷》，人民出版社1991年版，第801页。

三、当代中国马克思主义大众化的创新路径

文明是实践的事情,是社会的素质。① 应时代呼唤而出场的新时代文明实践在实践层面解决了党的创新理论的普及问题,即提高群众对理论的掌握力、理解力、行动力,"使马克思主义从国家意识形态转换为大众意识形态,使马克思主义日常化、生活化,成为个人文化品格的一部分"②,推动理论创新与实践创新的良性互动。理论也唯有在实践中才能发挥其作用、检验其真理性、维持其生命力。个体在参与新时代文明实践的过程中发觉到了马克思主义所承载的价值和个体人生追求的内在同一性,就会自觉将马克思主义作为自己的价值观念和行动指南,进而迸发出建设社会主义现代化强国的磅礴之力。新时代文明实践彰显了马克思主义"理论完整性"与"实践指向性"的高度统一,实现了理论"化大众"和理论"大众化"的同向建构。

(一)主体导向:实现马克思主义大众化的价值复归

"为什么人"的问题,是马克思主义的价值取向和根本立场问题。马克思指出,"人民历来就是作家'够资格'和'不够资格'的唯一判断者"③,人民性是马克思主义的最鲜明属性。然而,传统的马克思主义大众化模式遵循自上而下的单向度传播路径,即在传播的过程之中自动形成了权威传播者和大众之间的"主客"二分式交往结构。这种结构最大的问题在于,作为理论来源的大众沦为了理论"大众化"过程中的被动接受者,大众处于整个传播层级的最底层。在这样的传播链条当中大众不仅感受不到自我的主体地位,甚至内心既有的价值观念、个体意识形态会对这种外来的、说教式的思想文化有所抵触,从而难免心生排斥,这也是马克思主义大众化进程持续推进了很久但迟迟没有突破性进展的主要原因。

新时代文明实践打破了这种不平等的"主客"二分式大众化结构,将话筒重新递给了大众,坚持"宣传思想工作是做人的工作,人在哪儿重点就应该在哪儿"④。每个人既是马克思主义大众化的对象,也是马克思主义大众化的理论创造者和实践推动者,

---

① 中共中央马克思恩格斯列宁斯大林著作编译局编译:《马克思恩格斯文集:第一卷》,人民出版社 2009 年版,第 97 页。
② 温波:《马克思主义中国化的文化路径研究》,江苏人民出版社 2015 年版,第 284 页。
③ 中共中央马克思恩格斯列宁斯大林著作编译局编译:《马克思恩格斯全集:第一卷》,人民出版社 1956 年版,第 90 页。
④ 中共中央文献研究室:《习近平关于全面深化改革论述摘编》,中央文献出版社 2014 年版,第 83 页。

"大众在学习型社会中正在成为基于自己实践经验的学习、理解、研究、创造、交流和检验理论的时代主体"①。这种建立在主体之间的交往实践观遵循平等互构的原则,在这样的结构里没有所谓的权威传播者,没有趾高气扬的发号施令者,政府的职能也真正实现了从管理者向组织者、协调者转变,理论工作者的角色也真正实现了从权威传播者向先遣传播者转变(即仅仅是理论的先遣者)。这种大众化路径坚持人民立场,不断为基层理论学习、理论武装、理论创新输血造血,更好地服务于新时代筑牢基础的新要求。

新时代文明实践还打破了传统马克思主义大众化路径所面临的时间界限和空间界限,将一切可以利用的时间资源和空间资源都充分利用了起来。简言之,只要有人的地方,都可以是新时代文明实践的阵地,都能够成为马克思主义大众化的平台。这也真正实现了列宁所认为的,马克思主义大众化的核心要义就是让马克思主义"渗透到群众的意识中去,渗透到他们的习惯中去,渗透到他们的生活常规中去"②。新时代文明实践架起了理论和群众日常生产生活之间的桥梁,克服了传统路径当中理论浮于表面、难下基层的窘境,实现了常态化、高效化引导人民群众学习马克思主义、践行马克思主义,推动理论"大众化"和理论"化大众"在基层的生动实践。

(二)思想引领:建构多质化的基层思想政治工作高地

思想政治工作事关党和国家的事业全局,长期以来处于重要位置。新时代文明实践作为党中央巩固基层思想政治工作的重大战略部署,对于坚持马克思主义在意识形态领域的指导地位,巩固党在基层的执政根基具有非常重要的作用。在当代中国推进马克思主义大众化必须抓好思想政治工作这个"牛鼻子",不仅要将马克思主义的基本原理、立场、方法原原本本地融入思想政治工作当中,还要将马克思主义中国化的理论成果贯穿其中,更要从马克思主义最鲜活的理论成果出发,推进当代中国的马克思主义大众化。基层在推进文明实践的过程中,始终坚持以习近平新时代中国特色社会主义思想为指引,将解决生产生活中的实际问题和思想问题结合起来,弘扬马克思主义学风,既能做到以理服人又能实现以情感人,坚定广大群众对于中国式现代化道路的信念和信心,凝聚人心、鼓舞斗志,引导群众听党话、感党恩、跟党走,共同为实现民族伟大复兴而奋斗。

新时代文明实践以思想政治工作为一切活动的生命线,突出思想引领,克服了以往思想政治工作"大而化之、笼而统之"的弊病,坚持"区分对象、精准施策"③,既做好大众

---

① 任平:《马克思主义大众化:出场者的身份辨识与路径选择》,载《江苏行政学院学报》,2011年第3期,第10页。
② 《列宁全集》(第39卷),人民出版社1986年版,第100页。
③ 习近平:《举旗帜聚民心育新人兴文化展形象 更好完成新形势下宣传思想工作的使命任务》,载《人民日报》,2018年8月23日。

层面的理论普及,又做好分层次的"靶向滴灌",极大地提升马克思主义大众化的准确性和高效性。在出场学看来,主体的不同会造成场位即出场者置身性的差异,进而影响马克思主义的出场路径和出场形态。新时代文明实践作为当代马克思主义大众化的创新路径,针对主体职业、年龄、文化程度、现实需求等实际情况的差异,不断调整和变换思想政治工作的内容、形式和话语,如在面对"工人、农民、干部、知识分子、老年人、青年人、小孩子"等多质化大众的过程中,弄清楚不同群体对理论需求的共性是什么、个性是什么,进而有的放矢地开展工作,分类施策,因人施策,彻底打通理论"最后一公里"。①

(三)实践体认:提升大众对马克思主义的情感归属

马克思主义者从不屑于掩饰自己的观点和立场,也从不回避与人民直接相关的利益问题。在马克思看来,"'思想'一旦离开'利益',就一定会使自己出丑。"②抛开利益的理论是脱离现实土壤的、没有扎根大地的空泛理论。马克思主义是否能够实现大众化,关键在于理论能否满足群众的需要,给群众带来真真切切的、可以触摸到的利益。只有能够正视并且回应群众的诉求,马克思主义才能够被大众理解、认同、接受、信仰。毛泽东同志早年在中央苏区指导革命工作时,针对中国共产党如何取得民心的问题就曾提出:"一切群众的实际生活问题,都是我们应当注意的问题。假如我们对这些问题注意了,解决了,满足了群众的需要,我们就真正成了群众生活的组织者,群众就会真正围绕在我们的周围,热烈地拥护我们。"③人作为一种拥有理性思维能力的动物,其行为合乎目的性。人们对于马克思主义理论和社会主义核心价值观的认同,通常以马克思主义所指导的公共政策对于自身利益的正负向影响作为其个体评判依据,亦即马克思主义及马克思主义延伸思想、政策与自身利益需求的切合度决定了马克思主义能否占领群众思想和实践高地。

新时代文明实践坚持人民导向,把群众利益作为文明实践的出发点和落脚点。突出体现在新时代文明实践中以志愿服务为抓手,既发展培育专业社会组织又广泛动员基层群众壮大新时代文明实践志愿服务队伍,通过提供理论政策宣讲服务、文化文艺服务、助学扶智服务、法律科普服务、贫困帮扶服务等多样化的文明实践志愿服务,将群众的需求解决在基层、实现在家门口,满足人民对于美好生活的热切期盼和真切需要,不断增强人民群众的幸福感、满意感。这支队伍不仅能解决群众身边的鸡毛蒜皮小事,还能堪当民族大任。2020年初新冠疫情大流行期间,全国各地新时代文明实践志愿服务

---

① 双传学:《理论大众化关键在"最后一公里"》,载《群众》,2015年第6期,第38页。
② 中共中央马克思恩格斯列宁斯大林著作编译局编译:《马克思恩格斯文集:第一卷》,人民出版社2009年版,第286页。
③ 毛泽东:《毛泽东选集:第一卷》,人民出版社1991年版,第137页。

队伍勇挑大梁,在寒风大雪中参与疫情防控检测体温工作,为街坊邻居送菜送药送温暖,解决群众所急所盼,极大缓解了基层编制人员紧张,为打赢疫情防控阻击战作出了重大贡献。新时代文明实践志愿力量业已成为全国各地开展基层民生服务的主力军、生力军,啃下群众烦恼的"硬骨头",切实提高了基层群众对党的认同感、对中国特色社会主义的归属感、对马克思主义的获得感,从而自觉将党的事业当作自身的事业,将中国式现代化道路视为应然的道路,将马克思主义意识形态化作自身的常识,激发个体的活力与创造力,凝聚社会主义现代化建设的普遍共识,汇聚实现民族复兴的磅礴伟力。

(四)话语转译:善用群众语言讲透讲活宏大理论叙事

话语作为人类思想和理论的外在表现形式,是传播者和受众之间沟通的桥梁,直接影响了信息传递的有效性和准确性。就马克思主义大众化而言,"大众化"首要解决的就是话语转译问题,即如何从学术化的话语转化成大众日常生活话语,如何实现马克思主义"大众话"转译。习近平总书记在2020年初考察艾思奇故居时强调:我们现在就需要像艾思奇那样能够把马克思主义本土化讲好的人才。我们要传播好马克思主义,不能照本宣科、寻章摘句,要大众化、通俗化。① 当代中国研究马克思主义的专家学者不少,成果也是颇为丰富,但是能讲好"大众话"的专家学者却不是很多,这也就导致了理论常常停留在精英学者层面,理论伟大的光芒也就仅仅照耀了一小部分人,对于普罗大众而言还是非常遥远的东西。理论绝不能仅仅停留在纸面上,必须和大众的日常生活实际结合起来,用"大众话"去推动"大众化"。

新时代文明实践缘起于、发端于基层,具有深厚的、天然的、接地气的大众属性。各地在文明实践的过程中,围绕本地群众的语言习惯和接受能力,用方言俗语的形式将理论与群众日常生活结合起来,用群众身边的、耳熟能详的生动鲜活的案例和实实在在的数据去阐释理论的高度和思想的深度,透过小切口去讲述大道理,用群众愿意听、听得懂、听得进、喜欢听的大白话、家乡话、家常话,讲透讲活马克思主义的科学真谛,传递党的"好声音"。同时,还巧借习近平总书记的话语智慧,深耕中华优秀传统文化资源,推动习近平新时代中国特色社会主义思想深入基层,真正实现"飞入寻常百姓家"。例如,讲好习近平总书记如何通过"两山理论"来阐释马克思主义的生态文明观、如何用"两步走""中国梦"勾勒中国式现代化道路的宏伟蓝图、如何用"坚持房住不炒"来诠释唯物论和辩证法等一系列生动故事,从而促进马克思主义科学真理在基层"深入浅出",引导群众形成学习、掌握、弘扬、善用马克思主义的学风,帮助群众更加完整、系统、准确地把握理论的科学要义,助推党的创新理论扎根基层、深入人心。

---

① 徐保祥:《习近平总书记在云南看望慰问各族干部群众》,载《云南日报》,2020年1月22日,第1版。

(五) 渠道创新：拓宽马克思主义大众化的传播平台

任何思想的传播，都离不开一定的平台和渠道。伴随着电子信息技术的高速发展，互联网深刻地改变了社会的交往模式、思维模式和传播方式，人的生活场域由线下拓展到"云端"。传播学巨匠麦克卢汉认为，"新技术的诞生会引发社会其他一切要素的变化，新技术是一种革命的动因。"[1]当代中国马克思主义作为马克思主义最鲜活的理论成果，拥抱新媒介、新技术是进行大众化传播的题中应有之义，是顺势而为、因时而动。习近平总书记针对当代的网络工作形势曾作出重要指示：很多人特别是年轻人基本不看主流媒体，大部分信息都从网上获取。新时代必须要充分掌握网络舆论战场的主动权，严防被边缘化。[2] 因此，当代中国马克思主义大众化必须抓住机遇，将互联网这一变量转化为工作的增量，推动马克思主义大众化的传播渠道革命。

新时代文明实践作为新形势下党中央加强基层思想文化工作、夯实党在基层的意识形态根基的重要举措，其出场方式是和新媒体紧密融合的。基层在开展新时代文明实践的过程中，不仅充分利用报纸、广播、电视等传统媒介，还积极拓展"两微一端"、抖音号等新媒体平台，面向基层搭建区域化、日常化的信息发布平台，根据网民的接受特点和行为习惯，不断探索网络原理、思想宣传规律，提高理论、思想的针对性和实效性，实现了线上线下同频共振，使马克思主义在线上线下旗帜高扬。针对理论大众化长期面临的理论过于抽象化难以深入人心的问题，新时代文明实践积极整合融媒体的力量，借助VR、AR、AI等可视化技术，构建场景式文明实践互动平台，将原本抽象的理论形象生动地展现出来，大众通过沉浸式体验增强对理论的感知。同时，新时代文明实践中心还抓住了新媒体交互性强的优势，通过建立"阵地资源库"和"群众需求库"，基层群众可以在线点单、网络反馈，获得智能匹配和配送服务，满足群众个体化和差异化的服务需求，改变了以往传统传播渠道的单向度传播模式，传播者和大众之间实现双向交流，真正推动了理论创新和实践创新良性互动。

---

[1] [加]埃里克·麦克卢汉、弗兰克·秦格龙：《麦克卢汉精粹》，何道宽译，南京大学出版社2000年版，第26页。
[2] 中共中央文献研究室：《习近平关于全面深化改革论述摘编》，中央文献出版社2014年版，第83页。

新时代文明实践的理论遵循
——学习习近平关于精神文明建设的重要论述

王 军[①]

【摘　要】

习近平总书记关于新时代精神文明建设的重要论述回答了什么是新时代文明实践和怎样推动新时代文明的实践的问题。党的十八大以来,习近平总书记高度重视精神文明建设、推动文明实践,在专题会议上对精神文明建设展开系统论述、在中央政治局集体学习时对精神文明建设进行阐释、在党和国家重大时间节点上对精神文明建设集中部署,明确了精神文明建设在实现中华民族伟大复兴中国梦中的战略地位,提出了精神文明建设的方针原则,并要求完善精神文明建设的内容任务、创新精神文明建设的方式方法、加强和改进精神文明建设的领导管理,逐渐建立全党全社会共建共享的精神文明建设新格局,为新时代文明实践提供了基本遵循。习近平总书记关于精神文明建设的重要论述,构建起新时代精神文明建设的理论体系。注重发挥中华优秀传统文化对精神文明建设的涵养作用,突出社会主义核心价值观对精神文明建设的价值引领,推动精神文明建设的制度化法治化进程,是新时代中国共产党精神文明建设的思想武器、文明实践的根本遵循,为丰富和发展中国共产党精神文明建设理论作出了重要贡献。

【关键词】

习近平;新时代;精神文明建设;文明实践

中国共产党在百年历程中始终重视精神文明建设,推动文明实践。新民主主义革命时期,党确立了建立精神文明的价值目标;新中国成立后,通过清除旧社会的污泥浊水,建立起社会主义精神文明;改革开放后,提出物质文明和精神文明"两手抓"的战略思想,到 20 世纪 90 年代,提出中国特色社会主义文化建设,再到新世纪社会主义核心价值

---

① 作者简介:王军,男,武汉大学马克思主义学院 2020 级博士研究生。

体系的践行。特别是党的十八大以来,中国特色社会主义进入新时代,以习近平同志为核心的党中央统筹精神文明建设,加强思想政治工作、创新宣传思想工作、夯实党的执政基础,从战略和全局的高度,作出了新时代文明实践中心建设的重大决策和战略部署。习近平总书记也围绕精神文明建设、推动文明实践发表了系列重要论述,指明了新时代文明实践的方向。习近平总书记关于精神文明建设的重要论述对推进新时代精神文明建设特别是为新时代文明实践提供了思想指引。系统梳理、总结习近平总书记关于精神文明建设的重要论述,对深刻认识党中央建设新时代文明实践中心的战略部署、推动新时代文明实践工作具有重要意义。

一、习近平关于精神文明建设重要论述的基本情况

党的十八大以来,以习近平同志为核心的党中央高度重视精神文明建设,习近平总书记在关于精神文明建设的专题专门会议上、在中央政治局集体学习时、在党和国家建设发展的重大时间节点上,对精神文明建设发表了系列重要讲话,为新时代加强精神文明建设提供了基本遵循。

(一) 在专题会议上对精神文明建设的系统论述

习近平总书记高度重视精神文明建设工作,在多次重要会议上专门就精神文明建设展开系统论述。如:2013年8月19日,在全国宣传思想工作会议上的讲话中,习近平站在宣传思想工作的角度强调精神文明建设在新的历史条件下和社会主义事业全局发展中的重要作用,吹响了精神文明建设的号角;2013年9月26日,在会见第四届全国道德模范及提名奖获得者时的讲话中,专门集中系统论述了精神文明建设的地位作用、内容任务、领域途径和方式方法,为加强精神文明建设指明了方向;2014年9月24日,在纪念孔子诞辰2565周年国际学术研讨会暨国际儒学联合会第五届会员大会开幕会上的讲话中,习近平总书记从延续民族文化血脉的角度,强调中华优秀传统文化蕴含丰富的精神文明建设的智慧,指出中华文明的创造性转化和创新性发展;2015年2月28日,习近平总书记在会见第四届全国文明城市、文明村镇、文明单位和未成年人思想道德建设工作先进代表时,集中系统论述精神文明建设的重要作用、方针原则、内容任务和方式方法,深化了对新时代精神文明建设的认识;2016年12月12日,在会见第一届全国文明家庭代表时,习近平总书记突出家庭文明建设,特别指出家庭家教家风在精神文明建设中的重要作用;2018年8月21日,在全国宣传思想工作会议上,习近平总书记从宣传

思想工作的视野对精神文明建设进行部署,明确提出精神文明建设的内容任务、领域途径和方式方法,明确了精神文明建设的职责。

(二)在中央政治局集体学习时对精神文明建设的相关论述

以习近平同志为核心的党中央重视精神文明建设工作,为此多次开展集体学习,习近平总书记在中央政治局集体学习时也围绕精神文明建设提出系列新思想新观点。如:2013年12月30日,习近平总书记在十八届中央政治局第十二次集体学习时的讲话中,站在提高国家文化软实力的角度,把传承中华传统美德作为精神文明建设的途径,指明了精神文明建设方式方法;2014年2月24日,在十八届中央政治局第十三次集体学习时的讲话中,习近平总书记把培育和弘扬社会主义核心价值观作为凝魂聚气、强基固本的基础工程,突出社会核心价值观在精神文明建设中的引领作用;2015年12月30日,在十八届中央政治局第二十九次集体学习时,习近平总书记特别强调爱国主义教育在精神文明建设中的重要作用,要求把爱国主义教育作为永恒主题,贯穿于精神文明建设全过程;2018年9月22日,在十九届中央政治局第八次集体学习时,习近平总书记提出农耕文明是中华优秀传统文化的根,是精神文明建设的深厚滋养,明确了新时代精神文明建设的立足点。

(三)在党和国家建设发展重大时间节点上对精神文明建设的集中部署

习近平总书记在党和国家建设发展重要时间节点上对精神文明建设进行集中部署、提出明确要求。如:2017年10月18日,经过5年精神文明建设的实践,习近平总书记在中国共产党第十九次全国代表大会上总结5年来精神文明建设经验,提出提高人民思想觉悟、道德水准、文明素养,提高全社会文明程度的目标要求,系统部署精神文明建设的内容任务和方式方法;2018年3月20日,在第十三届全国人民代表大会第一次会议上的讲话中,习近平总书记要求广大中国人民发扬伟大民族精神,凝聚起实现中华民族伟大复兴的精神力量;2019年3月4日,在参加全国政协十三届二次会议文化艺术界、社会科学界委员联组会时,针对文化艺术界和社会科学界的精神文明建设问题,习近平总书记强调一个国家一个民族不能没有灵魂;2019年9月29日,在国家勋章和国家荣誉称号颁授仪式上,以及2021年6月29日,在"七一勋章"颁授仪式上,习近平总书记高度礼赞英雄人物所树立的精神文明建设榜样,向全社会发出关心英雄、珍爱英雄、尊崇英雄的号召;2021年7月1日,在庆祝中国共产党成立100周年大会上,习近平总书记凝练伟大建党精神,要求弘扬党的光荣传统、赓续红色血脉,并创造性地提出了人类文明新形态的概念。

二、习近平关于精神文明建设重要论述的主要观点

党的十八大以来,习近平总书记关于精神文明建设的重要论述系统全面、专业深刻,逐步形成了一个完整的理论体系,其涉及精神文明建设的地位作用、方针原则、内容任务、领域途径、方式方法、领导管理等方面的重要观点,为新时代推进精神文明建设、推动文明实践,提供了遵循、指明了方向。

(一) 确立精神文明建设的地位和作用

党的十八大以来,习近平总书记把精神文明建设提升到实现中华民族伟大复兴的战略高度,强调精神文明建设事关社会主义事业全局发展,突出精神文明建设的基础性、战略性地位。习近平总书记指出,"文明是现代化国家的显著标志。要把提高社会文明程度作为建设社会主义文化强国的重大任务,……努力推动形成适应新时代要求的思想观念、精神面貌、文明风尚、行为规范。"①人民有信仰,民族有希望,国家有力量。习近平总书记指出:"实现中华民族伟大复兴的中国梦,物质财富要极大丰富,精神财富也要极大丰富"②;"国家强盛、民族复兴需要物质文明的积累,更需要精神文明的升华"③。中国特色社会主义是物质文明和精神文明全面发展的社会主义。"只有物质文明建设和精神文明建设都搞好,国家物质力量和精神力量都增强,全国各族人民物质生活和精神生活都改善,中国特色社会主义事业才能顺利向前推进"④。习近平总书记把人民精神生活富裕作为全体人民共同富裕的价值指标,突出精神生活在共同富裕中的战略考量。习近平总书记把文明作为现代化国家的显著标志,把精神文明建设作为党和国家发展的战略任务,作为促进人全面发展、社会全面进步,实现中华民族伟大复兴的必然要求,明确了精神文明建设的地位作用。

---

① 习近平:《在教育文化卫生体育领域专家代表座谈会上的讲话》,人民出版社2020年版,第6页。
② 习近平:《习近平谈治国理政(第2卷)》,外文出版社2017年版,第323页。
③ 习近平:《习近平在青海考察时强调坚持以人民为中心深化改革开放 深入推进青藏高原生态保护和高质量发展》,载《人民日报》,2021年6月10日。
④ 习近平:《习近平谈治国理政(第1卷)》,外文出版社2018年版,第153页。

(二) 明确精神文明建设的方针原则

习近平总书记关于精神文明建设的重要论述,提出了精神文明建设的方针原则,为加强和改进精神文明建设奠定了原则基础。一是坚持精神文明建设的社会主义方向。正如习近平总书记明确指出的,"坚持马克思主义道德观、坚持社会主义道德观"①。始终保持精神文明建设的社会主义方向,是精神文明建设的原则基础。二是坚持以人民为中心。习近平总书记指出:抓精神文明建设要办实事、讲实效,紧紧围绕促进人民福祉来进行,坚决反对形式主义、官僚主义,努力满足人民群众不断增长的精神文化需求。②同时,强调精神文明建设要以提高人的文明素养,促进人的全面发展为目标,以培育担当民族复兴大任的时代新人为着眼点。三是坚持物质文明和精神文明协调发展。习近平总书记强调:"中国特色社会主义是物质文明和精神文明全面发展的社会主义"③;"坚持'两手抓、两手都要硬',以辩证的、全面的、平衡的观点正确处理物质文明和精神文明的关系,把精神文明建设贯穿改革开放和现代化全过程、渗透社会生活各方面"④。四是坚持改革创新。习近平总书记指出:"只有站在时代前沿,引领风气之先,精神文明建设才能发挥更大威力。"⑤当前,社会上思想活跃、观念碰撞,互联网等新技术新媒介日新月异,我们要审时度势、因势利导,创新内容和载体,改进方式和方法,使精神文明建设始终充满生机活力。这就为精神文明建设的改革创新指明了方向。

(三) 创新精神文明建设的内容任务

习近平总书记针对新时代新环境,提出"要深入推进公民道德建设、志愿服务建设、诚信社会建设、网络文明建设,不断提高人民道德水准和文明素养"⑥,明确了新时代精神文明建设的内容和任务。一是推进公民道德实践。习近平总书记要求"深入实施公民道德建设工程,推进社会公德、职业道德、家庭美德、个人品德建设"⑦,旨在为营造全社会崇德向善的浓厚氛围,促进形成良好道德文明风尚。二是深化群众性精神文明创建活动。习近平强调:群众性精神文明创建活动是提升国民素质和社会文明程度的有效

---

① 习近平:《习近平谈治国理政(第 1 卷)》,外文出版社 2018 年版,第 160 页。
② 习近平:《习近平谈治国理政(第 2 卷)》,外文出版社 2017 年版,第 324 页。
③ 习近平:《习近平谈治国理政(第 1 卷)》,外文出版社 2018 年版,第 52 页。
④ 中共中央文献研究室:《习近平关于社会主义文化建设论述摘编》,中央文献出版社 2017 年版,第 126-127 页。
⑤ 习近平:《习近平谈治国理政(第 2 卷)》,外文出版社 2017 年版,第 324 页。
⑥ 习近平:《在教育文化卫生体育领域专家代表座谈会上的讲话》,人民出版社 2020 年版,第 6 页。
⑦ 习近平:《习近平谈治国理政(第 3 卷)》,外文出版社 2020 年版,第 34 页。

途径。要深化文明城市、文明村镇、文明单位、文明家庭、文明校园创建工作。① 三是开展移风易俗、弘扬时代新风行动。良好社会风尚是社会文明进步的重要标志,习近平总书记要求弘扬时代新风、抵制腐朽落后文化侵蚀,特别是"要弘扬新风正气,推进移风易俗,培育文明乡风、良好家风、淳朴民风,焕发乡村文明新气象"②,以此提升农民精神风貌,提高乡村社会文明程度。四是推进社会诚信和志愿服务制度化。志愿服务是社会文明进步的重要标志,习近平总书记要求:推进诚信建设和志愿服务制度化,强化社会责任意识、规则意识、奉献意识。③ 五是开展爱国卫生运动。人民健康是社会文明进步的基础,是民族昌盛和国家富强的重要标志,也是广大人民群众的共同追求。④ 面对新冠疫情的暴发,习近平总书记要求开展新时代爱国卫生运动,即"要倡导文明健康绿色环保的生活方式,开展健康知识普及,树立良好饮食风尚。要推广出门佩戴口罩、垃圾分类投放、保持社交距离,推广分餐公筷、看病网上预约等文明健康生活习惯"⑤。这是常态化疫情防控下精神文明建设的重要内容。六是网络文明建设。网络空间作为亿万民众共同的精神家园,也成为精神文明建设的新领域新阵地;针对网络文明出现的问题,习近平总书记强调要加强网络伦理、网络文明建设。发挥道德教化引导作用,用人类文明优秀成果滋养网络空间、修复网络生态。这是习近平总书记对时代变化和现实要求的深刻把握,针对性地指明了精神文明建设在网络空间的发展方向,对文明办网、文明用网、文明上网具有重要现实意义。七是推进新时代文明实践中心建设。这是精神文明建设的重要途径,文明实践中心对文明风尚和时代新风的宣传、教育引导起着示范作用。习近平总书记明确要求:推进新时代文明实践中心建设,不断提升人民思想觉悟、道德水准、文明素养和全社会文明程度。⑥

(四) 改进精神文明建设的方式方法

中国特色社会主义新时代,社会变化发展,精神文明建设的方式方法也要求开拓创新、与时俱进。习近平总书记要求改进精神文明建设的方式方法,对增强精神文明建设的针对性、实效性、吸引力和感染力提供了重要的理论指导。一是教育引导与实践养成相结合。一方面,学校和家庭在精神文明建设过程中扮演中重要的引导角色,学校是精神文明建设的重要阵地,习近平总书记要求学校发挥立德树人的功能,培育时代新人,

---

① 习近平:《习近平在全国宣传思想工作会议上强调:举旗帜聚民心育新人兴文化展形象 更好完成新形势下宣传思想工作使命任务》,载《人民日报》,2018年8月23日第1版。
② 习近平:《习近平谈治国理政(第3卷)》,外文出版社2020年版,第313页。
③ 习近平:《习近平谈治国理政(第3卷)》,外文出版社2020年版,第34页。
④ 习近平:《在教育文化卫生体育领域专家代表座谈会上的讲话》,人民出版社2020年版,第8页。
⑤ 习近平:《构建起强大的公共卫生体系 为维护人民健康提供有力保障》,载《求是》,2020年第18期。
⑥ 习近平:《习近平谈治国理政(第3卷)》,外文出版社2020年版,第313页。

推动社会文明进步。同时,家庭是精神文明建设的基础,要注重家庭家教家风,推进家庭文明建设,以良好的家风带动并支撑起全社会的好风气。另一方面,实践养成是推动精神文明建设的重要手段。习近平总书记要求通过开展时代新风行动、群众性文明创建活动、移风易俗行动、志愿服务行动、礼仪礼节活动等实践活动推进精神文明建设走向深入。二是典型示范与共同参与相结合。先进模范人物在精神文明建设中具有示范引领作用,习近平总书记特别强调要充分发挥榜样的作用,领导干部、公众人物、先进模范都要为全社会做好表率、起好示范作用,引导和推动全体人民树立文明观念、争当文明公民、展示文明形象。① 同时,人民群众是精神文明建设的主力军,要坚持依靠人民,激发群众积极性,要动员全社会广泛参与精神文明建设,提高全体人民的参与程度,进而提高人民群众精神文明建设的参与感、获得感。三是赓续继承与推陈出新相结合。习近平总书记强调,对历史文化特别是先人传承下来的价值理念和道德规范,要坚持古为今用、推陈出新,有鉴别地加以对待,有扬弃地予以继承,努力用中华民族创造的一切精神财富来以文化人、以文育人。② 这就要求新时代精神文明建设需要继承和发扬中华优秀传统文化,并实现创造性转化和创新性发展。四是宣传倡导与问题治理相结合。新时代精神文明建设要坚持立破并举,积极倡导,加强舆论的正面宣传,巩固壮大主流思想舆论,弘扬主旋律,传播正能量;同时,也要加强突出问题治理,遏制、祛除歪风邪气,树立时代文明新风尚。五是道德约束与法治保障相结合。习近平总书记指出:法律是成文的道德,道德是内心的法律,法律和道德都具有规范社会行为、维护社会秩序的作用。③ 新时代精神文明建设既要发挥法律的规范保障作用,又要重视道德的教化约束作用,实现法治和德治的相得益彰,推进精神文明建设上升新的台阶。

(五) 加强和改进精神文明建设的组织领导

加强精神文明建设,关键是要加强和改进党的领导,为精神文明建设提供组织领导保障。习近平总书记指出:抓精神文明建设要办实事、讲实效,紧紧围绕促进人民福祉来进行,坚决反对形式主义、官僚主义,努力满足人民群众不断增长的精神文化需求。各级党委要担负好自己的责任,切实抓好精神文明建设各项工作。④ 同时,精神文明建设工作领域宽、涉及部门多,要加强统筹协调,进一步完善党委统一领导、党政齐抓共管、文明委组织协调、有关部门各负其责、全社会积极参与的领导体制和工作机制。⑤ 对此,习近

---

① 习近平:《习近平谈治国理政(第 2 卷)》,外文出版社 2017 年版,第 324 页。
② 习近平:《习近平谈治国理政(第 1 卷)》,外文出版社 2018 年版,第 164 页。
③ 习近平:《习近平谈治国理政(第 2 卷)》,外文出版社 2017 年版,第 116 页。
④ 习近平:《习近平谈治国理政(第 2 卷)》,外文出版社 2017 年版,第 324 页。
⑤ 中共中央党史和文献研究院:《十九大以来重要文献选编(上)》,中央文献出版社 2019 年版,第 106 页。

平总书记强调:精神文明建设工作部门要发挥统筹、协调、指导、督促作用,动员社会各界广泛参与,推动形成爱国爱家、相亲相爱、向上向善、共建共享的社会主义家庭文明新风尚。① 因此,习近平总书记关于精神文明建设党的领导的重要论述,明确了推动构建全党全社会共建共享的精神文明建设新格局的大方向。

三、习近平关于精神文明建设重要论述的创新价值

中国共产党在革命、建设和改革时期,开展了丰富的精神文明建设实践活动,形成了精神文明建设的理论。中国特色社会主义进入新时代,习近平总书记在继承和弘扬中国共产党精神文明建设优良传统的基础上,以更为主动的精神力量不断推进新时代精神文明建设工作,丰富和发展了中国共产党精神文明建设理论,为精神文明建设作出了新的重要贡献。

(一)创造性地提出人类文明新形态的概念

中国是具有五千多年历史的文明古国,近代以后的一个时期中国逐渐沦为半殖民地半封建社会,致使文明蒙尘。文明是现代化国家的显著标志,也是国家软实力和国家形象的体现。中华民族是世界上伟大的民族,有着5000多年源远流长的文明历史,为人类文明进步作出了不可磨灭的贡献。1921年中国共产党成立,即把推进国家文明进步、实现文明复兴作为自己的奋斗目标。中国共产党 经成立就致力于培育先进的精神文明。中华人民共和国成立后,中国共产党广泛开展马列主义、毛泽东思想的宣传教育,清除旧社会遗留下来的思想精神方面的污泥浊水,培育社会主义文明。改革开放后,中国共产党在开展物质文明建设的同时坚持抓精神文明建设,提出了"社会主义精神文明建设"的命题,成为我们办好一切事情的保障。党的十八大以来,以习近平同志为核心的党中央统筹推进"五位一体"建设,在中国共产党成立百年之际,习近平总书记庄严宣告:我们坚持和发展中国特色社会主义,推动物质文明、政治文明、精神文明、社会文明、生态文明协调发展,创造了中国式现代化新道路,创造了人类文明新形态。② 习近平总书记充分肯定精神文明建设在创造人类文明新形态中的地位和作用,精神文明是人类文明新形态中必不可少的组成部分,标志着中国共产党对文明结构和文明形态认识的升华。

---

① 习近平:《习近平谈治国理政(第2卷)》,外文出版社2017年版,第356页。
② 习近平:《在庆祝中国共产党成立100周年大会上的讲话》,人民出版社2021年版,第14页。

(二）构建起新时代精神文明建设的理论体系

党的十八大以来，习近平总书记顺应时代变化、把握时代脉搏、回应时代要求，切实加强和改进精神文明建设工作，逐渐构建起新时代精神文明建设的理论体系，对精神文明建设的地位作用、方针原则、内容任务、领域载体、方式方法、组织保障和领导管理等方面都作了独创性的论述，形成了科学完整的理论体系。习近平总书记关于精神文明建设的重要论述深化了中国共产党的精神文明建设规律的认识，是对中国日益走近世界舞台中央、展示社会主义文明大国形象的有力动员和坚强宣示，是新时代推进精神文明建设和文明实践的重要思想武器。党的十八大以来，习近平总书记统筹意识形态工作和精神文明建设，把意识形态工作或宣传思想工作作为精神文明建设的现实载体，推进精神文明建设，在延续了改革开放以来高度重视的精神文明建设的基础上扩展了精神文明建设本身的内涵。同时，习近平总书记强调基层精神文明建设，作出建设新时代文明实践中心的战略决策，加强和改进基层宣传思想工作和思想政治工作，打通精神文明建设的"最后一公里"，占领基层思想文化阵地，建设强大凝聚力和引领力的社会主义意识形态，进一步扩展精神文明建设的内容、途径和载体。

(三）注重发挥中华优秀传统文化对精神文明建设的涵养作用

党的十九届六中全会通过的《中共中央关于党的百年奋斗重大成就和历史经验的决议》中指出，党的十八大以来以习近平同志为主要代表的中国共产党人把马克思主义基本原理同中华优秀传统文化相结合，创立习近平新时代中国特色社会主义思想。习近平新时代中国特色社会主义思想中关于精神文明建设的重要论述也强调新时代精神文明建设要与中华优秀传统文化相结合，发挥中华优秀传统文化对精神文明建设的涵养作用。习近平总书记强调"中华优秀传统文化是中华民族的文化根脉"[①]；认为"中国优秀传统文化的丰富哲学思想、人文精神、教化思想、道德理念等，可以为人们认识和改造世界提供有益启迪，可以为治国理政提供有益启示，也可以为道德建设提供有益启发"[②]；要求包括中华传统美德在内的中华优秀传统文化创造性转化和创新性发展，为精神文明建设厚植文化沃土。同时，习近平总书记特别注重中华农耕文明，指出："我国农耕文明源远流长、博大精深，是中华优秀传统文化的根。我国很多村庄有几百年甚至上

[①] 习近平：《习近平谈治国理政（第3卷）》，外文出版社2020年版，第314页。
[②] 习近平：《在纪念孔子诞辰2565周年国际学术研讨会暨国际儒学联合会第五届会员大会开幕会上的讲话》，人民出版社2014年版，第7页。

千年的历史,至今保持完整。很多风俗习惯、村规民约等具有深厚的优秀传统文化基因,至今仍然发挥着重要作用。"① 这为新时代精神文明建设特别是推动农村精神文明建设、推进乡村振兴具有重要指导意义。习近平总书记用中华优秀传统文化涵养新时代精神文明建设、提高精神文明建设水平、实现中华文明新的升华,充分彰显了习近平总书记对精神文明建设的独特贡献。

(四)突出社会主义核心价值观对精神文明建设的价值引领

党的十六届六中全会提出构建社会主义核心价值体系的重大命题,包括社会主义荣辱观在内的社会主义核心价值体系成为引领精神文明建设的向导,在全社会形成知荣辱、讲正气、促和谐的良好风尚。党的十八大以来,习近平总书记在社会主义核心价值体系的基础上加以凝练,明确提出培育和践行社会主义核心价值观。习近平总书记把社会主义核心价值观作为全社会的思想道德基础,引领精神文明建设工作。习近平总书记指出:发挥社会主义核心价值观对国民教育、精神文明创建、精神文化产品创作生产传播的引领作用。② 同时,"文明"作为社会主义核心价值观中的内容指标加以倡导,培育和践行社会主义核心价值观本身就是精神文明建设的过程。全面推进社会主义核心价值观建设,坚持以社会主义核心价值观作为引领,将国家、社会、个人三个层面的价值观要求贯穿到精神文明建设的全过程,以主流价值观引领构建文明风尚、提升文明素养、指引文明实践,提高全社会文明程度,这是习近平总书记对精神文明建设的重大理论贡献和实践指导。

(五)推动精神文明建设的制度化法治化进程

改革开放以来,党开始探索精神文明建设的制度化和法治化,多次以中央全会的形式制定相关文件,出台《中共中央关于社会主义精神文明建设指导方针的决议》(1986年9月)、《中共中央关于加强社会主义精神文明建设若干重要问题的决议》(1996年10月)、《公民道德建设实施纲要》(2001年10月)、《中共中央关于构建社会主义和谐社会若干重大问题的决定》(2006年10月)。党的十八大以来,习近平总书记着眼于新时代文明实践,把精神文明建设和思想教育作为治国理政的重要方式和手段,坚持依法治国和以德治国相结合,推进精神文明建设的制度化和法治化。习近平总书记要求社会主

---

① 习近平:《习近平谈治国理政(第3卷)》,外文出版社2020年版,第260页。
② 习近平:《习近平谈治国理政(第3卷)》,外文出版社2020年版,第33页。

义核心价值观融入法治建设、推进理想信念教育常态化制度化、推进诚信建设和志愿服务制度化、加强网络道德问题治理等。在习近平总书记的指导下,党和国家先后出台《关于培育和践行社会主义核心价值观的意见》(2013年12月)、《关于进一步把社会主义核心价值观融入法治建设的指导意见》(2016年12月)、《新时代公民道德建设实施纲要》(2019年10月)、《中国共产党宣传工作条例》(2019年6月)、《关于加强网络文明建设的意见》(2021年9月),其中《中国共产党宣传工作条例》以党内法规的形式明确精神文明建设的体制机制。习近平总书记推动精神文明建设的制度化和法治化进程,逐步构建起新时代精神文明建设制度化法治化的"四梁八柱"。

新时代文明实践助推乡村振兴的内在机理与路径研究

王道勇　宋兰兰[①]

【摘　要】

实施乡村振兴战略,是党中央作出的重大决策部署,它以实现乡村产业兴旺、生态宜居、乡风文明、治理有效、生活富裕为总要求。建设新时代文明实践中心是在乡村振兴战略指导下,为进一步加强改进农村基层宣传思想文化工作和精神文明建设工作的一项战略之举。乡风文明是乡村社会文明程度的重要体现。新时代文明实践中心为乡村精神文明建设提供新阵地、新平台、新载体,能够切实推动乡风文明建设有效展开,推动乡村全面振兴,满足农民精神文化生活的新期待。本文试图通过挖掘与厘清新时代文明实践活动助推乡村振兴的内在机理,进而提出新时代文明实践更好助推乡村振兴的实践路径。

一、新时代文明实践对乡村振兴的现实意义

(一) 时代之需

"人无精神则不立,国无精神则不强。"重视思想政治工作是党一以贯之的优良传统和政治优势。十八大以来,以习近平同志为核心的党中央高度重视社会主义精神文明建设,把培育时代新人、提升社会文明程度作为一项重要工作常抓不懈。习近平总书记

[①] 作者简介:王道勇,1973年生,男,湖北潜江人,湖北党员生活杂志社主任编辑,法学学士。研究方向:基层党建与社会治理。宋兰兰,1984年生,女,湖北随州人,湖北省委直属机关工委党校理论教研室讲师,博士研究生。研究方向:马克思主义中国化、生态文明理论与实践。

强调,实施乡村振兴战略,是全面建设社会主义现代化国家的重大历史任务,是新时代"三农"工作的总抓手,是党的工作重中之重。建设新时代文明实践中心,是实施乡村振兴战略、提升城乡文明水平的题中应有之义。新时代文明实践工作的核心要义和党的乡村振兴战略高度契合,紧紧围绕深入学习贯彻习近平新时代中国特色社会主义思想、适应新时代人民群众对精神文化生活的新期待,是人民的期盼、时代的呼唤,更是实践的要求、创新的产物。新时代文明实践着眼于凝聚群众、引导群众,以文化人、成风化俗,调动各方力量,整合各种资源,创新方式方法,用中国特色社会主义文化、社会主义思想道德牢牢占领农村思想文化阵地,动员和激励广大农村群众积极投身乡村全面振兴的建设之中。

(二)使命所系

中国共产党始终把实现好、维护好、发展好最广大人民的根本利益作为执政理念。随着中国特色社会主义进入新时代,社会主要矛盾发生了非常大的变化,从追求"生活宽裕"到"生活富裕",反映出广大人民群众对美好生活有了更高要求。建设新时代文明实践中心就是本着以人民为中心的工作导向,把人民日益增长的美好精神文化生活需要作为着眼点和着力点,推动公共文化服务体系建设,深入实施文化惠民工程,整合调配农村各种资源和力量,创新公共文化服务方式,广泛开展文化惠民活动,丰富群众精神文化生活。围绕乡村振兴战略和群众现实需求,定期向村民播报宣传习近平新时代中国特色社会主义思想和党的政策、村情民情、模范典型事迹以及移风易俗倡议等内容,让党的创新理论飞入寻常百姓家,提高农民群众参与国家发展的获得感。

(三)群众所盼

新时代文明实践工作是一项重要的民心工程。通过新时代文明实践全力打通宣传群众、教育群众、服务群众的"最后一公里",及时把党的重大会议精神、惠民利民的政策、创业就业的技能送到田间地头,送到老百姓跟前,切实帮助广大农民提升自身素养和致富能力,为实现乡村振兴打牢思想和人才基础。以新时代文明实践为契机,通过各类志愿服务项目,有助于引进外部资源,为农民提供各类急需的公共服务,有效填补了乡村振兴资本参与的短板。新时代文明实践在持续不断、多形式宣传倡导社会主义核心价值观的同时,还能够潜移默化地改变农村盲目攀比、铺张浪费、封建迷信等不良社会风气,带来农民观念的变革,引导广大群众更新思想观念、抵制不良习俗,养成文明健康的生活方式。新时代文明实践以各种形式的活动激发调动农民群众参与的积极性,在自我教育、自我提高、自我服务中让农民感受到自己既是文明践行的主体,也能享受到文明实践成果,增强农民的幸福感和获得感。

(四) 振兴之魂

建设新时代文明实践中心是一项铸魂工程。其出发点在于不断提高基层群众对习近平新时代中国特色社会主义思想、乡村振兴战略等国家相关政策的理解和思想认同。乡村振兴是全方位的振兴,农民不仅要"口袋富",也要"脑袋富"。农村优秀传统文化蕴含的思想观念、人文精神、道德规范,是中华民族的文化根脉和精神内核,通过新时代文明实践有助于深入挖掘、继承、发扬优秀传统乡土文化,有助于把我国农耕文明优秀遗产和现代文明要素结合起来,不仅可以为乡村振兴培根铸魂,还能打造具有历史遗存的文化精品,带动本土旅游产业发展,进而转化为乡村振兴的经济基础。通过推动新时代文明实践中心建设,全面提升农村精神文明建设水平,不仅能够弘扬新风正气,推进移风易俗,培育文明乡风、良好家风、淳朴民风,焕发乡村文明新气象,进而加快推动乡村振兴。

二、新时代文明实践推动乡村振兴的内在机理

新时代文明实践与乡村振兴相互融合,二者是一个相互关联、相辅相成的动态演化过程。新时代文明实践的作用发挥可以渗透到乡村振兴中的产业振兴、人才振兴、文化振兴、生态振兴和组织振兴五个方面,达到强产业、育新人、兴文化、展形象、聚民心的效果,进而有效地推进乡村现代化进程,实现乡村全面振兴。二者之间的内在机理如图 1 所示。

(一) 新时代文明实践助推乡村产业振兴

产业振兴是乡村振兴的基础。新时代文明实践是一个持续不断为乡村"铸魂"的过程。通过新时代文明实践活动大力发掘乡村特有文化,将乡风乡韵以物化形态呈现出来,打造将本土特色文化元素融入传统业态的品牌,可以有效提升产业品位,增加产品附加值,从而实现农产品价值倍增。大力润色发展本地乡土文明,以文促旅,发展乡村旅游业,带动特色乡村发展,促进三产融合发展。依托新时代文明实践能够将乡村文化资

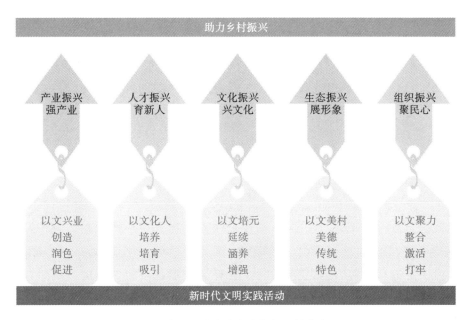

图 1　新时代文明实践助力乡村振兴的内在机理图

源推陈出新,通过文化创意,创造新的业态,使"沉睡"的文化获得"新生",实现文化和经济有机融合,走出"以文兴产"新路径。

(二)新时代文明实践助推乡村人才振兴

人才是乡村振兴的关键,也是最大瓶颈,以新时代文明实践为契机能够充分发挥以文化人、以文育人的作用。依托新时代文明实践中心谋划推动并搭建群众舞台、百姓讲堂等载体,可以举办各种乡村人才培训,培训驻村农技员、村两委会负责人、新型职业农牧民,培养本土人才。乡贤在化解矛盾、发展经济、传承文明中发挥着积极作用,是乡村振兴的有力推动者。新时代文明实践有助于发现乡贤资源,培育新乡贤,为乡村振兴提供优秀人才队伍。新时代文明实践通过充分挖掘乡村文脉,还能够吸引来自文创、旅游、艺术等领域的"新村民",带动乡村产业、文化的蓬勃发展,吸引人才回流。

(三)新时代文明实践助推乡村文化振兴

乡村是传统文化和乡土文化的载体,乡村振兴关键环节在于解决一个"散"字。"一方水土养一方人。"乡村文化是乡村的灵魂,是一方独特的精神创造,是激发乡村振兴内生动力的精神基础。新时代文明实践开展各种立足于本土的文化活动,不仅丰富村民文化生活,还有助于保存、延续乡村文脉,加深农民的"乡情"认同感和归属感。新时代文明实践将优秀传统风俗文化的传承创新与社会主义核心价值观相融合,涵养乡村好风尚,焕发乡村文明新气象,提高乡村社会文明程度。新时代文明实践活动不断加强农村公共文化服务产品供给,将广场舞、扭秧歌、农民趣味运动会等群众性文化活动予以常态化开展,增强了乡村道德规范、精神风貌,凝聚农民共同的价值取向,发挥文化振兴的聚合作用。

(四)新时代文明实践助推乡村生态振兴

生态振兴是乡村振兴的内在要求,它要求注重乡村人居环境的整体整治,强化污染源管理,正确处理生活垃圾和污水,做好美化、绿化及洁化工作,努力打造生态宜居的乡村环境。由于历史和现实原因,我国农村生态环境依然是乡村振兴的一块短板,农民群众生态保护意识有待增强,富有地方特色的生态文化有待挖掘、培育、弘扬。通过新时代文明实践活动宣传习近平生态文明思想,提倡遵循人与自然和谐发展的传统,强调环境保护的重要性,提高农民群众的环保意识。通过新时代文明实践活动制订村规民约,开展卫生评比,探索建章立制、常态化管理的模式,引导村民树立"劳动最光荣""环境美,我骄傲"的美德,实现农村人居环境"洁净美"的转变。通过文明实践活动充分挖掘各地生态文化特色,在建设美丽乡村时融入地方文化元素,让乡村绿水青山饱含诗情画意之韵,打造"看得见山、望得见水""记得住乡愁"的美丽乡村印记,真正实现"生态宜居",使乡村成为不同于城市的另一种有吸引力的生活家园。

(五)新时代文明实践助推乡村组织振兴

乡村振兴的内生动力在目标上体现为内生动力与外源推力的协同发展,在方式上体现为乡村农民群众、基层干部、基层组织多元共治格局,在机制上体现为将传统文化和现代文明有机融合到乡村发展进程中。新时代文明实践中心整合现有基层公共服务阵地资源,以县、乡(镇)、村三级为单元,构建了"实践中心—实践分中心—实践所(站)"三级组织体系,形成多层级的新时代文明实践阵地合力。通过新时代文明实践活动,把广大农民对美好生活的向往转化为推动乡村振兴的内生动力,激发农民个体的自我发展、基层干部的主动作为,依托文明实践中的志愿服务队伍和志愿者,组建一支聚合各类人才、专兼结合的文明实践队伍,引导村民有序参与村庄治理事务,激活基层群众自治的主体。推动新时代文明实践在党组织引领下,对接农民的现实需求,提供精准到位的服务,将基层党组织的"服务力"转化为农民群众参与乡村振兴的团结力、凝聚力,打牢乡村振兴的组织基石。

通过新时代文明实践挖掘建设乡村文化、培育乡村文明,不仅是乡村振兴战略的有机组成部分,更能助力乡村产业、人才、文化、生态以及组织的振兴。以新时代文明实践为媒贯穿乡村振兴的五个方面,串联起来形成乡村振兴的强大合力,最终为实现乡村全方位振兴的提供强大推动力。

三、新时代文明实践助推乡村振兴的路径思考

厘清新时代文明实践助推乡村振兴的内在机理,立足于服务乡村振兴大业。新时代乡村文明实践中心建设可以从稳阵地、强队伍、创活动、建制度四方面持续发力,更好地助推乡村全面振兴。

(一)稳阵地,强化资源统筹

整合现有资源,夯实实践阵地。坚持党委主导、各方参与、群众互助,着眼资源共享、阵地共建、活动共联,进一步盘活各类资源,充分整合现有资源,打造规范平台,整合优势资源,做到"哪里有阵地,服务就延伸到哪里"。一是整合可利用的现有资源。充分利用好现有的乡镇文化广场、乡村大舞台、农家书屋、道德讲堂或其他闲置的场地等资源,因地制宜,根据建设试点工作需要改造升级为各具特色的新时代文明实践阵地,实现场地设施利用最大化、最优化,既提高农村公共服务资源的综合效能,又切实提高阵地资源的综合使用效益。二是打造规范化的实践平台。着眼于做好现有资源的整合,打破行政壁垒,把分散在各个条块中的资源统筹整合,规范阵地建设、优化功能布局,做到统一调配、一体使用、协同运作,切实提高综合效益和整体效能。努力探索由工作规划、内容建设、服务供给、日常活动、志愿者培训、机制保障等内容梳理而成的相对规范的工作流程,让群众的参与都有规可循、有章可依,提升文明实践的仪式感和庄重感。三是整合优势资源。首先要摸清各类阵地、活动基数,跨领域、跨行业、跨部门整合盘活现有基层公共服务资源,着力打造理论宣讲、教育、文化、科技与科普、健身体育等"五大服务平台"。着眼上下联通贯通,建立完善优质资源承接体系,形成县级主导、中心统筹、所(站)落实、资源融入的工作模式,深度融合各地旅游文化资源,与城乡融合发展、美丽乡村建设、精神文明建设等工作有机结合起来,抓点串线扩面,努力打造一批有特点、有风格、有吸引力的活动场地,实现优质资源的高效整合,既带动乡村振兴又为开展新时代文明实践活动打好基础。

（二）强队伍，站稳群众立场

坚持以群众需求为导向，突出乡村振兴，聚焦服务群众，全力打造具有鲜明特色的活动品牌，不断提升新时代文明实践志愿服务的针对性、实效性。一是开展理论政策宣讲活动。深入开展习近平新时代中国特色社会主义思想宣讲，组织农村党员群众深入学习，让新思想在基层落实落地、在群众中入心入脑。深入开展党的政策宣传宣讲，广泛深入宣传阐释党中央大政方针、为民利民惠民政策，特别是要围绕实施乡村振兴战略，把致富兴业、三农改革、民生保障等与农民密切相关的政策讲清楚讲明白，帮助基层群众了解政策、掌握政策、用好政策。二是开展社会主义核心价值观培育活动。借助新时代文明实践活动大力弘扬社会主义核心价值观，引导人们讲道德、尊道德、守道德，推动形成崇德向善的时代新风。持续深化移风易俗行动，整治婚丧大操大办、厚葬薄养、封建迷信等不良习俗，涵育文明乡风、优良家风、淳朴民风，为乡村振兴打造健康向上的精神家园。三是开展文化惠民活动。深入挖掘本土文化，采取"接地气""说土话""讲故事"的方式，让老百姓演身边人、说自家事、唱时代歌，产生示范引导作用。经常性组织群众开展乡村广场舞、地方戏曲会演、群众体育比赛、文艺培训等活动，让群众在多姿多彩、喜闻乐见的文化活动中，获得精神滋养、汲取精神力量，增强家乡自豪感。

（三）创活动，激发内在动能

广大农民是新时代文明实践的服务对象，更是实践活动的主体。他们的动能越强，积极性、主动性、创造性越高，乡村振兴就越充满活力、富有成效。抓住了激发农民内在动能这个环节，就抓住了乡村振兴的发力点。新时代文明实践要积极创建、开展各种活动，激发调动广大农民参与乡村建设的内在动能，更好地发挥乡村振兴主力军的作用。一是要创办形式丰富多样的活动。紧扣要求，突出重点，解决"做什么"的问题，乡村振兴需要提高什么就助推什么。按照文明实践搭建"五大平台"、实施"五大任务"的工作要求，结合地方特点、群众需求，明确文明实践助推新思想学习、助推乡村振兴、助推脱贫致富、助推文明乡风和助推群众美好生活需要的"五大助推行动"，不断提升文明实践工作的针对性、有效性。二是要营造文明实践的良好氛围。新时代文明实践中心不仅要建"够"，更要建"精"建"好"，各镇、各相关部门单位要综合运用各类宣传载体和文化阵地，加大宣传报道力度，及时总结推广新时代文明实践活动助力乡村振兴的有效做法和鲜活经验，生动反映文明实践活动带来的新气象新成效，展现基层群众的新生活新风貌，营造全社会共同参与的良好舆论氛围，切实将文明实践工作引向深入。三是要拓展思路,将文明实践中心建设同其他领域的建设有机结合起来,提高工作的效率和联通性。如可以结合农村住房条件改善工作,在建设农村新型社区时同步推进新时代文明实践站建设。要积极拓展公共平台,结合群众生产生活规律、作息休闲习惯等,依托广场公园、文化场馆等人流密集场所,策划开展系列志愿活动,做到"群众在哪里,文明实践延伸到哪里"。

(四) 建制度,保障常态长效

新时代文明实践融入并助推乡村振兴要达到好效果,不仅需要立足当前,切实解决群众需要的突出问题,更需要着眼长远,建立健全促进二者有序推进的长效机制,以制度来保障文明实践,促进乡村振兴工作的常态化、长效化,有约束力、能管用。一是以贯彻落实《建设新时代文明实践中心指导手册》为抓手,健全党领导农村工作组织体系、制度体系的工作机制。将新时代文明实践中形成的组织推动、要素保障、政策支持、协作帮扶、考核督导等工作机制,根据实际需要运用到推进乡村振兴,建立健全上下贯通、精准施策、一抓到底的乡村振兴工作体系。积极探索建立党领导下的联席会议制度、文明实践月报制度和定期督导调研机制,形成"条块结合、对点衔接、长效推进"的工作格局。二是建立新时代文明实践密切联系群众制度。通过"党员暖心"志愿服务者设岗定责,每名党员包建几户群众;每月进行走访,了解群众需求;每月定期召开文明实践议政理事、"党员暖心"志愿服务队工作例会等,汇报情况、解决问题;建立一个以党组织为核心领导,以"新时代文明实践站"为载体的群众自治网络,凝聚起乡村振兴的蓬勃力量。三是建立新时代文明实践参与社会治理的机制。通过建立"群众点单、中心派单、单位接单、群众评单"的志愿服务机制,"中心吹哨、团队组织、各方参与、共享共治"的社会动员机制,"党员走访、集中研究、解决问题、反馈群众"的联系群众机制,让群众在参与文明实践活动中收获满意,为乡村振兴打牢群众基础。

新时代文明实践中心建设的价值意蕴及其路径选择

陈海蓉①

【摘　要】

建设新时代文明实践中心,是推动党的宣传思想工作深入基层的重大举措,也是提高人民文化素养、丰富人民群众精神文化生活的民心工程。其有利于推动党的创新理论"入脑入心",有利于推动优秀传统文化"双创"发展,也有利于与物质文明建设相协调,实现物质和精神的"双富裕"。自2018年新时代文明实践中心试点工作实施以来,全国各地区包括500个单位进行了积极探索与实践,取得了重大成就,同时也存在着诸多困难和问题。在"深化拓展,提质增效"的新阶段,我们要在巩固当前建设成果的基础上,进一步强化基层干部队伍思想意识,保障文明实践工作有效展开;建立欠发达地区经费"兜底"保障机制,促进区域间文化发展平衡;因地制宜造就文明实践新平台新形式,不断满足人民群众多样化的文化需求。

【关键词】

新时代文明实践中心;价值意蕴;实践成效;路径选择

文化是一个国家和民族的灵魂。自古以来,一个民族、国家的繁荣兴盛总是与文化的发展繁荣息息相关。进入新时代,特别是全面建成小康社会之后,我国正式进入全面建设社会主义现代化国家、逐步实现全体人民共同富裕的新征程。中华民族要在新态势、新阶段、新征程中实现伟大复兴的历史性飞跃,必须深入开展文明实践,只有物质文明和精神文明都实现了富和强,才能真正全面建成社会主义现代化强国、展现大国文明,实现共同富裕。2018年8月,习近平总书记在全国宣传思想工作会议上强调"推进

---

① 陈海蓉,1998年生,女,重庆理工大学马克思主义学院硕士研究生,研究方向:马克思主义中国化研究。

新时代文明实践中心建设"①,新时代文明实践中心作为国家重大政策得以正式提出。随后,中共中央办公厅印发《关于建设新时代文明实践中心试点工作的指导意见》。自此,全国范围内迅速开启了建设新时代文明实践中心的试点工作,为提升社会文明程度、丰富人民群众精神文化生活等搭建了平台。

一、建设新时代文明实践中心的价值意蕴

进入新时代,面对世界正处于百年变局的复杂国际形势,中华民族要在适应社会主要矛盾转化中实现由"大国"到"强国"的飞跃,全面建成社会主义现代化强国,必须推动经济、政治、文化、军事、外交等社会发展方方面面都要强。在我国已经全面消除绝对贫困、物质文明取得显著成就的当下,不断提升人民群众思想文化水平和社会文明程度、传承和弘扬中华优秀传统文化、实现我国由文化大国到文化强国的飞跃就显得更为重要和迫切。党中央就是在这种背景下作出了广泛开展文明实践活动、建设新时代文明实践中心的重要决策。正如习近平总书记指出的:推进新时代文明实践中心建设,不断提升人民思想觉悟、道德水准、文明素养和全社会文明程度。②

(一) 有利于党的理论政策"入脑入心"

文化是中国共产党的基因,是中国共产党人带领中华民族日渐强大的精神支撑和智慧密码。在革命战争年代,中国共产党人从各种理论中坚定选择了马克思主义,从此,中华文化获得了先进的思想血液,中国人民有了科学的理论指导和锐利的思想武器,中华民族走上了探索发展繁荣中国特色社会主义文化的道路。正如毛泽东同志所说:自从中国人学会了马克思列宁主义以后,中国人在精神上就由被动转入主动。③ 回首过去百年的奋斗历程,我们党始终坚持把马克思主义科学理论与中华优秀传统文化和中国具体国情相结合,创造了鲜明独特的革命文化和社会主义先进文化,为挽救民族危亡和不断探索接近民族复兴作出了重要贡献。实践证明,没有中国共产党,就没有新中国,就没有中华民族伟大复兴。④ 新时代,面对错综复杂的国际环境变化,以及国与国之间愈演愈烈的思想文化领域的交流交锋,只有毫不动摇坚持中国共产党的领导,用党的创新

---

① 习近平:《论党的宣传思想工作》,中央文献出版社2020年版,第341页。
② 习近平:《论党的宣传思想工作》,中央文献出版社2020年版,第341页。
③ 中共中央文献研究室:《建党以来重要文献选编(1921—1949)第二十六册》,人民出版社2011年版,第721页。
④ 习近平:《在中国共产党成立100周年大会上的讲话》,人民出版社2021年版,第10-11页。

理论武装头脑,凝聚群众,增强人民的政治认同、文化认同和国家认同,才能实现中华民族伟大复兴。

新时代文明实践中心,以"推动形成适应新时代要求的思想观念、精神风貌、文明风尚、行为规范"为最终目标,是深入学习党的创新理论的重要阵地,是增强人民群众认同感的重要机构(场所)。通过因地制宜开展形式多样、通俗易懂的实践理论宣讲,引导群众了解、掌握习近平新时代中国特色社会主义思想的基本观点和核心要旨,从而增强群众对主流文化理论的亲近感和认同感;通过解读党的大政方针,让党的各项惠民政策"飞入寻常百姓家",能够使老百姓对党有信心,对生活有盼头,对未来充满希望,自觉承担起民族复兴的职责,主动投身于社会主义现代化建设。新时代文明实践中心,是守正创新基层宣传工作和精神文明建设工作的重要举措,打通了党宣传群众、服务群众、教育群众、引领群众的"最后一公里",有利于夯实基层文明基础,提升社会成员的思想素养、文明水准和道德修养,促进社会文明程度达到新境界。

(二)有利于中华优秀传统文化"两创"发展

文化兴则国运兴。任何一个大国的崛起,不仅伴随着经济、军事等硬实力的强盛,而且必然催生文化的兴盛。在历史的长河中,中华民族之所以能够生生不息、长盛不衰,"很重要的一个原因就是中华民族有一脉相承的精神追求、精神特质、精神脉络"①。博大精深的中华文明和璀璨绚丽的中华优秀文化资源,不仅在历史进程中彰显着旺盛的生命力和感召力,而且是中华民族在世界思潮中站稳脚跟,并重新登上文化高峰的坚实力量和最强大的依靠。因此,在全面建设社会主义现代化国家的新征程中,我们不仅要坚决反对那种抛弃中华优秀传统文化的历史虚无主义思想,而且必须依赖中华优秀传统文化承载的思想智慧、精神力量和道德准则等,使之在契合时代需求中以人们喜闻乐见的方式得到创新型转化和创造性发展,形成与当代文明跃升和建设文化强国相契合的思想观念。

在多样化、特色化的发展模式下,新时代文明实践中心将中华优秀传统文化宝库中的思想精髓通过人民群众喜闻乐见的方式推广开来,在新时代再次激活了其"文治教化""以文化人"的功能。首先,新时代文明实践中心为人们提供了一个广阔的公共文化空间,个体读者在广泛的阅读活动中,其思想意识和精神世界能够潜移默化地受到文化艺术的熏陶和陶冶,进而为促使个体自我完善和改变提供了可能。其次,新时代文明实践中心作为城乡治理的基本单元,广泛汲取优秀传统文化中蕴含的治理智慧和经验,有利于规范社会秩序,以文明的力量推动基层治理。同时,新时代文明实践中心通过讲故

---

① 习近平:《在文艺工作座谈会上的讲话》,人民出版社 2015 年版,第 22 页。

事等活动深入挖掘中华优秀传统文化中蕴含的传统美德,引导人们向上向善,形成良好的社会道德风尚。总之,新时代文明实践中心致力于通过各种文明实践活动把优秀传统文化中所具有的跨越时空的"今用"价值挖掘出来,既能够促进个人人格修养的完善、创新基层治理、培育社会文明新风尚,又能够增强人们对中华文化的自信,促进文化传承与发展。

(三)有利于实现"物质"与"精神"的共同"富裕"

习近平总书记指出:实现我们的发展目标,不仅要在物质上强大起来,而且要在精神上强大起来[①]。在全面建成小康社会后,党中央将发展的战略目标调整为逐步实现全体人民的共同富裕,而这个富裕,不仅包括物质层面可视化的富裕,也包括人民群众精神生活领域不可量化以及存在极大主观性的富裕。因此,在新发展阶段,不仅要推动社会经济高质量发展,为共同富裕的实现积累丰裕的物质基础,而且要进一步加强文化产业和公共文化事业的建设,不断提升国民素质和社会文明程度,实现物质文明和精神文明协调发展,最终全面建成社会主义现代化强国和实现全体人民的"物质"和"精神"双富裕。

在现阶段,与我国在物质领域所取得的巨大成就相比,我国人民群众在精神获得与精神享有等方面还有较大发展空间,精神相对贫困的问题更加凸显。比如,在一些偏远地区和欠发达地区,由于科教文卫体等基础设施尚不健全,导致当地居民文化素养偏低、思想落后、文化参与能力缺乏等现象普遍存在,极大限制了人民群众精神文化生活领域的拓展。同时,受"金钱至上"观念的影响,一些社会成员在物质上早已完成了"现代化",却没有完成先进思想道德的蜕变,道德失范、偷税漏税、理想信念缺失等现象时有发生。这些问题的存在导致整个社会踔厉奋发意识不足,影响着共同富裕建设进程的全面推进。正因如此,加强"实施文明创建工程,拓展新时代文明实践中心建设"[②]的重要性就更加凸显了出来。

新时代文明实践中心建设,致力于传播新思想新政策,让人民群众聆听党的声音,填补了乡村地区党的政策宣传平台的空缺,有利于引导广大基层民众永远跟党走,积极主动参与实现中华民族伟大复兴的实践;同时,新时代文明实践中心以传递文明新风为目标,大力加强文明乡风、优良家风、淳朴民风等乡村文化建设,有利于促进群众思想观念的进步和道德素养的提升,推动乡村治理更加和谐有序。总之,新时代文明实践中心,以乡村和百姓为基石,通过打造集思想引领、道德规范、文化培育与艺术熏陶等多重功

[①] 习近平:《习近平谈治国理政(第1卷)》,北京:外文出版社2018年版,第46页。
[②] 《中共中央关于制定国民经济和社会发展第十四个五年规划和二〇三五年远景目标的建议》,人民出版社2020年版,第26页。

能于一身的百姓舞台,不断提升群众的文化获得感、社会参与感以及生活幸福感,从而推动社会文明程度达到新高度。

二、新时代文明实践中心建设的实践成效与现实困境

自 2018 年习近平总书记在全国宣传思想工作会议上作出"推进新时代文明实践中心建设"的重大决策,以及中共中央办公厅印发《关于建设新时代文明实践中心试点工作的指导意见》以来,多个地区启动了新时代文明实践中心的试点工作,经过 5 年的不断探索,取得了重大成就,为新时代文明实践中心建设向全国拓展积累了宝贵经验。但是,受经济发展状况、部分干部群众重视程度等方面的影响,推进新时代文明实践中心建设的挑战仍然存在。

(一)新时代文明实践中心建设的实践成效

根据党中央《关于建设新时代文明实践中心试点工作的指导意见》精神,全国有 500 个试点单位对建设新时代文明实践中心进行了积极探索,经过 5 年的酝酿、实施、发展,其新时代文明实践中心已逐渐成为新时代党在基层思想政治工作的主要阵地,人民群众丰富文化生活的精神家园,倡导移风易俗和弘扬时代新风的平台,真正打通了服务群众的"最后一公里"。

(1)党的理论宣传工作迈上新台阶。为了让党的新理论、新思想、新政策更加深入人心,各试点单位根据当地群众的政治认知水平和语言接受习惯,统筹运用传统宣传方式和新媒体传播平台进行大胆探索与创新,推动党的基层思想政治宣传工作迈上新台阶。在宣传形式方面,内蒙古自治区鄂尔多斯市将文艺演出与党史学习教育相结合,通过生动形象的表演将党的百年故事演给牧民看。江西省吉安市通过组织开展"百姓宣讲团在身边"理论宣讲活动,以身边人讲身边事的形式推动党的创新理论深入基层;同时,依托当地丰富的红色资源,井冈山博物馆还开展了革命文物进校园的活动,这些见证中国共产党百年艰辛奋斗历程的文物不仅是学生学习党的历史的生动教科书和优质思想政治教育资源,更将激发起广大青年的爱国主义精神,使得红色基因和红色血脉赓续传承。在宣传载体和平台建设方面,北京市海淀区利用大数据吧、VR、XR 等先进技术,打造微党课、研发"单点派单"平台、举办"青年马克思主义读书会",通过探索科技路径传播党的创新理论和科技前沿知识。浙江省余姚市运用新媒体技术,推出"舜江快播"网上宣讲平台,围绕形式政策和社会热点,以短视频的形式把党"想说的"与人民群众"喜闻乐见"的结

合起来,把党的创新理论转化为当地群众通俗易懂的乡言俚语、体现为生动形象的身边故事,让党的声音传遍千家万户。总之,一次次深入浅出、形式多样的理论宣讲不仅使理论宣讲"活起来",而且让理论宣传效果"实"起来,极大增强了理论传播的效果。

（2）基层社会治理开启新格局。全面建设社会主义现代化国家,逐步实现全体人民的共同富裕,最艰巨最繁重的任务在基层和农村,同时,拥有深厚基础和无限可能之处也在农村。针对基层社会治理任务不明晰、权责不到位等相关问题,各文明实践中心试点单位,以县、乡、村三级为单元,以聚焦群众需求、增强群众动力、凝聚群众合力为目标,积极探索健全基层工作机制的有效路径,开启了基层社会治理新格局。比如:安徽省天长市为推动新时代文明实践走深走实,在中央统筹、省负总责、市县抓落实的管理体制和工作机制下,依托互联网和大数据平台,推出以网格为单位,文明实践"专管员"负责,志愿服务小分队落实到户的工作模式,把服务群众的"最后一公里"推向"最后一米"。江苏省徐州市在推动基层治理上,采取的是"制定任务和项目清单—汇报进度—考核评估"的工作模式,目标明确、手段高效,有利于提高基层党组织的办事能力。贵州省龙里县以改善人居环境整治为突破口,探索开展"三能两创三评比""文明实践大比武"等活动,通过个人比、家庭比、村寨比等一系列竞选激励机制,不仅能够广泛动员群众实现自我提高并主动参与家乡环境保护和建设,而且在活动中还能够密切党群关系,增强基层组织的引领力和凝聚力,促进基层党组织的高效运转,等等。各试点单位在深化基层文明实践中将基层组织和基层干部的责任和任务明确化、具体化,并建立了相应的考核评估机制,使人民群众的向心力进一步增强,基层党组织得到进一步规范,基层治理有了新突破。

（3）精神文明建设呈现新气象。以文化人,成风化俗。人民群众丰富多彩的精神文化生活,既是人民群众精神富裕的必然要求,也是新时代文明实践中心建设的重要内容。为了打造群众多姿多彩的文化生活,安徽省安庆市太湖县汤泉乡为群众搭建赛诗台,鼓励村民吟唱原创诗歌;北京市延庆区张山营镇,借助北京冬奥赛区所在地这一平台,组织举办"冬奥夜校"活动,通过实地参观、体验的方式让村民感受冬奥文化;江苏省昆山市陆家镇以当地英雄人物陶一球创建抗日武装的事迹为原型,用话剧的形式让观众身临其境地受到红色文化的熏陶;陕西省延安市志丹县的"百姓大舞台"让百姓成为舞台上的主角,群众自编自演,节目包括民歌、说书、秧歌等,充满陕北地域风情……在新时代文明实践中心,各试点单位充分利用当地资源和地方特色,以老百姓为主角,组织展开了形式多样、精彩纷呈的文化活动,人民群众精神面貌焕然一新。同时,新时代文明实践中心试点单位大力推进移风易俗运动,弘扬时代新风。一是动员群众自觉破除旧的习俗,安徽省合肥市巢湖市栏杆集镇,文明实践中心成员通过"话家常"的方式向村民传递殡葬改革知识,号召村民改革土葬、积极推行火葬、节俭办丧事;贵州省福泉市牛场镇以村规民约的形式设置宴席标准、规定禁止操办宴席等,不仅减轻了奢侈浪费的"面子工程"给村民带来的极大负担,还使乡风民风更为清朗、淳朴,增强了邻里之间的团结和睦氛围。二是通过榜样人物的示范引领作用,弘扬时代新风,塑造时代新人。江苏省宜兴市新建镇通过对新时代文明实践示范户进行表彰,激励大家争做文明人,办文明事;黑龙江省龙江县大力推广建设"道德银行",以累积分换实物的方式培育塑造良好乡风、民风、村风。

(二)新时代文明实践中心建设的现实困境

尽管新时代文明实践中心试点单位在察民情、解民忧、暖民心等方面取得了重大突破和丰硕成果,但是全国各地区的文明实践仍然存在着一些问题,比如,部分地区文明实践中心发展存在资金困难;部分地区新时代文明实践中心建设流于形式;常态化长效机制尚未建立;等等。这些问题的存在不仅影响新时代文明实践中心由试点单位复制推广到全国,也会影响人民群众对党组织执政能力的认可度和满意度。在扎实推动物质和精神"双富裕"的共同富裕阶段,既要善于总结新时代文明实践中心各试点单位积累的丰富经验,又要善于发现和破解其中存在的问题和难题,如此才能不断满足人民群众对美好生活的新期待。

(1)经济发展状况和水平是制约新时代文明实践中心的重要障碍。经济、政治决定文化,一个地区的文化发展程度反映着当地经济发展的状况和水平。在中西部和农村地区,由于实现基层精神文化建设的物质基础相对薄弱,财政部门在统筹当地发展规划时,往往会将资金重点投向能够拉动当地经济增长的项目和产业,而对于新时代文明实践中心的建设,往往投资有限甚至会被忽略。这直接导致乡村地区的科教文卫体事业远远落后于城市和东部发达地区,进而影响区域间基层群众精神文化生活享有的实现程度。

(2)部分地区文明实践中心建设流于形式,重视程度不够。当前,大部分新时代文明实践中心试点单位都充分利用当地资源和特色,探索当地百姓喜闻乐见的理论宣讲方式和精神文明活动,并形成了可供全国其他地方深化学习的精品案例。但是在很多城镇和乡村,新时代文明实践中心建设流于形式的"挂牌"现象仍然存在。有些地区为了完成"政治任务",挂起了"新时代文明实践中心"的牌子,建起了"新时代文明实践中心"的活动场地,却没有开展让政策"入脑入心"和丰富群众业余生活的相关活动,或者将新时代文明实践中心建设简单理解为做宣传、办活动。此外,有些地区为了完成任务,全然不顾当地的资源环境和群众的接受习惯,"拿来主义"思想严重;这既违背了党中央关于建立新时代文明实践中心的指示精神,也脱离了当地群众的实际需要,最终导致文明实践流于形式,成效甚微。

(3)文明实践活动开展方式有待创新,常态化和长效化亟待加强。新时代文明实践中心,是党中央在基层宣传新思想、新政策的主要阵地,但长期以来,由于理论教育、知识科普等工作本身的枯燥、晦涩性质，老百姓往往缺乏兴趣或者消化吸收困难。所以，当新时代文明实践中心将理论宣讲输送到基层一线时，老百姓往往积极性不高，常常会出现文明实践中心成员出力不讨好的现象。因此，针对理论宣讲难以入脑入心的问题，就需要各新时代文明实践中心根据老百姓的知识接受能力将枯燥难懂的理论转化为通俗化的语言，或者通过创新理论宣讲的形式增强课堂的吸引力。同时，在一些已经取得一定成就的基层文明实践单位，也存在着常态长效机制亟待加强的问题。比如，一些地区通过挖掘当地文化资源、开展各种类型的文艺活动的形式吸引了群众的注意力，在群众中产生了热烈反响。但是，目前很多地区常态化和长效化的机制尚未建立，会出现文艺活动换汤不换药、志愿活动不规范、群众动员机制和激励机制不健全等情况。

三、新时代文明实践中心建设的路径选择

自2018年全国首批新时代文明实践中心试点工作正式展开以来，各地调动各方力量，创新方式方法，积极探索实践，不断加强优质服务供给，不仅把党的创新理论送入了基层群众，还丰富了群众的业余生活，人民群众的获得感、参与感和幸福感得到极大提升，这些成就的取得充分证明了新时代文明实践中心建设的可行性。在"深化拓展、提质增效"的新阶段，我们要在吸取过去各地区合理做法和经验的基础上，破问题解难题，以不断激发新时代文明实践中心的生命力。

（一）建立欠发达地区经费"兜底"保障机制，促进区域间文明发展平衡

充足的资金支持和有力的财政保障是各地区有效展开新时代文明实践活动的前提条件。在国家宏观政策方面，政府应在中西部一些欠发达地区建立经费"兜底"保障机制，给予中西部地区文明实践建设更多政策和资金支持，以此来平衡东中西部区域之间由于经济发展水平的差异所带来的文化发展不平衡。在微观政策方面，当地政府应结合当地群众文化发展水平和实际需求，采用不同的方式，如邀请专家进行公益讲座、送科技文化下乡等形式给予基层文明实践中心更多的优惠和补贴。同时，政府在统筹资源配置的基础上，也应加大对新时代文明实践中心的宣传推广，引导建立多元化筹资渠道，鼓励支持当地杰出企业家、成功人士、各界爱心人士资助文明实践阵地或者自愿加入文明实践活动中来，积极为基层文明实践争取经费和人力支持。

（二）强化基层干部队伍思想意识，保障文明实践工作有效展开

在新时代文明实践中心建设过程中，针对部分地区干部重视程度不够、敷衍了事的情况，上级党委和政府部门应引起高度重视，采用恰当合理的方式积极促进其思想意识转变。一是要加大对各级领导干部关于新时代文明实践中心目标、要求、任务、内容、步骤等各方面的培训工作，促进其对新时代文明实践中心"是什么""为什么"的全面理解和掌握，从而能够在政治认同的基础上积极发挥主观能动性，高效展开"如何做""认真做"的实践。二是要根据术业有专攻，成立专门的新时代文明实践中心管理和运行机制。当地政府部门应根据新时代文明实践中心的目标要求设置专门的岗位，招纳吸收各类理论素养扎实、乡土文化能人艺人、熟悉当地风土人情的志愿者、掌握新媒体传播运营技术的人才等参与文明实践阵地建设，由专业的人办专业的事。三是建立监督考察机制。上级党委政府要及时对下一级的文明实践建设工作进行考察评估，对一些"浑水摸鱼""执行不力"的实践中心进行通报批评，并设置相应的惩罚机制，由此督促其认真履行职责，从而保障文明实践工作有效展开。

（三）因地制宜创新文明实践新平台，不断满足人民群众多样化的文化需求

为了避免新时代文明实践中心死板僵化、流于形式，就要因地制宜不断创新其平台建设，保障文明实践的可持续性。其一，新时代文明实践中心要结合新媒体传播特点，拓展文明实践内容的呈现形式。在信息化网络化时代，人们习惯于通过手机短视频、视频直播等方式获取信息。因此，新时代文明实践中心在内容呈现和传播时，应紧紧抓住当地群众的真正需求，对理论教育、政策宣讲、文艺汇演等基层文明实践的内容进行生动、立体的传播。同时，运用大数据、云计算等技术，对当地群众的兴趣、爱好、生活习惯进行综合分析，并以此为依据，制定个性化、多元化的宣传教育内容，从而提升宣传教育效果。其二，新时代文明实践中心要拓展活动的内容。当下网络技术飞速发展，网络上各种信息铺天盖地，呈现爆炸性传播。要时刻保持群众对文明实践活动的热情，就要不断丰富文明实践的内容，举办形式多样的文化活动。一方面，既可以深入挖掘当地文化资源，又可以通过宣传当地群众的好人好事、讲解当地传统美食、习俗、展览当地群众的原创文艺作品等增强居民对家乡、社区的认同感、自豪感和归属感；另一方面，借助传统节日举办体现当地特色的文化活动，将传统佳节与当地习俗相融合，营造浓厚的传统佳节文化氛围。以此提高当地群众的积极性和参与度，助推新时代文明实践中心永葆生命力。

第二章

实践做法

协同治理视角下新时代文明实践中心与县级融媒体中心的运行逻辑与优化路径研究

赵家璇[①]

【摘　要】

新时代文明实践中心与县级融媒体中心是党中央在新的历史条件下为扎实做好基层工作的全新举措,是推进习近平新时代中国特色社会主义思想走深走实、落地基层的重要载体。两个中心建设以来,"文明实践＋融媒传播"的工作模式不断取得突破,基层思想文化水平、精神面貌显著提高,但同时也要注意到,在由基层政府、宣传部门、社会组织等多元主体参与的两个中心建设工作中,缺乏明确的参与机制、权责界限以及行为准则。为提高两个中心的建设水平,本文基于协同治理理论,探索两个中心嵌入基层形成多元主体治理的新局面,提高线上传播、线下文明实践的协同效应,优化两个中心建设效能。

【关键词】

新时代文明实践中心;县级融媒体中心;协同治理;多元参与

一、问题的提出

基层是党的工作的"神经末梢"和重要"肌体"。习近平总书记指出,在我们党的组织结构和国家政权结构中,县一级处在承上启下的关键环节,是发展经济、保障民生、维护稳定的重要基础。新时代以来,党和国家高度重视基层意识形态、思想文化工作以及人

---

① 作者简介:赵家璇,男,华中师范大学国家文化产业研究中心硕士研究生。

民群众的社会服务需求。2018年7月,中央深改委审议通过《关于建设新时代文明实践中心试点工作的指导意见》,正式提出新时代文明实践中心建设工作,着眼于凝聚群众、引导群众,以文化人、成风化俗;8月,习近平总书记在全国宣传思想工作会议上又提出"要扎实抓好县级融媒体中心建设,更好引导群众、服务群众"。建设新时代文明实践中心与县级融媒体中心是党的基层工作的创新之举,是面向新时代,推动县域发展、推进乡村建设、促进基层现代化的有力决策。作为服务群众的"最后一公里"与媒体融合的"最后一公里",二者是距离基层群众最近,关系最紧密的一环,建强用好两个中心将有利于夯实党的基层工作阵地,筑牢党的执政根基。

两个中心在全国采取"试点先行、逐步拓展"的推进方式。一方面,各试点县区结合本地实际情况率先开展工作,积累成功经验,先行建出一批成果典范,然后再将建设工作在全国展开、提质增效。另一方面,作为基层工作机制的全新嵌入,两个中心建设涉及党委政府、文化宣传部门、文明实践所(站)、志愿者队伍、基层群众等多元主体,需要各方面力量的相互协作、共同完成。然而,在两个中心的建设过程中还存在诸多困境。例如,多元主体尚未形成治理合力,协同效应低下;对发挥两个中心群众服务与思想宣传功能的探索不足;缺乏动员多主体参与的渠道和激励机制;缺乏明确的建设指南,各主体对如何开展工作还较为模糊。对此,本文以协同治理理论为视角,探索多元主体参与两个中心建设的协同运行机制,明晰各行为主体的角色定位,引导治理主体有序参与,促进文明实践和融媒传播向深处发展。

二、基层两个中心的功能所向

(一)思想政治引领

意识形态工作关乎党和国家的兴衰存亡。习近平总书记指出,要加强党对宣传思想工作的全面领导,旗帜鲜明坚持党管宣传、党管意识形态,必须牢牢把意识形态工作的领导权、管理权、话语权掌握在手中。基层是思想政治工作的首要阵地,要进一步扩大政治思想理论在基层的影响力、夯实党的意识形态根基,牢牢掌握基层意识形态领导权。基层两个中心上接党心、下连民心,负有将党的意志思想向基层传达的重要职责,是新时代推动基层宣传思想工作守正创新的重要抓手。与过往自上而下、"黑板报式"、"党委大院课堂式"的思想政治宣讲方式不同,两个中心贴近群众,往往从"小切口"入手反映"时代大道理"。

文明实践中心综合本地群众文化素质水平等因素,创新方式方法,在遵循"接地气""面对面""浅显易懂""循序渐进"等宣讲原则的基础上,用入乡随俗的方言俚语和表现形式,以开放式的"农民沙龙""圆桌会议""小班教学"的方式常态化开展"居民说事点""拉话话"等活动,把思想政治引领搬到田间地头、搬到村民们常常聚集拉家常的大树下、池塘边,向村民们讲解其最关心的农业政策,将先进理论和国家大政方针播撒在群众当中。同时,思想理论宣讲与惠民服务、文化生活、情感交流等相结合,让基层群众在参与和体验中提高对思想理论的认识,增进政治认同、思想认同和情感认同,逐步内化于心、外化于行,新时代文明实践中心将在很大程度上提升基层思想政治生态。

对于县级融媒体中心而言,作为各级党委政府特别是基层党委政府的喉舌机构,融媒体中心建设有助于提高基层党委政府用网治网水平,推动思想政治工作与信息技术深度融合,打造群众思想政治工作的重要平台。发挥基层舆论阵地职能,巩固扩大主流思想舆论,传递党的声音,把思想政治工作融入主题宣传、形势宣传、政策宣传、成就宣传、典型宣传之中,落实到党报党刊、广播电视、社区(村委)大喇叭以及新媒体等各级各类媒体之中,不断提高新闻舆论传播力、引导力、影响力、公信力,不断增强社会主义意识形态的凝聚力,同时也可以提升基层群众学习新时代中国特色社会主义思想的针对性和实效性,把广大基层群众团结凝聚在中国特色社会主义伟大旗帜下。

(二) 精神文明建设

精神文明建设是提振基层群众精神面貌、提高群众文化素养的重点工程,其目的在于开展移风易俗,发展乡风文明。党中央明确指出,"乡风文明"是实现乡村振兴的总要求,是乡村振兴之"魂"。

新时代文明实践中心的核心在"文明",其本质就属于精神文明建设范畴。2022年中央一号文件提出,依托新时代文明实践中心、县级融媒体中心等平台开展对象化分众化宣传教育,弘扬和践行社会主义核心价值观。对于弘扬社会主义核心价值观、宣传社会主义先进文化、持续推动移风易俗,新时代文明实践中心是精神文明建设的重要实践场域。依托实践中心(所、站、点)等公共空间,运用规训、教化、实践、宣讲、熏陶、志愿服务等形式,在基层广泛开展群众性的精神文明创建活动,深入实施公民道德工程,评比文明村镇、文明家庭和道德模范,发挥榜样引领作用,将互帮互助、尊老爱幼、关爱他人等社会文明风尚送进基层,将社会主义核心价值观与相声、小品、戏曲、歌舞等表演形式有机融合,在基层反复施加行为引导、思想引导和价值引导,让群众做文明实践的亲历者、践行者,在潜移默化中影响群众的思想观念、价值判断和道德情操,推动时代新风走进基层,形成文明乡风、良好家风和淳朴民风,促进精神文明实践共同体的构建,进而推动社会文明的整体进步。县级融媒体中心发挥着新媒体优势,实施精准传播——传播主体精准定位乡村受众、传播内容精准定位本土特色,针对不同受众采取不同的传播策略与传播方式以达到提升乡风文明的传播效果,成为弘扬时代新风的精神文化家园,实现乡村文化的繁荣振兴。

（三）基层社会治理

"郡县治则天下安"。推进社会治理,关键在党,落脚点在基层,基层社会治理是国家治理的基石。习近平总书记强调,基层强则国家强,基层安则天下安,必须抓好基层治理现代化这项基础性工作。十八届三中全会提出,完善和发展中国特色社会主义制度,推进国家治理体系和治理能力现代化是全面深化改革的总目标,新时代文明实践中心与县级融媒体中心作为新型治理机制嵌入基层,是新时代党治国理政、完善基层治理格局的全新举措。

从新时代文明实践中心来看,作为基层工作的全新部门,实践中心坚持以人民为中心,强调发挥基层党组织的领导作用和党员先锋模范作用,由基层党委和政府统筹谋划,组织、宣传、凝聚和服务群众,调动广大基层群众的积极性,引导群众参与。文明实践中心三级架构组织明确,上传下达,散布于基层社会系统的网格节点。县级文明实践中心负责文明实践工作的统一协调和组织实施,指导乡镇、村文明实践所(站)开展工作,研究制定工作规划;乡镇文明实践所发挥承上启下作用,按照统一规划部署,结合实际抓好落实;村级文明实践站结合农村群众的生产劳动和实际需要,根据上级要求,运用本地资源开展工作。

从县级融媒体中心上看,其社会治理功能体现在信息传播、沟通联系和动员组织等方面。将县级融媒体中心的社会功能与基层社会治理的具体场域进行对接,厘清县级融媒体中心嵌入基层社会治理的内在机理和价值定位,找准关键场域,为基层社会治理提供力量支撑。打造全媒体的传播体系,既成为畅通基层群众意见表达、利益协调和权益保障的有效通道,又把服务延伸到基层、把问题解决在基层,切实强化基层治理。

此外,关于以文化推动基层社会治理,十九届四中全会指出,"发展社会主义先进文化、广泛凝聚人民精神力量,是国家治理体系和治理能力现代化的深厚支撑"。推进基层文化建设,新时代文明实践中心是繁荣发展社会主义先进文化、筑牢广大群众文化认同的重要抓手,可以为基层社会治理提供精神引领;县级融媒体中心以其在信息技术和传播效能上的优势为基层拓宽文化建设维度,推送着社会主义思想文化内容,由此全面提升基层群众的文化素养和道德水准,促进基层社会治理德治、法治、自治相结合,深化基层社会治理共同体建设。

（四）公共文化供给

公共文化服务体系是保障人民群众基本文化权益的重要环节。党的十八大以来,我国公共文化建设取得长足进步,但公共文化产品和服务的供给低效和供需错位的问题依然存在,城乡二元失衡、公共文化空间利用率低、文化惠民工程空转的现象仍较为突出。十四五规划提出要完善公共文化服务体系,优化城乡文化资源配置,推进城乡公共文化服务体系一体建设。文化旅游部于2021年6月下发《"十四五"公共文化服务体系建设规划》,对弥补乡村公共文化服务的缺失、推动城乡公共文化服务均等化作出了具体部署。

新时代文明实践中心是新型的公共文化空间,但它不是另起炉灶,而是在以往工作的基础上,盘活基层现有的公共文化资源。打通基层文化组织、乡镇文化站、文化馆、科技馆、图书馆、博物馆、影剧院、体育馆、乡村文体广场以及歌舞团、戏剧团等场所,强调公共文化服务与基层群众文化需求的有效对接,在县、乡(镇)、村设置文明实践中心(所、站、点),开设专门的活动场所,成立相对固定的工作力量统筹协调和组织文化活动,推动文化下乡、文艺进村,举办"文化艺术节""百姓大舞台"等群众便于参与的文明实践活动,建成综合性的公共文化服务平台,让群众在丰富多彩的文化活动中获得精神滋养、增强精神力量。此外,还可以通过各类志愿服务项目引进外部资源,改善基层公共文化的供给现状。

文化活动弥补了基层公共服务的不足,在一定程度上缩小城乡公共文化供给差距,改善了文化供给领域中城乡间的不平衡状态,推进公共文化服务向基层延伸,丰富基层群众的精神文化生活,提高基层群众的思想道德素质和社会文明程度。实践中心的建设将有利于整合城乡公共文化服务运行机制,增加基层公共文化服务供给,推进城乡公共文化服务一体化发展。

三、基层两个中心的建设困境

(一)阵地建设:缺乏明确的参与机制

从两个中心建设发展上看,虽然很多地方都在运用网络平台,自觉采取线上线下相结合的工作方式开展文明实践活动,但是运行效率的提升并不明显,且能够形成品牌和高传播度的活动项目并不多见。有数据表明,全国仅有29.17%的旗县区运用"两微一端"平台和技术开展新时代文明实践活动,[①]这一方面降低了两个中心间的信息沟通和工作效率,不利于资源共享,信息发布延迟,难以保证舆论宣传的时效性,另一方面也难以统筹协调形成传播合力。

---

① 薛来、王晓博:《新时代文明实践中心与融媒体中心融合发展研究》,载《新闻论坛》,2021年第1期,第43-45页。

此外，目前基层两个中心建设还存在资源分散的问题。虽然各地方在县、乡(镇)、村三级都建成了文明实践阵地，组织文化宣传、教育科技、农业农村等相关方参与，但各部门资源分散，各地对推动多元主体的协同参与重视不足，缺乏对多元主体的统一引领，缺少协同治理的工作机制。每个参与主体专业不同、领域不同、沟通效率机制不同，导致资源整合不充分，各自为战的情况还普遍存在，影响基层两个中心实践功能的发挥和运行效率，无法形成强有力的治理合力。

(二) 服务对象：群众参与还有待加强

推进基层现代化，提高基层文明水平，关键在人民群众的积极参与，即"群众在哪里，文明实践就要延伸到哪里"。但是从目前的情况来看，基层群众在文明实践中参与度还较低，主体地位不明显，存在脱离群众所需，脱离基层生产生活、经济发展水平，脱离价值观念、文化素质实际情况，形式化、格式化的文明实践活动，仅仅进行单向式的意识形态灌输工作，造成群众对其内容无法深入领会，参与热情不高，难以在基层引起强烈反响。同时，低参与率又会造成群众的现实需求信息难以被文明实践中心收集，再加上志愿服务的双向对接建设并未实现全覆盖，从而使得自上而下单向式的意识形态灌输现象反复出现，群众真实需求得不到满足，进一步加重群众与文明实践活动、志愿服务的供需矛盾，造成传播隔阂和信息隔阂，也就无法将文明素养厚植在基层建设中，让文明实践失去意义。

(三) 主体力量：志愿服务体系不成熟

《关于建设新时代文明实践中心试点工作的指导意见》提出，新时代文明实践的主体力量是志愿者，要依靠志愿者队伍开展经常性、面对面、基层群众喜闻乐见的文明实践活动，要"做好志愿者的组织引导、登记注册、表彰嘉许、权益保障工作"。作为文明实践活动的生力军，志愿者队伍及其服务质量的好坏是影响文明实践中心运行效果的直接因素，但需要指出的是，由于我国现代志愿服务工作起步晚，发展时间短，尚未在基层建立标准化的志愿服务体系，基层志愿服务建设经验不足。具体表现在以下几个方面：

第一，志愿者队伍人员结构单一。大多数地方的志愿者由本地行政部门的党员干部兼职担任，缺乏外部引进，缺乏基层组织文明实践所需的乡村振兴、社会工作、文化艺术、科普、教育、法律、医疗等多元人才以及善于贴近群众、善于理论宣传的"名嘴"参与，导致志愿者队伍在专业问题上的应对能力不足。此外，"老偏穷"地区的志愿者队伍老龄化问题突出，队伍缺乏活力，与时代发展脱节，与群众所需相背离。

第二,志愿者管理体系缺失。一是缺乏志愿者的激励制度。目前有很多的地方以积分、代币、红榜、志愿时长、文明超市等形式为志愿者发放奖励,但是这种措施并不一定切合实际,形式也较为单一,难以维持志愿者的积极性及志愿服务工作的长效运营。二是缺乏志愿者的培训制度。志愿者的文化水平、思想理念、整体素质、基层工作能力参差不齐,专业培训和指导欠缺,工作能力还有待提高。三是缺乏志愿者的权益保障制度。志愿者往往亲临基层一线开展工作,难以排除遇到危险情况的可能,尤其是在突发的新冠疫情期间,志愿者下沉防疫一线保护人民群众的生命安全,因此也更需要关注志愿者的后顾之忧。

第三,志愿服务理念在我国还未深入人心。志愿服务倡导无私奉献、助人为乐,但是目前积极主动参与志愿服务的社会理念还未在基层扎根,志愿服务率低,积极性不强;志愿服务多是被动参与,以简单地完成任务为目的,仍停留于表面,不利于文明实践活动效果的提升。

四、协同治理理论及其视角下基层两个中心建设的逻辑分析

整合政府、志愿者、基层群众、社会组织等各方力量,使其真正发挥多元协同优势,达到服务群众、联系群众的目的。架起沟通党心民心的桥梁,是优化两个中心建设的关键。近年来,协同治理理论在公共管理领域的广泛应用为基层治理提供了有效的理论支撑。本文这一部分将在分析协同论和治理理论的基础上,厘清协同治理理论的基本要点,借鉴协同治理理论的基本原理为基层两个中心建设提供思路。

(一)协同治理理论的内涵

协同治理理论是一个新兴的交叉学科理论,它是由源自自然科学学科的协同论与源自社会科学学科的治理理论的结合,协同治理简单来讲就是在开放的系统中寻找有效治理结构的过程。

协同论(也称协同学)创立于20世纪70年代,由德国物理学家赫尔曼·哈肯提出。哈肯认为,在一个复杂的系统中,构成系统的大量子系统会在一定规则的引导下产生关联,相互协作、相互影响,在临界点上发生质变,实现系统由无序、无组织向有序、有组织的转变。协同学理论中的核心概念是序参量,它是描述系统从无序到有序质的变化之标志。协同学诞生于物理学领域,但随着学术研究的不断深入逐渐扩展到了其他学科。在目前的研究中,"协同"一词被多数学者用来形容是"1+1>2"的作用效果,即系统所产

生的作用效果（系统功能）并不等同于该系统各个组成部分的简单叠加,系统具有子系统不具备的功能,也就是整体组合效应。因此,我们可以将协同学理论简单地理解为研究系统内部各部分优化组合、从混沌到整体有序变化的学说。

治理研究的开端始自1989年世界银行发布的一篇名为《撒哈拉以南:从危机到可持续发展》的研究报告,报告中提出了"治理危机"(crisisingovernance)一词,成为治理概念大规模使用与深入研究的开始。治理理论主要创始人之一的詹姆斯·罗西瑙在其著作《没有政府的治理》中提出,治理是由共同的目标所支持,这个目标未必出自合法的以及正式规定的职责,而且也不一定需要强制力量克服挑战而使别人服从……治理既包括政府机制,同时也包括非正式的、非政府的机制。1995年,联合国全球治理委员会发布《天涯成比邻》的研究报告提出,治理是个人和公共或私人机构管理其公共事务的诸多方式的总和。它是使相互冲突的或不同的利益得以调和,并采取联合行动的持续过程,它既包括有权迫使人们服从的正式制度和规则,也包括人们和机构同意的或以为符合其利益的各种非正式制度安排。"治理"概念的出现折射出当代社会公共权力行使、社会秩序维护的一次重要变革,总体来说就是这样一个观点:公权力的行使主体未必一定是政府,政府之外的其他主体也可以参与到社会治理中,各个参与主体基于共同的利益目标相互交流,最终实现社会管理权力向社会的分散,改变以政府为核心的社会管理格局。

综合以上两种学说,协同治理理论应运而生。协同治理理论是两种学说的交叉,可简单地说是强调有序统一的协同论与强调多元参与的治理理论的结合,主要逻辑框架就是"多元主体""协同联动",多元主体是前提,协同联动是实现机制。协同治理理论就是在开放的社会系统中,多元主体参与社会公共事务管理,为了共同的社会利益相互协调,共同发挥作用,从而以多元化治理来提高治理效能。

(二) 协同治理理论下基层两个中心建设的逻辑分析

(1) 基层社会呼唤多元主体参与。作为一个有机整体,社会由政府、市场、民众等要素共同构成,随着经济社会的快速发展,多元力量的壮大已经成为不可逆转的趋势——社会主体更加多样,社会问题更加复杂,仍仅仅依靠政府单一力量的管理模式已经与现代治理理念相违背。当政府在复杂的社会管理中失灵,引导多元力量的参与便是改善社会治理方式的题中应有之义。基于此,党的十八届三中全会提出要加快改进社会治理方式,加强党委领导,发挥政府主导作用,鼓励和支持社会各方面参与,实现政府治理和社会自我调节、居民自治良性互动。由此,协同治理构成了我国政府改革的一个组成部分,也是政府权力下放的一个政策过程[11]。从政府管理到多元治理,协同治理反映了我国治理体制转向的基本特征:治理形态由垂直化向扁平化转变,治理手段由命令式向法治化转变,治理机制由治标向治本转变,治理理念由政府一元主体向多元主体共治转变。

在国家治理体系的构成框架中,基层是最基本的治理单元,因此其治理使命也被阐释为推进基层社会协同治理的改革与发展,统筹推进基层治理是国家治理体系和治理能力现代化的基础工程,是管理体制改革在基层的延伸。2017年,中共中央、国务院发布《关于加强和完善城乡社区治理的意见》,提出支持多方主体参与乡村治理,建立乡村治理工作协同运行机制。2019年,十九届四中全会发布《关于坚持和完善中国特色社会主义制度推进国家治理体系和治理能力现代化若干重大问题的决定》(以下简称《决定》),《决定》提出要构建基层社会治理新格局,强化党委领导,完善基层群众参与社会治理的制度化渠道,发挥群团组织、社会组织作用,推动社会治理和服务重心向基层下移,把更多资源下沉到基层,实现政府治理和社会调节、居民自治良性互动,夯实基层社会治理基础。2021年4月,中共中央、国务院发布推进新时代基层治理现代化建设的纲领性文件《关于加强基层治理体系和治理能力现代化建设的意见》(以下简称《意见》),《意见》提出要建立党组织统一领导、政府依法履责、各类组织积极协同、群众广泛参与,自治、法治、德治相结合的基层治理体系。

基层社会呼唤多元主体的参与,而作为现代治理领域一种重要的研究范式,包含着引导多元主体参与和序参量规范原理的协同治理理论可以为基层治理改革提供有效的理论支撑。对于这两大核心要点,多元化思想契合了鼓励多元参与,整合各方力量形成合力的治理路径,与我国推进国家治理体系和治理能力现代化的目标相呼应。而关于序参量规范原理,哈肯将其称为"使一切事物有条不紊组织起来的无形之手",那么引申至社会治理领域后它的含义就表达为规范多元行为体的治理规则,它决定社会系统有效运行的秩序,包括治理制度、监督管理、工作方法、组织领导、群众需求等,并作为行为准绳对多元主体的参与发挥规范和引导作用。

(2)协同治理在基层两个中心建设中的理论优势。新时代文明实践中心与县级融媒体中心作为基层治理改革实践的全新进路,同样适用于在协同治理理论的指导下开展工作,具体表现在以下四个方面:

一是治理主体的多元化。两个中心作为新型工作机制嵌入基层,在这个机制中有基层党委政府、广电宣传部门的组织方,有志愿者队伍的服务方,有基层群众的需求方以及各级学校、社会组织的参与方等相关主体,两个中心以其平台搭建和队伍优势将这些力量整合起来,统筹参与思想宣传、群众服务、舆论营造、移风易俗、电子政务等基层事务,充分发挥各行为体在资源、知识、技术上的优势,实现基层治理"整体大于部分之和"的治理功效。

二是治理目标的一致性。新时代文明实践中心着眼于"凝聚群众、引导群众,以文化人、成风化俗",依靠志愿者力量组织文明实践活动,县级融媒体中心通过传播矩阵传递党的声音,反映群众呼声,并不断开发服务群众日常生活需求的应用功能,成为基层主流舆论阵地、综合服务平台和社区信息枢纽。虽然两个中心在建设标准、运行方式上各有不同，但是在基层事务中，二者的出发点和落脚点都是一致的，存在相同的理念和共同的工作阵地，通力合作打通服务群众的"最后一公里"。

三是治理资源的整合性。在地资源是两个中心建设的最大优势，包括新闻信息资源、语言资源、服务资源、风土人情资源、自然资源等富有特色的资源，此外再加上志愿者资源和融媒体平台的技术支撑，这些资源构成了两个中心深耕基层阵地的核心竞争力，开发利用这些在地资源能够在两个中心建设中加深与群众的情感共鸣，让两个中心建设更容易获得群众认同。

四是治理规则的协调性。在两个中心建设过程中，依赖于协同治理理论中序参量原理的支配，多元主体的功能边界和治理规范得以明确，厘清了各行为体的参与范式，起到了规范行为、维护秩序的作用。

五、协同治理视角下基层两个中心建设的优化路径

（一）建立多元主体协同参与的治理机制

基层协同治理的实现需要相关主体的共同参与，充分发挥多元力量，充分调动各方面的积极性，构建"党委领导、队伍落实、多元参与"的治理机制。

（1）发挥基层党组织的领导作用。两个中心建设涉及农业农村、广电宣传、科教文卫等多个部门，基层党委在其中负责统筹与领导工作，协调相关职能部门参与文明实践活动；在县、乡（镇）、村成立文明实践的三级机构，成立志愿服务总队、小队以及各式各样富有特色的专业队伍，并由县级党委书记担任总队长。

（2）强化两个中心工作协同。首先要坚持线上线下共同开展工作。新时代文明实践中心组织全县志愿服务力量对接群众需求，开展群众喜闻乐见的文明实践活动，融媒体中心则要积极深耕"两微一端"、广播电视等传播媒介，开拓文明实践的网上阵地。其次要坚持资源共建共享。文明实践中心和融媒体中心要加强互动，打造基层舆论的生产与传播体系。一方面，文明实践中心面向基层，围绕基层群众服务开展的文艺活动和帮扶活动带有明显的亲民性，可以生产出大量反映新时代群众精神面貌的新闻素材。另一方面，融媒体中心则可以凭借其传播矩阵迅速完成采编工作，为文明实践活动第一手的新闻素材提供多种传播渠道和快速传播效能，报道群众身边事，让理论宣传和思想教育更接地气，由此构建"文明实践内容生产＋融媒体中心新闻报道"的基层新闻舆论宣传模式。同时也要积极调动其他资源参与两个中心建设，整合各阵地平台，推动县域治理工作方法、参与主体、实现路径的集成创新，促进县域治理能力和治理水平的整体提升。发挥县委党校、各级学校、公益组织、各类协会、乡镇企业参与社会事务的优势和

作用,在实践中为两个中心建设补充增益。以地方高校为例,要充分发挥思想政治、社会工作等专业在学科上的突出优势,积极探索两个中心"校地共建"模式,引导高校智力资源向基层倾斜,鼓励师生参与,组建大学生宣讲团。组织专业课堂,开展知识传授、技能下乡、志愿者培训等活动,深入基层文明实践所(站、点)开展文明志愿服务,推动两个中心建设向专业化、精细化方向发展。

(二) 建立以群众需求为核心的治理机制

基层群众也是构建两个中心多元参与的关键一环,必须紧紧围绕群众需求开展工作,并将其作为重要的序参量标准指导两个中心建设。

(1) 坚持以人民为中心的工作原则。围绕群众现实需求组建志愿服务队、策划志愿服务项目,在群众关心关注的民生话题和社会热点中寻找文明实践活动的切入点,提高供需匹配效率。同时,还要发挥人民群众的主体作用,尊重群众首创精神,鼓励农村党员、乡贤能人、基层创业者带头组织文明实践活动,引导群众做文明实践的参与者、实践者和践行者。

(2) 建立以群众需求为核心的互动机制。互动机制的突出之处在于它为群众开通了便捷、亲民的意见反馈和表达渠道,时时刻刻关注和紧贴基层群众的服务需求,在实践中心与基层群众之间建立双向的沟通渠道,扩大群众参与,扩大群众在基层治理中的话语权,以此为出发点制订两个中心的工作计划,并将其列为衡量两个中心基层建设效果的主要依据。通过这个互动机制,作为供给方的两个中心可以倾听群众声音,收集群众意见,充分发挥自己所承载的基层精神文明建设、舆论宣传职能;作为需求方的广大群众则可以通过便捷高效的渠道反馈意见,由此增强与党委政府的联系,密切两个中心与群众的距离。

(3) 搭建公众意见反馈的线上平台。群众通过平台提出反馈意见,两个中心收到反馈后作出回应,由此形成以群众需求为核心的公共服务管理闭环。以浙江省湖州市吉安县为例,吉安县新时代文明实践中心借助融媒体中心的数据分析服务平台,打造了文明实践"阵地资源库""群众需求库""志愿项目库""文明实践库"等数据库,通过县级融媒体信息采集、生产、分发、接收和反馈,对新时代文明实践中心阵地使用率、群众需求度、活动参与度、项目好评度进行数据分析与效果研判,为新时代文明实践工作提供数据支撑和决策参考,满足群众多样化、立体化、差异化的需求。

(三) 完善两个中心基层治理的管理机制

(1) 构建志愿服务"六单"机制。整合志愿服务资源,推出扶贫帮困、法律维权、农业农村、移风易俗、家教助学、便民利民、医疗卫生、科普宣教等志愿服务品牌。创新志愿服务的"派单"机制,形成百姓点单、专业制单、政府买单、平台派单、志愿送单、百姓评单的"六单"模式,并根据党委监督和群众评价作出回应,及时实现供需对接,提高文明实践工作的针对性和服务效率,精准回应群众的服务需求。

(2)构建志愿者保障机制。一是加强志愿队伍多元化、专业化建设。建立志愿者信息数据库,优化志愿者人员结构,吸引更多不同专业、不同领域的人员加入。注重志愿队伍年轻化建设,保持队伍的更新与活力;引导志愿者参与专业培训,提升基层工作能力,提高思想水平和整体素质。二是完善志愿者激励制度,开展志愿者评选活动,对群众口碑良好的机构和个人表彰星级文明称号;设立财政专项资金,施行物质奖励与精神奖励相结合的激励办法。此外还要注重保障志愿者的基本权益,改善工作环境,保护志愿者的人身安全。

(3)构建文明实践考核评估制度。由文化宣传部门制定具体的评价标准,建立文明实践和志愿服务工作的考核机制。文明实践活动的开展要严格按照服务项目确定的内容、形式进行,自觉接受基层党委和群众的监督评定。对文明实践中心建设成效、文明实践机构服务质量、重大文明实践惠民项目的实施情况进行评估,对志愿者工作建档记录,并将其纳入基层党建考核,纳入意识形态工作和精神文明建设考核,定期评比,推优评先,以评定结果作为参选文明单位的重要依据。

(四)推动两个中心网络阵地建设

习近平总书记指出,随着互联网特别是移动互联网发展,社会治理模式正在从单向管理转向双向互动,从线下转向线上线下融合,从单纯的政府监管向更加注重社会协同治理转变。

发挥数字优势,建成两个中心高效工作的网上平台,开发集调度管理、活动发布、民意表达等多功能于一体的指挥中枢,形成文明实践"全域一张网"的管理模式。通过该平台的统一指挥实现志愿者的招募、调度和管理、志愿服务的派遣、群众的需求表达和意见反馈的文明实践工作闭环链。搭建基层社交平台,建立"社区服务网",完善主流媒体的社交功能,将线上的网络表达同线下的文明实践活动有机衔接,使群众需求从"线下收集"向"线上响应"转变,政府服务从"单向满足"向"双向互动"转变,网上网下同频共振。

打通传统阵地与新兴阵地,实现融媒体中心的资源拓展。整合域内广播电视、政府网站、报纸杂志、"两微一端"、县委宣传部等资源,互联互通"台、网、微、屏"等传播媒介。搭建"中央厨房",形成"一次采集、一次生成、多端发布"的信息传播链,成为本地区新闻搜集、整理、开发、应用的统一平台,基层舆论的主流声音。

推动文明实践中心入驻融媒体客户端,打造涵盖理论宣讲、文化服务、志愿服务、政务服务的"移动"平台。制作"文明实践地图",标注区域内文明实践站、点的位置信息,实时呈现各站、点的工作情况,并及时收集群众所需,实现可视化管理和远程指挥,以数字技术提高志愿服务质量。综合运用"两微一端"和多媒体手段,借助学习强国、手机党校、网络学院、文明办网站等理论学习平台,开设"文明实践"专栏,开设政治思想宣讲频道,制作文明实践主题的宣传动画,报道文明实践活动的先进典型和特色标杆,创新宣讲手段,创新宣讲形式,全程参与文明实践活动传播,提高宣传的有效性。

新时代文明实践中心建设的成效与困境
——以 Z 市为例

肖丽敏[①]

【摘 要】

新时代文明实践中心自 2018 年提出已有 5 年的时间,从部分试点到遍地开花,从经验不足到逐步成熟,当前对于新时代文明实践中心成效和困境的研究在很大程度上为其今后的完善发展指明方向,而目前学界对此方面的研究还相对不足。没有调查就没有发言权,本文以笔者在 Z 市为期 21 天的暑期调研为基础,以新时代文明实践中心建设目标为对照,以 Z 市新时代文明实践中心为对象,对新时代文明实践的成效和困境进行深入剖析,并提出完善新时代文明实践中心建设的对策,以期丰富此方面的研究成果。

【关键词】

新时代;文明实践;成效;困境

一、新时代文明实践中心建设的目标

新时代文明实践是党中央为实现全面建成社会主义现代化强国而作出的重大决策部署,在诸多方面都有建设引领作用,为了便于对新时代文明实践中心的建设成效进行总结,笔者将新时代文明实践中心建设的目标分为巩固党的执政之基、深入推进移风易俗、加强基层社会治理、夯实基层文化阵地、有效开展志愿服务这五个方面。

---

① 作者简介:肖丽敏,华中科技大学马克思主义学院 2020 级硕士研究生。

(一) 巩固党的执政基础

党的基层组织是党的全部工作和战斗力的基础,在组织体系方面,党的基层组织是党的整个组织系统的基础,在队伍建设方面,党的基层组织是党的力量不断增长的源泉,在工作部署方面,党的基层组织是全党一切工作的落脚点,在党群关系方面,党的基层组织是党密切联系群众的桥梁。[①] 要深化新时代文明实践,动员和激励广大农村群众积极投身社会主义现代化建设,打通基层公共文化服务的"最后一公里"[②]。新时代文明实践中心要充分发挥基层党组织的优势,发挥基层党组织的孵化引领作用,强化政治功能,提高政治能力,引领基层群众听党话、跟党走,筑牢中国共产党执政的群众基础。学习实践科学理论,"这是新时代文明实践中心排在第一位的任务"[③],新时代文明实践中心要不断学习实践科学理论,形成理论掌握群众、群众运用理论的良好局面,积极宣传党的理论政策,用乡音传党音,把和群众利益切身相关的政策讲清楚搞明白,把工作做到群众身边,把党的温暖送到群众身边。基层党组织提高自身能力、密切和群众的联系为巩固党的执政基础提供了源源不断的动力,新时代文明实践需要基层党组织不断加强基层精神文明建设,这正是对基层党组织提出的新的考验,既是基层党组织不断完善自身的过程,也是我们党不断巩固执政基础的过程。

(二) 深入推进移风易俗

中央文明办一局的《建设新时代文明实践中心指导手册》中明确指出了新时代文明实践中心在移风易俗方面的任务:"大力开展移风易俗、弘扬时代新风行动,破除陈规陋习、传播文明理念、涵养文明风尚。以抵制天价彩礼、厚葬薄养、大操大办、铺张浪费为着力点,从教育、制度、监督等方面探索常态长效的措施和途径,倡导婚事新办、丧事简办、小事不办,切实减轻群众负担。"[④]新时代文明实践中心要将营造新文明风尚作为重要目标,以新时代文明实践站为重要载体,开展乡风民意评选活动,建立并完善村中民主评议会、道德风尚评议会、红白理事会、禁毒禁赌会等,鼓励成立群众组织,让群众远离落后文化的侵蚀,形成良好文明新风尚。积极推动农村地区移风易俗,对乡村陋习的整治是

[①] 吴美华:《马克思主义党的学说和党的建设》,中国人民大学出版社2007年版。
[②] 新华社:《黄坤明在建设新时代文明实践中心试点工作专题会议上强调 推动党的宣传思想工作在基层实起来强起来》,载《党建》,2018年第11期。
[③] 中央文明办一局:《建设新时代文明实践中心指导手册》,学习出版社2020年版,第20页。
[④] 中央文明办一局:《建设新时代文明实践中心指导手册》,学习出版社2020年版,第24页。

新时代文明实践中心加强基层精神文明建设的重要方面,也是全面推动乡村振兴的重要组成部分,农民对美好的居住环境的渴望与乡村肮脏不堪之间的矛盾,农民对文明新风尚的渴望与当下农村地区歪风陋习之间的矛盾等等,这些已经成为农民对美好生活向往道路上的绊脚石,积极推进移风易俗工作更多的是为民造福,是为人民服务的体现。

(三)夯实基层文化阵地

新时代文明实践中心要坚持以文化人、以文育人,积极举办一些群众喜闻乐见、积极参与的日常文化活动,让群众在这些活动中获得精神滋养、文化滋养,丰富其精神世界,增强其精神力量。新时代文明实践中心是创新农村基层思想文化工作、提升基层治理能力、加强基层文化建设的新载体。[①] 充分挖掘传统文化精神,结合新时代新形势取其精华、去其糟粕,结合地方特色实现创造性转化、创新性发展。

新时代文明实践工作要精准把握基层群众的文化需求,有针对性地举办文化活动,切勿追求活动的形式化主观化,要懂得盘活资源。对于村中一些闲置房屋进行更新改造,将其改造成为书屋、绘画室、象棋室、乒乓球室等一些群众切实需要的场所。为群众丰富日常生活提供物质条件,村中定期举办影片放映活动,对村中老人的日常喜好进行调研,播放这些老人喜欢的影片,关爱老人们的心理健康,为这些脱离智能产品的老人带来精神食粮。除此之外,对于乡村传统文化的保护也是新时代文明实践文化阵地的重要部分,这些都是涵养新时代文明风尚的汩汩泉水,乡村传统文化不仅包括对乡村古建筑的保护,也包括对乡村传统道德的传承,对出生在该地优秀红军战士的纪念,等等。对于一些特色古建筑要注重保护,不要让经济发展的速度带走乡村的温度,弘扬以和为贵的传统道德风尚,妥善解决邻里冲突,利用本地特有的红色资源进行思想政治宣传。新时代文明实践中心离不开坚强文化阵地的支持,文化阵地是文明新风尚的一部分,一个地区文明新风尚的形成必定离不开文化的滋养。

(四)有效开展志愿服务

志愿服务是社会文明进步的重要标志,"志愿服务队是开展文明实践活动的主要力量",[②]开展志愿服务是新时代文明实践工作的主要内容,也是新时代文明实践开展活动的主要形式。对于志愿服务的开展,我们必须牢牢把握群众的真正需求,将志愿服务做

[①] 聂晓葵:《提升新时代文明实践中心建设水平》,载《经济日报》,2019年12月27日。
[②] 中央文明办一局:《建设新时代文明实践中心指导手册》,学习出版社2020年版,第103页。

到群众"心坎儿"里,有效开展志愿服务。群众对于美好生活的向往就是我们的奋斗目标,满足群众的真实需求就是我们开展志愿服务的奋斗目标。新时代文明实践中心成立的志愿服务总队在新时代文明实践组织体系中处于龙头位置,成立三级联动的志愿服务组织体系,总队负责对基层志愿服务队的指导和管理,基层志愿服务队要认真贯彻落实志愿服务总队的指导,落实志愿服务工作。志愿服务总队要配备"8+N"志愿服务队,"8"即理论政策宣讲、文化文艺服务、助学支教、医疗健身、科学普及、法律服务、卫生环保、扶贫帮困八类常备队伍,"N"是指若干具有自身特色和优势的志愿服务队。[①] 积极扩大基层志愿服务范围,党员干部要带头参与,争当志愿者,深入基层深入群众,用实际行动为群众排忧解难,机关事业单位也要积极参与,调动各方力量,履行好自己的职责,积极发展社会队伍,将社会上一些热衷于志愿服务的力量吸收进来。在志愿服务管理方面,要实施动态管理,以加强志愿服务的整体效能,根据志愿者个体特点分配合适的志愿岗位,开展专业培训,提高志愿者的能力和素质,完善激励机制,对表现突出的志愿服务队进行嘉奖,形成志愿服务的良性竞争。

二、新时代文明实践中心建设的成效

根据上述新时代文明实践中心建设的目标,笔者对 Z 市新时代文明实践中心建设的成效进行了总结。Z 市在积极推进新时代文明实践的过程中,在五个方面取得了一定的成效——习近平新时代中国特色社会主义思想深入人心、移风易俗工作取得阶段成果、基层治理的活力不断激发、乡风文化得到传承保护、志愿服务的如火如荼开展,但也存在某些方面的不足。

(一)基层党建工作卓有成效

建好新时代文明实践中心,就是要突出思想引领,落实基层党组织和党员干部的政治责任。[②] 新时代文明实践中心成立"理论宣讲志愿服务队",加强基层的理论宣讲工作,举办各式各样的理论学习讨论会,开展习近平新时代中国特色社会主义思想进企业、进农村、进机关、进校园、进社区、进网络、进家庭,全面落地见效,鼓励群众积极参与学习,让党的理论深入基层,"飞入寻常百姓家"。除此之外,基层党建的成效还表现在农

---

① 中央文明办一局:《建设新时代文明实践中心指导手册》,学习出版社2020年版,第104页。
② 中央文明办一局:《建设新时代文明实践中心指导手册》,学习出版社2020年版,第49页。

村党支部书记及党支部的治理水平得到有效提升,对基层群众的服务更具有针对性、有效性,农村基层党员的政治能力不断提升。2013年,习近平总书记在全国宣传思想工作会议讲话中强调,做好宣传思想工作必须全党动手。基层党建工作也不例外,基层党组织履行好自己宣传群众、教育群众的职责,将思想政治工作融入基层党建,不断加强自身学习,对百姓关心的政策能面对面讲出来,设置专门的便民服务站,能够及时把握群众的思想政治动向,熟知群众的困苦,及时帮助基层人民群众排忧解难,使得"有困难找支部,有困难找党员"成为常态,在解决实际问题和思想问题相结合的过程中凝聚共识和力量,真正做到思想工作常态化。

(二)移风易俗取得阶段成果

新时代文明实践为乡村移风易俗工作提供了重要支撑,不仅表现在对于乡村环境的治理,也表现在对于乡村婚丧嫁娶陋习的整改,甚至是乡村政治环境的净化。

在Z市新时代文明实践中心下面的乡镇进行走访时,我们了解到,这个村庄之前环境非常差,杂草丛生、排污不畅、垃圾遍地,"垃圾靠风刮,污水靠蒸发"是当时当地情况的真实写照。农村环境的落后严重阻碍了农村的发展。在当地村两委和书记的带领下,在新时代文明实践中心的共同努力下,该村进行了彻底的环境整治,将污染严重的小池塘进行清理;合时宜地种植一些绿色植物,如荷花,并注重后续池塘的管理;村里进行旧路翻新,将之前的土路、石子路变成水泥路,一方面是村里交通得到改善,另一方面下雨之后道路不再泥泞不堪,也有助于提升村容村貌。除此之外,对农村污水废水也进行了净化处理,为村里每家每户安上独立的卫生间,以解决村里面污水横流的情况,最终将这些生活废水和污水分开,净化水质,最终将可以利用的水进行二次利用,流入村庄湿地,用于农业灌溉。有效治理村前村后垃圾,不仅规范有害物质的处理,还可以对可回收物进行回收利用。目前,Z市556个村建立了农村生活垃圾收运处置体系,76723户农户厕所、578座农村公厕改造任务已全部完成。

在农村地区,婚丧嫁娶大操大办一直都是压在农民身上的重担,农民一年到头辛苦挣的一点钱,到头来份子钱花去一大半,碍于面子的厚重婚丧办理仪式、日益攀比的高昂份子钱、天价彩礼等,这些被称作"死要面子活受罪"的陋习确实需要进行移除,有的甚至已经由之前单纯的美好祝愿变成了扭曲的敛财工具。在尝到别人随份子的甜头之后,除了婚丧,还有新添子孙、子孙满月、家里搬进新房子、孩子考上大学等,他们就会大事小事都要操办,成为收取份子钱的理由,这样一来,份子钱就失去了其原本的意义和价值。针对上述问题,Z市新时代文明实践中心指导的新时代文明实践站开展农村"红白事"改革工作,在村庄大力提倡"大事小办,小事不办",专门成立负责全村婚丧嫁娶的红白理事会,在提倡勤俭节约的前提下,统一负责操办村中的"红白事",村民随份子钱也进行统一规定,每户100元。这样就在很大程度上遏制了随份子攀比的之风,改变了过去"红白事"铺张浪费的情况,大大减轻的农民的负担。

（三）乡村文化得到传承保护

乡村文化是一个乡村悠久历史的见证,是一个乡村得以发展延续的基础。乡风文化的传承和保护是新时代文明实践工作的重要一环,是乡村精神文明建设的重要内容,新时代文明实践推动乡村精神文明建设在一定程度上表现在对乡村文化的传承和保护上。对乡村文化的继承不仅表现在对于乡村传统美德的继承、和睦的邻里关系,也表现在对独特的乡村古建筑的保护,甚至是对村中历史名人的纪念。

在跟Z市下属村庄的村支书交谈的过程中,我们了解到,该村近10年没有出现过大的邻里冲突,村民相处和和睦睦,村风纯朴。村民之间出现一些小摩擦时,村支书和村中有威望的长辈就会出面调解。在乡村长期形成的民俗中,村中一些长辈的威望在很大程度上要大于一些条条框框的制度。和谐美好的乡村居住环境和邻里关系是每一位村民的美好生活期盼,也是新时代文明实践中心追求的目标,弘扬以和为贵的传统道德观念是该村支书治理村庄的智慧所在,也是新时代文明实践工作者的职责所在。除了传统美德的传承,村中千年古树和古建筑也得到很好的保存。在村支书的带领下,我们参观了村中的古建筑。村中有一颗千年古树,这已经是一代又一代人的共同记忆,为了保护这棵千年古树,2010年,新时代文明实践站工作人员将树根垫高,加设了一圈护栏。在该村不远处的另一个村子,村中有一个古井,这个古井中的水一年四季甘甜如蜜,因村中有威望的人都喝过这口井中的水,所以这口井也被村民赋予了美好的寓意,每当有游客过来参观时,这口被完整保留下来的古井就是一道亮丽的风景线。新时代文明实践工作离不开红色资源的支撑,Z市由于地理位置的优势,曾是中国工农红军某军的发源地,所以出了很多革命烈士,在新时代文明实践中心的努力下,在该市建立专门的烈士陵园,让很多烈士重回故里,还将现在未被拆除的烈士故居保留下来,以供人们参观和缅怀。这些红色资源的保存本身就是鲜活的思想政治教育形式,新时代文明实践中心每年清明节开展烈士陵园扫墓志愿活动也成为该市特色红色活动之一。Z市新时代文明实践中心对于乡村文化的保护工作是值得肯定的,当然也离不开乡村振兴工作的共同努力,新时代文明实践中心以形成良好的乡风文明新风尚为目标,这一目标的实现离不开对乡村优秀传统文化的继承,优良的乡风,属于乡村共同的记忆,这些都是非常珍贵的财富。

（四）志愿服务如火如荼开展

志愿服务是新时代文明实践的核心，也是新时代文明实践的工作形式，新时代文明实践工作的开展就是通过组织各式各样的志愿服务队来实现的。所以，一个地区志愿服务的活跃程度在一定程度上可以反映当地新时代文明实践的建设情况。

Z 市自新时代文明实践中心成立以来，积极组建新时代文明实践志愿服务队，并指导新时代文明实践站逐步完善志愿服务队，新时代文明实践中心至今已经有 1.38 万名志愿者，1534 个志愿服务队，并且服务时长高达 50.73 万小时，志愿服务活动的种类也在不断增多，服务范围不断扩大，围绕理论政策宣传、乡村振兴、民生服务、生态保护、文明风尚这些方面组成志愿服务队，并开展相关志愿服务活动。

三、新时代文明实践中心建设的困境

（一）新时代文明实践三级管理有待畅通

新时代文明实践中心、新时代文明实践所和新时代文明实践站是为积极推进新时代文明实践工作而设置的三级组织管理。在新时代文明实践建设过程中，省级和市级新时代文明实践中心分别承担着总负责和抓推进的职责；县级新时代文明实践所作为承上启下的"一线指挥部"，[1]其地位和作用尤为突出，不可或缺；村级新时代文明实践站负责实施，对新时代文明实践工作的落实起到了关键的作用。但在当前新时代文明实践建设过程中，新时代文明实践三级管理有待畅通；新时代文明实践三级管理主要是命令与被命令的关系，而不是指导与被指导的关系；志愿服务队之间缺乏统一领导，共享平台和通道未打通，实践活动开展标准和规范不统一，孤岛情况严重[2]。在某种程度上，下级新时代文明实践站开展的一些新时代文明实践活动也是应付上级的检查，这样就会造成一些活动被重复开展，浪费了一些资源，三级管理不畅通不仅增加了新时代文明实践的成本，也影响了新时代文明实践开展的效果和质量。

---

[1] 中央文明办一局：《建设新时代文明实践中心指导手册》，学习出版社 2020 年版，第 192 页。
[2] 李康：《乡村振兴背景下新时代文明实践中心建设面临问题及对策研究——以 W 市为例》，河南大学硕士论文，2020 年。

(二)新时代文明实践阵地不够牢固

新时代文明实践阵地要紧紧围绕理论阵地、实践阵地、网络阵地展开。①理论阵地主要存在对党的理论政策宣传不到位的问题。对于一些党的理论政策宣传没有及时学习、及时更新,这样的理论宣讲是远远不够的。新时代文明实践理论阵地要坚实,要将宣传习近平新时代中国特色社会主义思想作为自己的首要政治任务,大力做好理论宣传和党史学习教育活动。②实践阵地存在活动形式过于单一、实践场所不足、实践志愿者的质量和数量不达标的问题。活动形式过于单一就会使得群众的参与率大大降低,这与新时代文明实践志愿服务的初衷是背道而驰的,实践场所等这些物质条件的不满足和志愿者数量质量的不达标等,都会使得实践活动的质量大大降低,这些都会成为新时代文明实践阵地不够牢固的因素。

(三)新时代文明实践活动创新不足

当前各地新时代文明实践中心不断完善,活动也在如火如荼地开展,但不可否认的是,新时代文明实践活动也存在一些问题。实践活动缺乏创新,经常会出现"上面忙得一头劲,下面群众不参与"的情况。新时代文明实践的活动要以群众可以接受、喜闻乐见的形式来组织,否则,新时代文明实践活动效果就会大打折扣。新时代文明实践活动内容过于陈旧,创新不足,有时候一部电影能反复放映,一支宣讲队伍近两年都没有人员流动,宣讲内容基本上没有更新,存在着简单生硬、刻板说教等问题,而且不能与时俱进,大多是简单的照本宣科,没有根据群众的文化水平和接受能力适当的变通,在结合地域特色和当地居民群众特殊需求方面有所欠缺。这就导致了开展的实践活动反响一般,活动效果也不尽如人意。[①]

(四)新时代文明实践队伍亟须壮大

新时代文明实践建设存在专业人才不足的问题,以 Z 市为例,Z 市新时代文明实践中心没有专职人员,人员全部是从其他单位抽调过来临时组成的,其他地方的新时代文明实践中心大多也都存在类似的问题,这种问题在新时代文明实践站的表现就是新时

---

① 刘明:《山东省新时代文明实践中心建设研究》,载《智库时代》,2020 年第 4 期。

代文明实践工作被忽视。在基层调研过程中我们了解到,在新时代文明实践站建立之初还会有人员专门办公的办公场所,后面由于一些其他原因,办公场所一再被挤占,直接就没有了这些专门的场地,这些临时抽调出来组成新时代文明实践中心的工作人员大都还担任其他角色,还有其他的工作,只有在收到通知说新时代文明实践中心有领导同志来视察时才会抓紧做一些表面上的工作。这些都是阻碍新时代文明实践发展的因素。时代的发展离不开人才,乡村振兴的实现也离不开人才,新时代文明实践工作也不例外。

农村本身对于培养这些新时代文明实践人才是有一些局限性的,而一些有抱负的青年人才看到乡村环境大都会望而却步,所以,新时代文明实践缺乏专业人才是必然的现象,农村地区想要通过雄厚的经济实力挽留青年人才是不现实的,其本身就不具备这些经济实力,所以农村只能通过美丽的乡村环境、青年人的情怀和抱负来留住这些人才,乡村振兴的宏伟目标离不开广大青年人才的投入,有青年的地方才有活力,才有发展的无限可能。

四、完善新时代文明实践中心建设的对策

笔者主要从以下四个方面来展开论述新时代文明实践中心建设的对策,也主要是围绕上述提到的新时代文明实践建设的困境。首先就是要畅通新时代文明实践管理,主要是中心、所、站三级的管理;其次就是要筑牢新时代文明实践阵地,主要是理论阵地、实践阵地、网络阵地三个方面;再次就是要创新新时代文明实践活动,主要从活动温度、活动力度、活动效度这三个方面展开;最后是要壮大新时代文明实践队伍,从培养本土人才、吸引外来人才、健全人才机制来具体提出对策。

(一)畅通新时代文明实践管理

新时代文明实践的三级管理要畅通,要充分发挥新时代文明实践中心的统筹功能,没有新时代文明实践中心的统筹就没有主心骨,新时代文明实践中心负责制定年度工作的规划时要切实考虑到下级的客观情况,要加强对下级新时代文明实践工作的指导和沟通,保持良好的互动,对培训教材、人员队伍、活动项目等作出相应计划并指导具体实施,要切实做好志愿服务队、志愿服务者的登记和嘉奖工作,真正发挥其统筹的功能。新时代文明实践所是连接新时代文明实践中心和新时代文明实践站的桥梁,发挥着承上启下的作用,所以新时代文明实践所要注重和上下两级的沟通,将上级的安排和任务

准确传达，真正做到下级指令与下级实施的精准对接，做好新时代文明实践工作志愿者的组织引导和日常管理等工作。新时代文明实践站主要是做好政策和活动的实施，落实上级布置的新时代文明实践任务，并运用本地的资源优势，组建符合当地特色的志愿服务队。新时代文明实践三级管理要保持良好的沟通，设置贯通的体制机制，定期组织新时代文明实践研讨会，有效调配相关资源，进行力量协调，常态化开展新时代文明实践活动，增强新时代文明实践工作的组织凝聚力。

（二）筑牢新时代文明实践阵地

筑牢新时代文明实践阵地主要从理论阵地、服务阵地、网络阵地三个方面展开。理论阵地主要是指新时代文明实践开展党的理论学习、党的政策宣讲、党史学习教育，理论阵地要加强对习近平新时代中国特色社会主义思想的学习，建设新时代文明实践必须把宣传习近平新时代中国特色社会主义思想作为首要政治任务。要加强对理论宣讲人的培养，注重理论宣讲活动的开展，将基层群众感兴趣的政策讲清楚讲明白，让思想政治理论工作伴随新时代文明实践的全过程全方面。服务阵地主要就是指新时代文明实践活动的服务方面，包括志愿活动的设置、志愿活动场地的选择、志愿者的人选等。建设好实践阵地必须优化志愿活动的设置，举办群众实需要、喜闻乐见的志愿服务活动，要提供志愿服务活动的物质保障，满足开展志愿服务的需求，要加强对志愿者人员的筛选，保障志愿服务的顺利开展。网络阵地是新时代文明实践的创新阵地，要顺应时代发展要求，当今无人不网、无时不网，利用网络进行新时代文明实践工作是我们必须掌握的一种活动形式，建立网络新时代文明实践云平台，让群众可以轻松网上"点单"，也要注重与县级融媒体的创新融合，实现网上网下同频共振，唱响主旋律，扩大主流思想舆论阵地。

（三）创新新时代文明实践活动

关于完善新时代文明实践活动的对策，主要从活动温度、活动力度和活动效度三个层面来论述。活动温度主要是指新时代文明实践所开展的活动是否能给群众带来切实的帮助，是否有"温度"。这就要求在开展新时代文明实践活动时，充分了解民意、体察民情，了解人民群众的切实需求，具体到哪些是常规性志愿服务、哪些是补给型志愿服务等，以将志愿服务真正做到群众心坎里，带给群众温暖。活动力度是指新时代文明实践活动志愿精神发挥的程度、经费花费的大小等，志愿活动的举办不能是"蜻蜓点水般"的形式主义，要将志愿服务的精神发挥到最大限度。这也要求在对志愿者的选择上要有一定标准和规则,不允许滥竽充数的人员混入其中,在志愿服务经费问题上,要制定严格的审批流程和规范的制度,保障这些经费全部用于活动支出,全部用在人民群众身上。活动效度是指新时代文明实践活动最终是否取得了预期的效果,活动能否起到改变的作用等。新时代文明实践活动不能只追求短期的效益,要践行"授人以鱼不如授人以渔"的真理,在活动设置时就要将怎样取得长期效益考虑到其中,充分发挥新时代文明实践活动的最大效能。

(四)壮大新时代文明实践队伍

新时代文明实践的可持续发展需要重视新时代文明实践队伍的扩大,没有后续人才的参与就没有新时代文明实践的长效发展。在专业人才的培养方面,一是要注重本土人才的培养,这就要求充分吸收当地的新时代文明实践工作者,这些工作者包括村里的宣传委员、村中有名望的一些长辈、积极参与志愿活动的当地志愿者,他们生于当地长于当地,对当地乡土人情较为了解,可以对他们进行团结教育培养,使之今后可以成为新时代文明实践可以依靠的力量;二是要学会吸引外来人才,新时代文明实践需要的人才仅仅依靠当地培养肯定是远远不够的,要注重吸引外来人才。吸引外来人才也包括两个方面,一方面要注重吸引从当地走出去的人才返回家乡进行建设,这需要依靠乡土情怀,注重对这些人才的乡土关怀,另一方面是吸引外地人才前来定居,除了优越的经济条件的吸引,也可以通过美好的环境、淳朴的民风来吸引,利用青年人的抱负吸引人才;三是要注重健全人才机制,给予人才更多的上升空间,为人才提供更多的保障。

研究生支教团助力新时代文明实践中心建设研究

宋 冰[①]

【摘 要】

党的十八大以来，以习近平同志为核心的党中央高度重视精神文明建设，全国基层建立了一大批新时代文明实践中心，成为宣传习近平新时代中国特色社会主义思想的重要载体，对动员和激励广大农村群众积极投身社会主义现代化建设起到了积极作用。当前中国特色社会主义进入新时代，我国脱贫攻坚战取得决定性胜利，如何通过新时代文明实践中心把脱贫攻坚和乡村振兴结合起来值得我们深入研究。志愿者在文明实践的建设中起着十分重要的作用，研究生支教团项目整体持续时间长，志愿者学历层次高、工作思路新颖、积极引领新风尚，赢得了社会的高度评价。本文通过梳理部分高校研究生支教团在文明实践中的具体做法和存在的问题，提出可推广、有指导意义的路径，对研究生支教团继续发挥专业优势，把脱贫攻坚和乡村振兴结合起来有着重要意义。

【关键词】

志愿者；新时代文明实践；脱贫攻坚；乡村振兴

一、研究生支教团助力新时代文明实践中心建设的意义

新时代文明实践工作从根本上讲是我国新时代基层宣传思想文化工作和精神文明

[①] 作者简介：宋冰，男，武汉理工大学马克思主义学院2020级硕士研究生，2019年7月—2020年7月担任武汉理工大学研究生支教团队长，在贵州省三都水族自治县支教扶贫1年，团队在当地新时代文明实践中心打造的志愿服务项目获评省部级奖励10余项。

建设的重要组成部分，以县（区）、乡（镇）、村（街道）三级设置为主体的新时代文明实践中心，是完成新时代文明实践工作的重要抓手。在当前基层地域广泛、人员众多以及基层治理相对薄弱的现实背景下，依靠志愿者队伍建设来推动新时代文明实践工作，有着特殊的现实紧迫性。中国青年志愿者扶贫接力计划研究生支教团项目自1999年正式派遣，以"志愿+接力"的方式，在全国重点高校招募有保送研究生资格的本科毕业生或在读研究生，到中西部地区的贫困县开展为期1年的支教扶贫工作。研究生支教团志愿者除完成日常教学外，还利用周末、寒暑假和节假日开展理论宣讲、关爱青少年儿童等活动，对当地精神文明建设起到了推动作用。

（一）国家人才资源与公共资源统筹利用的需要

从性质上来看，新时代文明实践中心是直接深入县（区）、乡（镇）、村（街道）的组织，它不是国家机关，但具有更加深入基层、更近距离接触群众的特点与优势。根据《关于建设新时代文明实践中心试点工作的指导意见》的规定，学习实践科学理论、宣传宣讲党的政策、培育践行主流价值、丰富活跃文化生活、持续深入移风易俗，是新时代文明实践中心所要承担的重要任务。可见，新时代文明实践中心建设是新时代宣传思想文化工作和精神文明建设向基层推进的重要方式，是宣传思想文化工作和精神文明建设在内容以及方式上的与时俱进。因此，在统筹利用原有人员、阵地与平台资源的基础上建设志愿服务队，实行志愿服务形式，具有现实可行性与紧迫性。具体而言，新时代文明实践中心所承担的工作任务要求承担主体（主要指志愿者）具备高度的专业性，故而其人员主要来源应包含两方面：一是党政机关、国有企事业单位，特别是涉农部门、宣传部门、教育部门、文化和旅游部门、住房城乡建设部门以及学校、党校（行政学院）的在职人员；二是乡土文化人才、科技能人、科技特派员、律师、"五老"人员、退休文化工作者、先进人物、文艺志愿者、大学生志愿者、创业返乡人员等。这些志愿者的本职工作或优势特长与新时代文明实践中心所承担的具体任务之间具有高度的契合性，必然成为新时代文明实践工作的主体。同时，既然新时代文明实践中心的性质是宣传思想文化工作和精神文明建设向基层的延伸，那么，如果实行"重起炉灶、再拉人马"的方式，一方面不能够保证新时代文明实践中心的专业性，另一方面也会造成不必要的资源浪费，对我国加速进行的社会主义现代化建设产生"扯后腿"效应。

因此，统筹利用现有专业人员，整合现有基层公共服务阵地资源，打造理论宣讲平台、教育服务平台、文化服务平台、科技与科普服务平台、健身体育服务平台，充分发挥志愿服务的作用，是实现新时代文明实践中心有效运行的最佳方式。研究生支教团和其他志愿者相比，在助力新时代文明实践中心建设的过程中有以下几点优势：一是参与服务的时间比较稳定、周期比较长，可以利用晚间、周末、节假日和寒暑假的时间集中、多次开展活动;二是队伍素质较高,成员均为重点高校有保送资格的本科毕业生或在读研究生,学习能力较强,无论是备课内容还是形式都能紧密围绕国家最新方针政策,将政治理论"飞入寻常百姓家"。

(二)基层社会治理现代化的需要

国家治理体系和治理能力现代化是我国全面深化改革的总目标。党的十九届四中全会立足新时代的新要求,提出应坚持和完善共建共治共享的社会治理制度,完善"党委领导、政府负责、民主协商、社会协同、公众参与、法治保障、科技支撑"的社会治理体系。基层社会治理作为社会治理的重要组成部分以及薄弱环节,一定程度上决定着我国治理体系和治理能力现代化建设的速度与成效。新时代文明实践中心推动习近平新时代中国特色社会主义思想更加深入人心,进一步加强和改进农村基层宣传思想文化工作和精神文明建设,打通宣传群众、教育群众、关心群众、服务群众的"最后一公里"的职能定位,使其具备了群众与政府间的"桥梁"功能,从而成为实现基层社会良好治理的重要组织形式。从政府与社会之间相互关系的角度来分析,构建共建共治共享的社会治理格局,也就是要求政府与社会共同致力于构建人人有责、人人尽责、人人享有的社会治理共同体。这说明在社会治理中,每一个人都身在其中而非置身于事外;人民群众作为国家和社会的主人,既是社会治理的重要参与者,同时也是社会治理效果的最终受益者。因而,在新时代文明实践中心的运作过程中,人民群众不仅是工作的对象,还应是新时代文明实践工作的主体,最终实现新时代文明实践工作应由人民群众自主完成。人民群众自主进行新时代文明实践工作,意味着人民群众能够自觉、自愿地完成新时代文明实践各项任务。在自我学习、自我教育、自我管理、自我服务的自治模式的形成过程中,志愿者的服务是以"人人为我,我为人人"为前提的。然而就当前我国基层社会现状来说,我们还处在实现新时代文明实践工作人民群众自治模式的最初阶段,仍需要党委和政府积极发挥引领作用,调动自身资源和社会力量,组建专业化的志愿服务队,以志愿服务的形式推动新时代文明实践工作扎实开展,并最终实现基层社会的有效治理。

(三)培育青年马克思主义者和社会主义事业接班人的需要

研究生支教团项目设计之初,其定位就是中国青年志愿者扶贫接力计划的先导工程和示范项目,是共青团贯彻落实国家"八七扶贫攻坚计划"的具体举措之一。始终坚持支教扶贫,着力围绕中心、服务大局,这是研究生支教团的本源初心;始终坚持实践育人,着力培养坚定的青年马克思主义者,这是研究生支教团的根本使命;始终坚持志愿服务宗旨、弘扬志愿精神，这是研究生支教团保持活力的精神动力。党和政府高度重视研究生支教团工作，习近平总书记多次通过回信、批示、讲话等方式，对研究生支教团作出重要指示。2011年11月，习近平总书记在研究生支教团相关专题报告上亲切批示："搞好西部艰苦地区教育工作，师资很重要。团中央、教育部组织实施西部支教扶贫工作，是团工作的创新之举。"2013年12月5日，在中国青年志愿者行动实施20周年暨第二十八个国际志愿者日之际，习近平给华中农业大学"本禹志愿服务队"回信："历史和现实都告诉我们，青年一代有理想、有担当，国家就有前途，民族就有希望，实现中华民族伟大复兴就有源源不断的强大力量。希望你们弘扬奉献、友爱、互助、进步的志愿精神，坚持与祖国同行、为人民奉献，以青春梦想、用实际行动为实现中国梦作出新的更大贡献。"

研究生支教团志愿者在基层学校潜心教书育人，是高等教育对基础教育反哺的生动体现。志愿者在新时代文明实践中心宣讲的过程，就是将党的理论内化于心、外化于行的过程，他们更真切感受到什么是"全面建成小康社会，一个都不能少"，更深入了解到中国最基层百姓的实际需要。支教一年，自教一生。研究生支教团志愿者带着这份牵挂，返校读研后开展学术研究，把论文写在祖国的大地上，将理想抱负和家国情怀投身到工作岗位，成为有过硬本领的青年马克思主义者。同时，支教团志愿者通过优秀学子报告会等平台讲述个人支教扶贫经历，引导和动员更多高校学生通过接力支教走进基层，弘扬奉献、友爱、互助、进步的志愿精神，践行社会主义核心价值观，续写新时代的雷锋故事。

二、研究生支教团助力新时代文明实践中心建设的路径

（一）聚焦服务大局，传播先进思想

马克思在《〈黑格尔法哲学批判〉导言》中曾经指出：理论一经群众掌握，就会变成改造世界的物质力量。但如何让理论宣讲更有实效性，值得新时代文明实践中心志愿者队伍深入探究。武汉理工大学研究生支教团是贵州省三都县三郎社区新时代文明实践中心志愿者队伍的重要力量，他们聚焦宣传教育这一主责主业，发挥各自所学专业的优势，开发最符合居民"口味"的讲堂，运用快板、唱歌、现场演示、"三句半"等创新形式，调动群众参与积极性。宣讲内容将习近平新时代中国特色社会主义思想和党中央指示精神同社区安全、急救常识、健康养生、教育政策、法律知识等身边的小问题结合起来，帮助群众理解中国共产党以人民为中心的发展思想，增加群众对以习近平同志为核心的党中央的信赖，坚定实现伟大复兴中国梦的信念。理论宣讲对当地群众来说，进一步补充了他们的精神之钙，增进其政治认同，这对加快当地脱贫和乡村振兴有着十分重要的意

义,使之牢记嘱托、感恩奋进,开启新征程。

(二) 调动多方资源,助力乡村振兴

社会主义的本质是最终实现共同富裕,因此新发展理念中提到了"协调"一词,我国社会主要矛盾已经转化为人民对美好生活的需要同不平衡不充分发展之间的矛盾,地区之间、行业之间、城乡之间的差距仍需要我们解决。自实行西部大开发战略以来,对口帮扶让西部地区经济快速发展,但"授人以鱼不如授人以渔",物质帮扶不是解决问题的长久之计,产业扶贫和持续增强经济欠发达地区内生动力才是走向共同富裕的必由之路。研究生支教团志愿者通过调动广泛的校友资源,依托校友企业带动经济欠发达地区走向产业升级。新时代文明实践中心不仅能传播先进思想,还可以对群众进行就业创业培训,比如农学专业背景的志愿者结合互联网平台帮助农民调整种植结构,提高产品附加值,打造适销对路的农业体系。法学专业背景的志愿者重在普及商务合同和劳动合同知识及其注意事项。贵州省黔南州三都县是全国唯一的水族自治县,马尾绣是水族的非物质文化遗产,志愿者通过互联网平台为当地马尾绣产业代言,让"绣娘"们更有干劲,有助于强化其社会功能,切实提升生活品质。研究生支教团志愿者通过调动高校校友资源,联动当地人社(人力资源和社会保障)、农业、商务、文旅、共青团和妇联等部门(单位),让广大群众的社会功能得到强化,切实提升生活质量和水平。

(三) 发挥专业优势,活跃文化建设

教育是民族振兴、社会进步的基石。教育公平关系千家万户的未来。教育是阻断贫困代际传播的根本途径。针对一些农村家庭的家长双双外出打工的情况,研究生支教团依托各地新时代文明实践中心开展"七彩四点半"和"七彩假期"等活动,辅导留守儿童完成基本课业,开设音乐、舞蹈、手工和美术等形式丰富的第二课堂,丰富当地儿童的艺术世界,帮助他们树立远大理想,增强他们的自信心。研究生支教团志愿者还结合改革开放 40 周年、新中国成立 70 周年和建党 100 周年等重大节点开展文艺汇演,将红色文化和党的声音用大众喜闻乐见的形式展现出来,活跃了当地文化事业。汇演邀请当地群众和留守儿童一同参与节目展示,这样既提高了活动参与度,又提升了他们在新时代文明实践中心的归属感。

三、研究生支教团助力新时代文明实践中心建设的问题和对策

虽然研究生支教团志愿者理论功底相对扎实,但基层工作经验较少,且每届志愿者服务时间为一年,因此存在不够系统化、科学化、持续化的情况。

(一) 存在的问题

(1) 基层工作经验不足,宣讲效果有待提高。研究生支教团志愿者绝大多数都是第一次下基层,对基层的情况了解大多来自学校老师课堂上的讲述或岗前培训,对群众的宣讲方式还无法摆脱与学校教学类似的定式思维。比如,宣讲时间过长、语速过快都会影响听众的接受效果。尽管志愿者在备课时坚持让宣讲内容尽可能"接地气",运用更通俗易懂的语言,但大多数受众的受教育水平参差不齐,整体素养还是不够高,因而实效性有待进一步提高。

(2) 志愿者服务期有限,宣讲连贯性需要加强。每届研究生支教团志愿者的服务期只有一年,新一届志愿者上岗后对当地风土人情和群众特点的熟悉、了解需要一个磨合期。存在同一个主题面向相同的群众机械重复宣讲的现象,这样会降低群众的参与度,进而影响文明实践预期的成果。另一方面是先前制订的工作计划一年后仍得不到进一步推进,宣讲的高度和深度没有得到升华,一定程度上也属于资源浪费。因此,不同届别志愿者队伍之间要花更多的时间做好衔接,让文明实践的成果持续用力、久久为功。

(3) 人力经费场地紧张,制度保障需要完善。一是志愿者数量相对群众数量来说偏少。研究生支教团志愿者在支教的学校除承担基本的教学工作外,还要兼任部分行政工作和共青团工作,有一定工作压力。如果周末在新时代文明实践中心负责的课程过多,则会影响活动质量。二是经费紧缺。虽然新时代文明实践中心是由宣传部门牵头、多家单位共同配合,但大多数基层地区的经费有限,面向群众发放宣传资料和添置留守儿童课堂的教学道具等都是一笔不小的经费。三是场地紧张。一些新时代文明实践中心场地面积设计过小,宣讲厅无法容纳过多的群众,多媒体设备也没有完全跟上,由此导致很多宣讲和文艺活动失去了更多的展示渠道,也限制了活动本身的创新性。志愿者只靠言语去调动群众的积极性比较困难,加之活动频率比较高,一定程度上会给群众带来疲劳感。因此需要各地党政部门出台相关保障政策,配齐队伍规模,提高经费标准,拓展活动场地,让新时代文明实践中心建设的步伐行稳致远。

（二）对策

（1）加大理论宣传志愿者的培养力度。一是进一步创新宣讲方式。适应当今资讯发达、思想开放、文化多元的社会新形势，改变以往单一的靠拉横幅、贴标语、发放宣传材料的宣传形式。除借助组织活动、举办讲座等传统手段之外，要善于借助新兴媒体、自媒体开展宣传教育；要增强宣讲内容的吸引力，积极探寻党的理论创新成果与人民大众话题之间的现实契合点、思想融会点。当地宣传部门和团组织开展培训时要善于结合不同群体的实际需求，在理论宣讲中融入本地元素和民族元素，运用群众喜闻乐见的话语，展示理论的魅力，从而统一认识、凝心聚力。不是照本宣科，而是注重看对象、讲方式，以翔实的数据、鲜活的事例、生动的语言、精彩的表述，紧扣主题、引经据典、释疑解惑、有理有据，给人启发、令人信服、催人奋进。

（2）强化理论宣传志愿者的社会激励。美国管理学专家斯蒂芬·罗宾斯认为：激励是通过高水平的努力实现组织目标的意愿，而这种努力以能够满足个体的某些需要为条件。在"理论宣传志愿行"活动中，我们应进一步通过创设一些满足志愿行动所需要的条件，增加理论宣传志愿者的社会价值感，激发志愿者的成就感、荣誉感，提升其积极性、主动性和创造性。一是加大精神激励的力度。对志愿者努力的认可，对其付出的价值肯定，这种精神奖励的实际效果远高于任何物质回报。当前，要加大对"奉献、友爱、互助、进步"的志愿者价值的认同，加大组织上的精神奖励力度，获得社会层面上的成就认同，从而保持志愿者志愿行动的持续工作热情。来自工作本身的内在报酬，如更多的责任、更有趣的工作、个人成长的机会、参与决策等，还有待精心设计和逐步完善丰富。二是强化物质条件的保障。政府机构要十分关注志愿者组织对社会所做的公共服务。虽然志愿者服务行动已纳入经济社会发展的整体规划，但是在实际工作中缺乏一定的财政支持，志愿者行动缺乏必要的资助。基层单位缺少专项宣传经费，如制作理论宣传展板的费用，理论宣传志愿者印制宣传材料的资料费，往返宣传地点进行宣讲的通勤费等缺乏专项的资金，这些都是亟待改进与投入财力的方面。

新时代文明实践阵地建设的资源优化配置问题

李 光[①]

新时代文明实践中心是基层宣传思想文化的坚强阵地。阵地建设需要配置固定活动场所、建立志愿服务队伍、设计志愿服务项目、开展志愿服务活动、配套保障体制机制,这些要素表现为人力、物力、财力、信息等资源的投入,而资源一般是稀缺的至少是相对稀缺的。在资源总量不变的情况下,通过优化资源配置,可以产生投入不变而产出增加的经济效益和节约行政成本、提高治理效能的社会效益。本文所述及的阵地,主要指新时代文明实践的活动场所,兼及志愿服务项目、活动。

一、阵地建设模式上避免"另起炉灶"

建设新时代文明实践中心,是宣传思想工作盘活基层、打牢基础的重要改革。改革并不意味着将过去一切推倒重来,新时代文明实践中心建设不是无本之木、无源之水,它植根于新时代宣传思想工作正本清源、守正创新的深厚实践根基,因而首先要继承过去有用的东西并加以发扬光大。

一是全面激活闲置资源。阵地是新时代文明实践的基础,是集聚人气、开展活动、服务群众的依托。在阵地建设上,不提倡大拆大建,不搞另起炉灶,而是重在加大现有资源的整合力度。统筹基层具有教育群众、服务群众职能作用的各类阵地,优化整合、统一调度、共享使用,把分散在条条块块中的阵地资源统起来,把沉睡的资源激活起来,根据文明实践工作需要,调整改造升级,完善功能区分,提升服务能力,更好地为我所用。如,将闲置的场地设施拓展为科普基地、文化礼堂,避免空置浪费。一枝独秀不是春,百花齐放

[①] 作者简介:李光,男,法学硕士,中共十堰市委宣传部文明创建科科长。

春满园。要注重挖掘各类公共文化阵地服务潜能,把各类阵地资源、文化资源、人才资源等调动起来,提高供给量,扩大服务面,实现规模效应。

二是横向整合部门资源。推动县域范围内各职能部门联动,在机构、人员、设施等权属不变的情况下,打破条块部门界限,从阵地、内容、力量和投入等方面实现资源横向开放、互联互通,创建文明实践大超市,打造文明实践综合体。部门单一使用的阵地,如,政治生活馆、支部书记学院、廉政教育基地、家风馆等各类主题教育阵地,使用频率不高,服务群众能力不饱和,完全可以作为新时代文明实践阵地或者中心、所、站的具体功能分区加以统筹使用。有人认为整合阵地会触及其他部门权益,不好操作,这种担忧大可不必。经济学家罗纳德·科斯通过对社会成本问题的研究,提出:相关经济当事人之间在产权明晰的基础上所进行的自愿谈判能使共享资源的利用效率有所改进。这一科斯定理的启示是,资源共享在能够同时满足双方或多方利益时,其共享就是可能的。整合而成的新时代文明实践阵地,能够探索更加开放多元的运行机制、融通德治法治自治、打造"党群服务、文明实践、社会治理"综合体,是推动基层综合工作的有效平台。

三是纵向下沉优质资源。新时代文明实践的阵地在县域,而公共文化资源富集在市级。为此要建立常态化制度化城市反哺农村机制,开展各级文明单位结对共建新时代文明实践中心、所、站活动,完善上级优质资源向下级的常态化联动输送机制,打通市—县—乡—村资源下行流动补充通道,推动市县优质资源特别是为基层群众服务的资源大幅度下沉乡村,为志愿服务的常态化开展提供人、财、物等方面有力支撑。市级党政机关、企事业单位在推动志愿服务资源下沉中要发挥带头作用,结合自身职能确定支持新时代文明实践具体举措、制定年度文明实践志愿服务项目,为文明实践中心的建设提供实实在在的支持。

二、阵地密度与人口密度相匹配

在县域范围内建成新时代文明实践三级网络体系,实现中心、所、站在县(市、区)、乡镇(街道)、村(社区)全覆盖,这是阵地建设的基本目标。需要探讨的是,全覆盖不是不加区分、整齐划一的全覆盖,要在形式和内容两个方面加以具体分析。

一方面,城区阵地要织密。阵地只有聚集人气才能掌握群众。在落实全覆盖要求上,要贯彻"以人民为中心"的发展思想,把中心(所、站)建在群众身边,建在居民聚集区、重点公共场所等人流密集处,不断提高城乡群众参与文明实践的便捷度、体验度、满意度。阵地不宜建在楼上、坡上、转弯抹角处,不要"养在深闺人未识",要便于老弱群体、残障人士参加文明实践活动。城区、县城人口密度大,文明实践资源富集度高,三级阵地网络体系仍然较为稀疏。文明实践的触角要进一步向基层神经末梢延伸。在中心、所、站三级阵地的基础上,在街区、商区、景区、园区、厂区、校区、服务窗口、教育基地,依托学雷锋志愿服务岗,广泛建设新时代文明实践点,织密文明实践阵地网络,构建"15分钟志愿服务圈"。推动文明实践网格、创文志愿服务网格、社会综合治理网格"三格"互融,共促市域治理效能提升。

另一方面,县域布局要有重点。2022年5月,中央办公厅、国务院办公厅印发了《关于推进以县城为重要载体的城镇化建设的意见》,未来县城在新型城镇化建设中将凸显更重要的地位,政策、项目、资金、人口等发展要素将更多流向县域。湖北省第十二次党代会报告也指出,"要实施强县工程,加快推进以县城为重要载体的就地城镇化和以县域为单元的城乡统筹发展",着眼于增强县城人口和资源环境承载力,着力提高新型城镇化水平,将是今后较长时期全省发展大势所趋。十堰市面临的现实:一是人口进一步向县城集中;二是人口净流出态势严重,2020年县市常住人口减少48.29万人。中央的战略、湖北省委的部署和十堰市的实际,是我们深化拓展新时代文明实践中心建设的重要考量背景。在人口规模较小、流出态势加剧的镇村减少功能完备型所、站建设;因搬迁后靠等导致多个自然村异地集中"合村并居"的,打破行政村界限,采取联建共建方式设置新时代文明实践站,将紧张的资源和有限的人口规模相匹配,集中集约集成配置阵地资源,避免供需结构失衡、资源粗放使用、行政资源浪费等弊端。对那些服务群众面广、服务能力强的地方,阵地建设标准可以高一些,打造一部分示范站点。其他地方以满足基本功能为主,重在强化文明实践中心、所的科学调度功能,加强志愿服务有效供给,以动态的志愿服务应对人口流动趋势。

三、阵地功能定位与人口结构相匹配

新时代文明实践阵地建设布局要和人口结构相契合,充分考虑性别、年龄、收入、知识层次等构成对文明实践供需的影响。从需求侧来看,青壮年、知识层次较高、收入水平较高等群体,对志愿服务(提供帮助)的需求相对较低;老年人群体、儿童群体、困难群体等对志愿服务(提供帮助)的需求相对较高。从供给侧来看,情况恰好相反——青壮年、知识层次较高、收入水平较高等群体提供志愿服务的意愿和能力相对较强,老年人群体、儿童群体、困难群体等提供志愿服务的意愿和能力相对较弱。

(1)性别、年龄结构对志愿服务需求端的约束。"一老一小"问题已成为日益重要的民生问题,在农村尤为突出。在外出务工大县、大镇、大村,留守老人、妇女、儿童占有很大比例。在这些区域配置新时代文明实践阵地资源时,要充分考虑满足这部分群体的生产生活、精神文化需求。十堰市的竹山县有10万外出务工家庭,为解决这些家庭的后顾之忧,竹山县在较大易迁安置点、人口集中村庄建设安幼养老服务中心46家、校外托管中心 20 所,为近万名留守儿童、留守妇女、留守老人提供关爱服务——这是在场所配置方面的倾斜。在老龄化严重的社区,需要设置更多更完善的老年人活动场所,开展更多以老年人为服务对象的志愿服务活动。十堰市茅箭区龚家湾社区是典型的老龄化社区,60 岁以上的老年人占社区总人口的 16.5%。社区创新激励机制,开设"时间银行",倡导"低龄存时间、高龄换服务",鼓励低龄老人为高龄老人提供居家养老志愿服务,服务时长折算为积分存入"时间银行",可以兑换也可存储为将来的养老服务,有效破解了居家养老难题——这是在项目和活动配置方面的倾斜。当然,需求可以被创造,创造需求同样要考虑人口的年龄、性别结构。群众需要理论的指导,需要倾听党的声音。在面向农村留守群体开展理论宣讲时,更多采用"文艺+"形式进行。竹山县"深山歌王"王义富以"文艺+"宣讲的方式讲活党的创新理论,用歌声让党的理论政策"飞入寻常百姓家",推动"伟大让人懂",深受群众欢迎。

(2) 收入、知识层次对志愿服务供给端的激励。一般来说,高校所在区域,公务员、专业技术人员集中居住的区域,青年学生和高知识、高收入等群体占比较高,智力资源密集、奉献精神较强。新时代文明实践应把工作重点放在搭建共建共治共享平台——组建志愿服务队伍、开发志愿服务项目、争取活动资金支持上,吸引他们加入志愿者队伍之中,参与到志愿服务活动中来,在更广范围内服务他人、奉献社会。大学生是可持续开发资源,依托这一群体,便于培育常态长效的志愿服务项目,打造有影响力、公信力的活动品牌。湖北医药学院怡敏义务支教志愿服务队的志愿者们都是在校学生,志愿者数量达到 580 人,志愿服务累计时长达 12 万小时,累计帮助 3000 余名农民工子女健康成长,成为社会治理的重要参与力量。高校是思想政治理论研究、科学研究的重镇,依托这些特色禀赋,开发更多理论宣讲类、科学普及类和专业技术特色类志愿服务项目,向基层提供更专业更有深度的志愿服务。高校周边社区、与高校结对共建的"理论热点面对面"之联系乡镇(街道)、村(社区),在建设新时代文明实践站、点时,应主动设置功能完善的宣讲、科普等场地,用足稀缺资源,满足群众个性化、专业化、精细化的多元需求。群众的需求都是有效需求,而我们的供给未必是有效供给。不断优化志愿服务供给侧的资源配置,促进志愿服务供需平衡,是新时代文明实践的努力方向。

四、阵地服务能力与中心大局相适应

坚持围绕中心、服务大局是宣传思想工作的一条宝贵历史经验。新时代文明实践要发扬这一光荣传统,围绕"国之大者"和"民之盼者"配置资源、开展工作,促进党和人民事业高质量发展。

第一,服务政治大局。要牢牢把握新时代文明实践的政治属性。聚焦传播党的创新理论这个首要任务,持续推动习近平新时代中国特色社会主义思想深入人心、落地生根,筑牢全体人民团结奋斗的共同思想基础。让群众在潜移默化中感受领悟习近平新时代中国特色社会主义思想的真理伟力、实践伟力,引导群众坚定不移听党话、跟党走,教育党员干部自觉忠诚核心、拥戴核心、维护核心。新时代文明实践设置的阵地、组建的队伍、开发的项目、开展的活动、建立的机制都要紧密服务于这一政治属性。要避免活动形式化、肤浅化甚至娱乐化倾向。在新冠疫情防控工作中,创文志愿者就地转为疫情防控志愿者,创文网格直接运用为疫情防控网格,志愿服务应急组织动员、专业救助、支援保障能力得到切实增强,在服务大局中彰显了担当作为。

第二,服务经济发展。经济工作是中心工作,宣传思想工作的极端重要性必须体现在服务中心的能力上。新时代文明实践工作要善用经济规律和市场力量,将文明实践阵地建成"梦工厂",着力加强融资能力和孵化能力建设。发挥财政资金的"杠杆"作用,成立志愿服务基金、文明实践基金,实现基金市场运作;强化中心的孵化功能,重点孵化专业志愿服务队伍和文化创意团队,提高专业化、小众化、应急化志愿服务供给能力,储备文化创意产业市场主体。开发利用十堰市张湾区西沟乡支部书记学院这类具有食宿、教学条件的实体机构,搭建公益性平台,提供场租减免、创业资助、住房支持、拎包入住、一站式创业服务、政策优惠等方面的扶持措施。发挥优质志愿服务项目的经济引带功能,让公益活动产生经济效益。十堰市茅箭区"四史"主题教育影院,开发红色电影配音培训志愿服务,在传播电影技术、传承红色基因的同时,聚集了观影人气,提高了影院收入。

第三,服务农村工作大局。乡村振兴是"十四五"时期农村工作的总体方略,提领农村工作全要素。深化拓展新时代文明实践中心建设,要在乡村振兴中找准定位。一是振兴乡村文化。理论武装是文化赋能的基础。要广泛开辟理论讲堂、红色书屋、政治生活馆、党史馆等多种阵地,深入开展理论宣讲、百姓宣讲、"非遗"传承等志愿服务,加强党的创新理论供给、公共文化供给,强化乡土文化传承,促进文旅融合发展,推动"伟大让人懂""伟大可亲近"。二是改进乡村治理方式。把解决思想问题和解决现实问题相结合,在构建物质家园的同时筑起精神家园。广泛开展普法守法、安全生产、生态环保、健康养老、新风弘扬等志愿服务,精准服务群众生产生活,连通党心社情民意,融通德治法治自治,切实服务基层社会治理。三是促进乡村产业发展。各部门特别是经济职能部门,要在壮大集体经济、提高农民技能、改变农民收入结构等方面发挥积极作用,更多开展项目建设、技术改造、技能培训、产品销售等类型的志愿服务。竹山县组织贫困劳动力接受各类技能培训,6万多农民当起网络主播,绿松石、茶叶、香菇等农特产品每年网销额超过5亿元,带来了切实的经济效益。

新时代文明实践阵地建设的资源优化配置,本质上是将有限的行政资源与无限的群众需求有效匹配,提高文明实践平台运行的有序度和运行质量,从而使政府决策达到最优,形成最大效用,整体提升人民群众福祉。

新时代文明实践中心建设存在的问题及对策探讨

魏能国[①]

从前期试点、全域探索到现阶段高质量深化拓展,各地新时代实践中心建设初步构建了党委书记主责、宣传部门主抓、职能部门主动以及志愿者为主力、基层群众为主体、全社会广泛参与的工作格局,取得了阶段性的成效。但要达到资源整合到位、体制机制健全、服务群众精准的要求,还需要认真梳理一些在实际运行中存在的问题,确保文明实践的动员、整合、引导、服务、创新、保障能力得到巩固和提升。

一、当前新时代文明实践中心建设存在的困难与问题

(一)思想认识站位不高

新时代文明实践中心建设是"一把手工程",各地都制定了县乡村三级党组织书记推进新时代文明实践中心(所、站)建设重点任务清单,但在实际运行中,只有部分三级党组织书记做到了带头摸清群众需求、带头参加文明实践活动。有的职能部门没有完全履行部门联动以发动"8+N"志愿服务队常态化开展志愿服务的职责,主动参与文明实践工作做得不够。还有部分基层干部对新时代文明实践中心建设的重要意义认识不足,对实践中心为什么建、怎么建、要建成什么样等问题认识不清晰,没有将新时代文明实践工作上升到意识形态领域的高度全力推进;还有的则认为开展文明实践活动影响中心工作、浪费精力,实际意义不大,导致具体工作时抓时停,流于形式。

---

① 作者简介:魏能国,中共荆州市委文明办文明实践科负责人。

（二）阵地建设整合不够

新时代文明实践中心建设要求对宣传、组织、文旅、教育、科技等部门的现有基层公共服务阵地资源进行整合，健全县乡村三级文明实践阵地，搭建"理论宣讲、教育体育服务、文化服务、科技与科普服务、卫生健康服务"五大平台。但由于部门壁垒和条块分割没有完全打破，有些地方的各类资源只是进行了简单的"挂牌整合"，没有实现融入文明实践"一盘棋"的"化学反应"，部门资源分散、各自为政的情况并没有完全解决，影响了使用效率和功能发挥。一些乡镇和村居受条件所限，各类活动场地用房不足，改造提升空间较小，无法提升文明实践承载能力。还有一些阵地资源如影剧院、文化馆、活动广场、图书室等设施老化、场地使用率不高，得不到财政和主管部门支持，不能与中心（所、站）建设协同推进。部分融媒体中心、广播村村通和地方网站等媒介资源与新时代文明实践中心融合不充分，没有充分发挥线上线下协同作战的优势。

（三）志愿服务供需不畅

在推进文明实践志愿服务常态化、精准化的过程中，志愿服务的供需对接矛盾仍然突出。一方面，志愿服务提供方不了解需求方的真实需求。由于缺少必要的前期调查、项目设计和岗位培训，一些志愿者和志愿服务组织提供的志愿服务形式老套、内容单一，不能真正满足人民群众日益增长的社会服务需求，没有解决需求方的痛点。另一方面，志愿服务力量分布不均衡。市县一级资源较为集中，人才资源丰富、志愿者服务力量充足，而部分乡镇街道和村、社区资源非常缺乏，主要靠干部队伍充当志愿者。由于对接通道建设不完善，堵点有待疏通，导致部分真正需要帮助的人找不到志愿者，而有服务意愿的志愿者又匹配不到合适的服务对象。

（四）社会治理融入不深

新时代文明实践中心建设旨在打通宣传教育服务群众"最后一公里"，其在基层社会治理领域的独特优势和价值不言而喻。但由于对新时代文明实践中心建设的宣传阐释不够全面生动，没有与受众产生思想情感上的共鸣，导致基层群众对文明实践工作理解不到位，参与文明实践活动的热情不高。加之文明实践形式不够丰富、群众诉求表达渠道不畅通、解决问题的快速响应机制不健全，没有把疏通基层治理的难点作为文明实践的重点。部分新时代文明实践中心(所、站)的引领助力服务功能没有得到充分发挥,不能很好地达到凝聚群众、引导群众、以文化人、成风化俗的目标。

二、高质量深化新时代文明实践中心建设的现实路径

(一) 聚焦压实责任,推进文明实践一体化运行

新时代文明实践中心建设是一项长期的系统工程,必须进一步明确责任,让领导干部知道"为谁干",参与力量知道"怎么干",人民群众知道"一起干",构建齐抓共管的工作格局。

一是强化思想认同。夯实精神文明建设的理论基础,把握新时代文明实践的总体方向,是推动新时代文明实践中心建设提质增效的重要保障。中央明确提出"省级负总责、市级抓推进、县级抓落实"的管理体制,各级党委和政府相关部门必须提高政治站位,强化责任担当,切实增强新时代文明实践中心建设的历史责任感和时代使命感。要采取集中培训、专题辅导等形式提高和强化各级领导干部特别是乡镇党委书记和村"两委"对新时代文明实践中心建设的政治认识和战略认同,借助各类主题活动来推进新时代文明中心建设工作更好地融入日常工作,最大限度发挥各级党组织在文明实践中的战斗堡垒作用。

二是形成工作合力。"横向到边,纵向到底"是新时代文明实践工作的重要目标。县乡村三级纵向组织架构的正常运转,离不开横向上多个部门系统的力量加持。市级由党委宣传部、文明办建立的新时代文明实践中心建设工作联席会议制度,应重点在协调解决工作推进过程中存在的困难和问题、研究制定有关政策和重要项目上发力,统筹协调文化、科技、教育、卫生、农业等部门各尽其职、各展所长。县级"一线指挥部"的"一把手"在履行中心主任和志愿服务队总队长职务的过程中,还要重点统筹协调县域各单位各部门的资源和力量,层层压实参与文明实践工作的责任,确保同向发力、融合共进。

三是提升整合效能。改变现阶段部分地方新时代文明实践中心(所、站)资源整合只是简单挂牌合、效用不高的局面,探索实行阵地资源"清单化"管理。按照"分级整合、分类管理"的原则,中心(所、站)分别整合相应层级的红色文化资源、绿色生态资源和民生服务资源,归属到对应的"五大平台",由新时代文明实践中心(所、站)的后台对资源建立台账,明确资源类型、实践内容和服务对象等具体指标,进行系统化、可视化管理。还有一项是提升人的整合效能,它以"建强工作队伍、壮大志愿服务队伍"为目标,让中心(所、站)工作人员发挥策划调度作用,党员干部发挥先锋模范作用,先进典型发挥示范引领作用,各类志愿者发挥主力军作用,从而保证文明实践活动有温度、有力量。

（二）聚焦赋能基层，推进文明实践资源下沉

一是做实结对共建。结合现阶段市、县相关部门联点共建社区、入驻乡村振兴联系点和下基层察民情解民忧暖民心实践活动工作安排，在深化全国文明单位结对共建新时代文明实践中心的基础上，统筹省级和市级文明单位分别结对共建新时代文明实践所、站，打造"文明携手创，活动一起办"的文明实践新局面。部署市县两级政府部门结对共建1~2个社区（行政村）文明实践站，下移工作重心，做到阵地共建、活动共联、队伍共育。"两新组织"发挥其人才高知化、专业化、年轻化特点，以及物资保障充足的特点，为新时代文明实践中心（所、站）建设赋能，让更多优质资源在基层落地，为百姓造福。

二是推动队伍下沉。只有打造扎根群众身边不走的文明实践志愿服务队伍，才能有效开展更接地气、更有活力、更有温度的文明实践志愿服务。志愿力量下沉到基层，重点是推动市县两级志愿者和志愿服务组织入驻新时代文明实践中心（所、站），深入到社区网格和田间地头，走到群众身边。以志愿者常态化开展"微心愿"服务项目为基础，把服务送到群众心坎上，密切与群众的血肉联系。结合传统节日、重大活动等时间节点，组织志愿服务队在基层应时应节开展理论政策宣讲、文化文艺、医疗健身、法律服务等志愿服务活动。结合"三下乡""323攻坚行动""文艺轻骑兵"等专项工作，把专业志愿服务资源送到基层一线，做到文明实践城乡同步进行、同质推送、同量输出，为基层群众带来更好更有新意的服务。

三是升级平台赋能。在数字化时代背景下，结合现代技术和互联网思维提升新时代文明实践的智能化水平、实现新时代文明实践工作"线上＋线下"同步推进已成共识。当前，应重点将原有试点过程中建设的部分县级文明智慧平台，整合升级为全面支持市、县（市区）、乡镇（街道）、村（社区）四级新时代文明实践体系的市级智慧管理平台，实现智能管理，自下而上收集需求，自上而下组织活动。同时，与省级文明实践枢纽信息平台对接互通，强化省市两级统筹协调作用，推动省市服务资源有序下沉到中心、所、站，通过"四单"模式实现文明实践志愿服务全流程闭环管理。

（三）聚焦需求满足，推进文明实践项目化运作

推进新时代文明实践中心建设，必须走好群众路线。通过准确把握基层群众的特点与需求，精准制订工作计划和活动安排，做到精准发力、有的放矢推进，以确保文明实践活动都能见思想、见精神，有价值导向、有文化内涵、有情感温度。

一是创新普惠性服务项目实践形式。当前，各地围绕教育、文化、科技、医疗、法律等

与群众生产生活密切相关的问题,设计了一批普惠性志愿服务项目。让这些项目更好地生根落地,必须围绕群众关注的难点焦点问题,从源头上提高文明实践活动的针对性和有效性。除了动态发布供需信息、公示活动安排供群众点单外,还要突出本土化和互动性,用"接地气"的表达和"有温度"的内容,进一步创新新时代文明实践的形式,让更多群众参与进来,让他们喜闻乐见,提升他们的参与感、获得感和共同感。

二是整合配送特惠性服务项目。一方面要着眼满足群众个性化、差异化需求,借助村社区党员干部、网格员、志愿者等多方力量,通过入户调查、召开座谈会、线上征集等方式,聚焦空巢老人、困境儿童、留守儿童、残疾人以及特困群体,精准梳理他们的个性化服务需求,定制特惠性服务项目。另一方面还可以将这些项目整合打包成文明实践活动,组织多方力量针对相关群体阶段性推进、常态化实施。2022年,湖北省荆州市公安县新时代文明实践中心将不同组织开发的"自强学堂""为爱护航""快乐驿站""雏鹰翔空""防溺水安全教育"等多个志愿服务项目创新整合,由多个志愿服务队分片包点进驻文明实践站,定期为留守儿童开展志愿服务,着力打造"安字号"新时代文明实践活动品牌,活动效果明显放大。

三是强化品牌项目的监测与评估。借鉴公益组织实施公益项目的做法,构建志愿服务项目事前策划、事中监测、事后评估工作闭环。由新时代文明实践中心(所、站)或志愿服务联合会出台具体办法,在项目实施过程中关注项目运行情况、掌握项目执行进度、发现项目执行中的问题,并及时进行调整。在项目结束后运用"顾客满意度"理论,引入群众评价机制,重点考察和了解服务对象所接受的服务与期望值之间的契合程度,对实施结果、目标和影响力进行评估,总结项目需要改进的内容,进而提出项目经验推广建议,进行志愿者个人效绩评价,做好文明实践参与主体的正向激励。

(四)聚焦多点融合,推进文明实践常态化开展

新时代文明实践工作是新生事物,但它不是孤立的,而是与现有工作高度结合的完整体系,必须注重和现有的工作载体、内容、平台相结合,探索出一套行之有效的工作方法和实践路径。

一是坚持与基层党建深度融合。基层党建活动的主体是基层党组织干部、党员及广大人民群众,其组织能力与行动力的大小直接影响了新时代文明实践的效果。推进基层党建与新时代文明实践同频共振,必须做到以党建为引领,以对接群众需求为导向,整合资源载体,凝聚智慧力量,答好新时代文明实践的"基层答卷"。重点汇聚先锋力量,形成多层次理论传播队伍,活跃宣讲形式,将党的路线、方针、政策作为重要宣讲内容,帮助群众解读政策、熟悉政策、了解政策。突出红色引领打造红色阵地,充分挖掘红色教育资源,丰富红色文化内涵,通过品类丰富的文明实践活动,让广大党员和人民群

众在潜移默化中体验、感悟和接受红色教育,打造党建工作和文明实践融合品牌。

二是坚持与"五大创建"深度融合。将新时代文明实践中心建设的五大工作任务融入文明城市、文明村镇、文明单位、文明家庭、文明校园等"五大创建"活动,必然引导更多的群体参与文明实践活动中,推动新时代文明实践中心建设提质扩面。同样,依托新时代文明实践中心(所、站),按照"五大创建"的测评体系和工作要求策划实施形式多样的文明实践活动,能有效拓展文明创建的平台、载体和形式,让文明创建与文明实践相互促进、相得益彰。当前,要注重把新时代文明实践和深化全国文明城市创建有机融合,以文明实践志愿服务为主要抓手,打造"志愿之城"引领文明和谐的良好风尚,在潜移默化中传播文明的力量,让人民群众在参与创建的过程中厚植家国情怀、涵养道德情操。

三是坚持与基层社会治理深度融合。全面探索"文明实践＋基层社会治理"模式,着力引导文明实践志愿服务从基础性社会服务向参与社会治理、凝聚社会共识转变。在覆盖面上做到,"群众在哪里,文明实践就延伸到哪里;哪里有需要,哪里就有志愿者的身影"。让文明实践活动走到群众身边,走进百姓心坎,为基层治理注入活力。在结合度上做到"民生无小事,枝叶总关情",在帮助群众解决操心事、烦心事、揪心事的过程中,实现新时代文明实践和基层社会治理资源互通、人员互补,推动新时代文明实践与基层社会治理共融共建。

基层新时代文明实践站(所)建设与运用

皮 博[①]

新时代文明实践站(所)建设是新时代加强基层宣传思想文化工作和农村精神文明建设的顶层设计,是更好服务群众、凝聚群众的迫切需要,也是推进城乡文明一体化、打造文明高地的重大机遇,为开展工作提供了新阵地、新平台、新载体。在推进国家治理体系和治理能力现代化背景下,基层新时代文明实践站(所)可以打通宣传群众、教育群众、关心群众、服务群众的"最后一公里",切实推动乡风文明建设有效展开。要着眼"凝聚群众、引导群众,以文化人、成风化俗",牢牢把握传播新思想、引领新风尚的工作目标,努力将新时代文明实践站(所)建设成为党的宣传思想工作主阵地。

一、找准定位,用心谋划

基层新时代文明实践站(所)建设工作要紧扣"推动习近平新时代中国特色社会主义思想深入人心、落地生根"核心任务,坚持"务实管用、因地制宜"原则,精心部署安排,层层压实责任,有序推进建设工作。具体就是要对基层新时代文明实践中心建设的目标、主体、内容和路径找准定位、做好谋划。

(一)明确主体,找准需求,解决"为谁建"问题

明确服务主体对象是新时代文明实践的首要任务。从人口结构看,18~60岁村民

[①] 作者简介:皮博,湖北省嘉鱼县潘家湾湾镇人民政府一级科员。

是农村常住人口的中坚力量,大部分村民仍然从事松散的农业生产,且他们中的大多数人文化水平不高,因此需要运用接地气、有乡土味的群众语言和形式开展文明实践活动。

在此过程中,尤其要着力解决基层新时代文明实践站(所)建设的时代性、现代性和本土性有机结合的问题。从需求情况来看,基层排名前五位的需求分别为疾病诊疗服务、扶残济困、政策获取、农技服务、文化服务。此外,不少村民对拆迁安置、就业致富、修桥造路等民生类需求也比较急迫。从满足人民群众的需求出发,切实提高人民群众的获得感、幸福感是新时代文明实践站(所)建设的初心和使命。从上网情况来看,当前农村常住人口仍有近半数老年人使用手机仅仅是用于通信。如何消弭存于乡村社会不同群体中的"数字鸿沟",进而促进网络和信息资源的共享和联通是新时代文明实践站(所)建设不能忽视的问题。从地区情况来看,临近城郊、产业集聚度高的镇、村常住人口比例明显高于远郊乡村;处于征地拆迁的乡村对征地政策的需求明显高于其他地区。如何正视不同地区的差异、提炼不同地区的共性、注重政策执行统一性和灵活性,成为当前文明实践站(所)建设所要应对的问题。

(二)整合力量、精准供给,解决"谁来做"的问题

新时代文明实践的主体力量包括基层工作力量和志愿服务力量两个方面。新时代文明实践工作中,要把保障基层工作力量放在突出位置,以乡镇3~5人、村2人的标准配齐配强工作力量,确保工作有人组织、扎实开展。同时要发挥镇直各部门、镇政府各线的协同力量,建立由基层党委领导、多部门共同参与的"大中心"格局,夯实基层新时代文明实践站(所)建设的基本力量。

坚持把志愿者作为一支可靠力量,设置镇、村两级体系的志愿服务队,建立理论宣讲、文化文艺、扶贫助困、环境保护、医疗卫生、助学支教、科学普及、法律服务等八支专业志愿服务队。结合实际,按照就近便捷原则,发动群众积极参与,大力发展社会化志愿组织和社工志愿者,分别成立增收助农、邻里互助、践行新风等N支特色志愿服务队,形成"1+8+N"志愿队伍体系。在此过程中,调动广大志愿者投身文明实践站(所)建设的积极性,形成共建、共治、共享的治理格局。

(三)紧扣要求、突出重点,解决"做什么"的问题

按照文明实践搭建"五大平台"、实施"五大任务"工作要求,结合地方特点、群众需求,明确文明实践助推新思想学习、助推乡村振兴、助推脱贫致富、助推文明乡风和助推群众美好生活需要等"五大助推行动",不断提升文明实践工作的针对性、有效性。要开

拓思路，将文明实践站（所）建设同其他领域的建设有机结合，提高工作的效率和连通性。如，可以结合农村住房条件改善工作，在建设农村新型社区时同步推进新时代文明实践站（所）建设。要积极拓展公共平台，结合群众生产生活规律、作息休闲习惯等，依托广场公园、文化场馆等人流密集场所，策划开展系列志愿活动，实现"群众在哪里，文明实践延伸到哪里"。在具体的工作内容上，必须秉持以人民为中心的基本原则和宗旨，以满足人民群众的切实需要和合理需求为基本出发点，避免简单的政绩导向和形式主义。

（四）整合资源、建立机制，解决"怎么建"的问题

整合镇、村（社区）服务功能和资源，实行集中办公、有序推进。建立新时代文明实践工作推进机制，纳入目标考核，成立新时代文明实践中心（所、站）建设工作领导小组，建立联席会议制度，每季度推进一次，总结经验教训，推动文明实践走向深入。要着力构建科学、公平、有效的监督体系，奖励先进、鞭策后进。同时也要注重问计于民，群策群力，充分激发人民群众的实践活力，提升其主人翁意识。要结合自身实际，积极探索，确立相应工作机制，有效盘活镇、村闲置资源，依托镇文化站以及其他公共空间打造高标准实践所；在具体工作开展过程中，注重创新意识，不断丰富新时代文明实践站（所）建设工作的新思路。如创新"文明实践、七彩志愿"四季志愿服务模式，推动志愿服务常态化、制度化；探索"全职社工"志愿服务新模式，打造群众身边"不走的爱心驿站"等。

二、抓好重点，有序推进

按照"全域推行、全域实践"的工作思路，进一步提高政治站位，强化责任意识、机遇意识，紧贴群众需求，精准对接服务，推动新时代文明实践工作接地气、聚人气、有活力，加快推动基层宣传思想工作和农村精神文明建设实起来、强起来。

（一）坚持靶向思维，强化实践设计

基层实际和群众需求是新时代文明实践的工作靶向，要继续以村居、组队为单位，围绕本地常住人口、年龄结构、文化程度、从业状况等持续开展文明走访活动，准确摸清常住居民相关情况。根据群众生产生活实际情况，提炼共性问题，回应个性需求，采取"一对一""多对一"等方式切实获知群众需求。紧贴群众需求，畅通网上网下渠道，采取

上门问询、电话垂询、网上征询等方式,切实把群众的需求征集好、分析好,为新时代文明实践提供支撑。突出目标导向、问题导向、效果导向,着眼凝聚群众、引导群众,广泛动员、有效配给、完善网络、提升功能,高质量推进新时代文明实践中心(所、站)建设。在目标考核上,以人民群众的满意度作为核心指标,同时兼顾上级部门和同级单位的横向比较,采取定期评估、考核和互评的方式进行成绩排序,形成有效激励。通过开展试点工作,归纳经验,做好典型村庄的示范带动作用,努力创造可复制可推广的经验做法。

(二)突出共建共享,打造实践平台

阵地平台是文明实践活动的基本依托,要努力把各类实践平台统筹调配好、作用发挥好。通过平台这一"物理空间"的有效发掘和使用,进而培育乡风文明的"社会空间"。在具体的路径上,既要充分利用既有平台和场所,更要开放思路、盘活资源,营造"时时有""处处有"的文明实践活动时空格局,提高人民群众参与实践的便捷性,构建乡村社会文明实践的场域,为民众开展文明实践活动创造条件。要根据文明实践活动需要和群众需求,有效整合"扫黄打非"站点、农家书屋、文化礼堂等功能,着力在盘活、使用上下功夫,提高综合利用效率。优化实践平台,对已挂牌的村、镇两级新时代文明实践站(所),要按照有场所、有队伍、有活动、有制度的"四有"要求进行优化提升,对尚未挂牌的抓紧推进。拓展公共平台,按照"群众在哪里,文明实践就延伸到哪里"的原则,结合群众生产生活规律、作息休闲习惯等特点,在广场公园、农业基地、果蔬大棚等场所,打造一批群众易于参与、乐于参与的新时代文明实践点,有效拓展实践活动的深度和广度。围绕阵地打造、文明养成、活动开展、人居环境四个方面,在农村新型社区同步推进新时代文明实践站(所)建设。与此同时,还要注意将文明实践站(所)建设同乡村经济、政治、社会和生态文明建设相关联,实现资源的有效共享和有机联动。

(三)立足常态长效,深化实践活动

新时代文明实践站(所)主要力量是志愿者,主要活动方式是志愿服务,必须解决好志愿者从哪里来、来了做什么、怎样做得好的问题。进一步激活志愿力量,以基层党员干部、先进人物、新乡贤、"百姓名嘴"、文化能人等为骨干,带动广大农民群众积极参与文明实践活动,激发农村志愿服务的内生动力。健全运行机制,主动搜集群众意愿建立需求库,链接社会资源建立资源库,由群众"点单",文明实践中心(所、站)分级分类制定服务"菜单",搭建志愿服务对接平台。探索建立志愿者有效激励机制,促进其开展可持续的志愿服务。一方面,可以通过构建荣誉机制,提高志愿者参与活动和作出奉献的积极性和成就感。另一方面,可以通过发放志愿补贴、实施物质奖励等方式,增加志愿者的获得感。做到集中活动机制化,把文明实践工作真正落实到站(所),把文明实践活动融入群众日常生活,根据传统节日、农时特点等,安排相对固定的时间,使其逐步成为群众约定俗成的生活习惯和生活方式。做到日常活动便捷化,针对留守儿童、独居老人、残疾人等弱势群体的个性化需求,设计开发"亲帮亲、邻帮邻"等志愿服务项目和载体,打造群众不离身边的志愿服务队伍。做到主题活动特色化,精心设计主题活动项目,打造有特色、有影响的活动品牌,真正让文明实践活动聚人气、有活力、可持续。

三、抓实差距,补齐短板

对照工作目标任务和群众现实期盼,我们发现当前新时代文明实践工作还存在一些问题和不足。主要表现在:一是阵地建设与实践要求尚有差距。新时代文明实践站(所)是开展实践活动的主阵地,是群众参与实践活动的主要场所,但个别地方仅在文化站、党群服务中心等现有阵地上简单挂个牌子,常态开展志愿服务活动较少,发挥文明实践主阵地作用不够。这种"名实分离"表明,一些实践活动场所没有充分发挥自身应有的功能,而成为一种可有可无的"摆设"。二是基层队伍仍需加强。少数镇、村一线志愿服务力量相对薄弱,一定程度上依靠城市志愿队伍集中性开展活动,存在运动式、一阵风现象,志愿服务常态化、本土化水平亟待加强。基层工作恰如"万花筒","上面千条线、下面一根针"。基层镇村干部平时工作任务多、工作压力大,加之存在权责不匹配的客观问题,导致镇村干部没有足够的精力用于新时代文明实践中心的建设工作。三是实践活动缺乏针对性。个别地方对新时代文明实践中心建设的根本目的、核心要义把握不准,把常规工作冠之以文明实践的帽子;个别地方对群众的价值取向、话语体系研究不够,导致实践活动吸引力不够、群众参与度不高,效果也不够突出。出现这一问题的根本原因在于,个别地方没有理解和践行以人民为中心的根本使命,没有践行"一切为了群众,一切依靠群众;从群众中来,到群众中去"这一群众路线。四是监督考核体系不健全。在现实中,基层政府缺乏一套行之有效、清晰明确的考核指标体系,这就导致活动主体无法形成有效激励,进而影响建设活动开展的有效性和可持续性。如何形成有效的排名和奖励制度成为当前需要着力解决的问题。

(一)需要进一步健全群众参与机制

建设新时代文明实践中心,重点和难点是怎样最大限度调动群众的积极性和主动性。从对试点工作的调研来看,虽然各试点县(市)已经有很多群众投身到新时代文明实践工作中来,但是群众参与的程度还有差距,还没有完全上升到以群众为主体的层面来开展工作。在创新活动载体和活动形式上,各地也动了不少脑筋,花了不少功夫,也有一些好的做法和经验,但一些工作举措对群众吸引力还不够。因此要把新时代文明建设的要求和群众喜闻乐见的形式有机统一,把文明实践活动拓展到田间地头、小广场、院坝等,"阵地追人"与"人追阵地"相结合。尊重群众首创精神和基层自发创新实践,鼓励基层大胆闯、大胆试。要进一步探索建立群众参与制度,通过制度激励,使群众广泛参与新时代文明实践。

(二)需要进一步健全志愿服务机制

新时代文明实践中心的一个鲜明特点就是主体力量是志愿者,主要活动方式是志愿服务。从对试点工作的调研来看,志愿服务管理存在以下问题:一是志愿服务管理不够精准。县级志愿服务管理部门无法精准调度志愿服务信息数据,影响工作的精细化管理。二是保障机制不够到位。志愿者在付出的同时没有足额享受到志愿服务带来的优惠,开展志愿服务过程中的潜在风险难以预控。三是志愿服务不到位。多数志愿者队伍仅仅停留于组织引领、村干部兼职阶段,群众尚未完全自觉地参与到服务队伍中来。四是公共文化服务职能不到位。乡村文化设施如农家书屋、新时代农民讲习所等活动载体的利用率不高。一些百姓舞台比较活跃,群众自娱自乐多,缺少专业指导来提升品质。要进一步建立健全志愿服务体系,既弥补组织资源的不足,又推动实现群众的自我教育、自我服务、自我管理。

(三)需要进一步健全资源整合机制

把面向基层的公共服务阵地资源统筹好、调配好、作用发挥好,是文明实践工作要着力解决的一个重要问题,也是文明实践工作的最大难题。从目前文明实践工作现状来看,尽管各地方基层公共服务体系建设取得很大进步,县、镇、村三级都有一定的阵地资源,但在实际运行中还存在有效供给不足、供需错位等问题。新时代文明实践站(所)对包括县、镇、村三级公共文化设施在内的阵地进行了初步整合,但各个部门资源分散、各自为政的情况还没有根本解决,影响了功能发挥和使用效率。一些地方已经采取线上线下宣传相结合的方式,运用网络平台和资源,积极开展网上新时代文明实践活动,但能够在网上传得开、推得广的活动和项目不多。要进一步统筹城乡公共文化服务体系,优化城乡文化资源配置,推动基层文化惠民工程扩大覆盖面、增强实效性。

第三章

经验样本

新时代文明实践志愿服务的金湖实践研究

张　宝　田芝健　吉文柱　吉启卫[①]

志愿服务是社会文明进步的重要标志,是新时代文明实践的重要内容。党的十八大以来,以习近平同志为核心的党中央高度重视志愿服务工作。习近平总书记对新时代志愿服务提出殷殷嘱托:希望广大志愿者、志愿服务组织、志愿服务工作者立足新时代、展现新作为,弘扬奉献、友爱、互助、进步的志愿精神,继续以实际行动书写新时代的雷锋故事。[②] 由此为加强新时代文明实践志愿者队伍建设提供了根本遵循。

江苏省淮安市金湖县在推进新时代文明实践中心建设过程中始终高度重视志愿服务工作,坚持把锻造优秀志愿者队伍作为基础工程,把优化志愿服务项目建设作为关键环节,把实化"六单"服务流程作为重要载体,立足金湖县域实际,创造性打造遵循志愿服务规律、彰显金湖志愿服务品质、增强人民群众获得感的新时代文明实践志愿服务的金湖样本,科学回答了"新时代为什么开展志愿服务、怎么样开展志愿服务、如何提升志愿服务质量"志愿服务的时代课题,为其他县域高质量开展新时代文明实践志愿服务提供了有益参考。

一、把锻造优秀志愿者队伍作为新时代文明实践的基础工程

提升新时代文明实践水平,关键在于建设数量充足、活力充沛的优秀志愿者队伍,真正让志愿者掌握文明实践工作目标、内容和要求,给予志愿服务队伍政策扶持、激励

[①] 作者简介:张宝,男,中共金湖县委常委、宣传部部长;田芝健,男,苏州大学马克思主义学院院长、教授、博士生导师;吉文柱,男,江苏有线金湖分公司党委书记、总经理;吉启卫,男,苏州大学马克思主义学院马克思主义政党与国家治理研究中心副主任,法学博士。

[②] 参见《习近平致中国志愿服务联合会第二届会员代表大会的贺信》(2021年7月23日)。

保障。金湖县通过组建"三个层级"志愿者队伍,推进"四着并举"赋能志愿者队伍,努力锻造优秀志愿者队伍,为提升新时代文明实践治理奠定了坚实的主体保障。

(一)组建"三个层级"志愿者队伍

金湖县根据志愿者队伍的特点和实际,紧紧围绕核心层、紧密层和社会层三个层级来创建优秀志愿者队伍。核心层就是中心(所、站)的总队、支队和大队,紧密层就是党员干部和机关事业单位工作人员组成的志愿服务队,社会层就是由各类社会专业技术人员和所有动员群众参与的志愿服务队。"三个层级"的志愿者队伍优化了志愿者队伍结构,壮大了志愿者队伍力量。

1. 建强做实核心层志愿服务队

(1)志愿服务总队、支队、大队在新时代文明实践志愿服务组织体系中处于龙头地位。县级组建新时代文明实践志愿服务总队,由县(市、区)党政主要负责同志担任总队长,乡镇(街道)村(社区)分别参照并组建文明实践志愿服务支队、志愿服务大队,构建县(市、区),乡镇(街道),村(社区)三级联动的志愿服务组织体系,加强对基层志愿服务队伍的指导和管理,提高县域志愿服务的组织化程度。

(2)有序推进,促进核心层志愿服务队建设科学化。金湖县科学制定全县文明实践志愿服务总体规划和年度工作计划、月度工作安排,排出阶段性重点工作项目和重点活动,形成全县志愿服务项目清单,向社会公示,让群众一目了然,方便其点单参与。

(3)确立标准,促进核心层志愿服务队建设规范化。金湖县研究制定志愿服务相关规程和标准,推进县域志愿服务信息化建设,协调全县各条线各有关部门,指导有关单位梳理汇总可以转化利用的各类行政资源、专业资源,组建队伍、开展活动。指导推动乡镇(街道)村(社区)志愿服务分队、支队建设,统一纳入总队进行日常管理和科学调度,帮助基层队伍发展壮大。

(4)加强整合,促进核心层志愿服务队建设高效化。金湖县注重调动各方力量,整合各种资源,协调解决基层在开展文明实践志愿服务中遇到的难点问题,积极为新时代文明实践志愿服务工作的开展提供必要的人才、资金、场地、政策等支持。主动对接省市相关部门、大型企事业单位、高校和研究机构,以打造基地、结对共建等多种方式链接优质志愿服务资源。

(5)示范引领,促进核心层志愿服务队建设优质化。县委书记作为志愿服务总队队长,在实践过程中充分发挥示范引领作用,积极带头参与志愿服务活动,带动社会各界人士以志愿者身份开展践行党的创新理论、宣讲党的方针政策和爱国卫生运动等主题性志愿服务活动,推动全域文明实践志愿服务联动开展。

2. 做好做优紧密层志愿服务队

习近平总书记深刻指出:办好中国的事情,关键在党。① 金湖县各级党员干部争当志愿者,发挥党员干部示范带动作用,深入田间地头、居民院落、企业园区等一线,面对面开展文明实践志愿服务活动,用实际行动为群众排忧解难。

(1)创新体制机制,建立县级四套班子领导挂钩文明实践所(站)制度,开展"村居吹哨、党员行动"活动。全县在职党员文明实践志愿服务活动参与率不少于80%,人均每年从事志愿服务时间不少于20小时,努力营造党员干部人人重视、人人参与志愿服务的浓厚氛围。

(2)加强资源整合,扩展紧密层志愿服务队建设来源。金湖县调动各类行政和事业单位力量,引导机关事业单位所有工作人员积极参与,努力把可以下沉到群众中的资源设计成志愿服务项目,在新时代文明实践所(站)建立机关事业单位服务基地,定期为基层开展专业服务、辅导培训。积极推动实施"新时代宣讲师"各类工作计划,在机关单位、科研机构、党校分层遴选工作人员,派驻各地文明实践所(站),定期从事理论宣讲、政策宣传。

(3)注重品质提升,擦亮紧密层志愿服务队建设品牌。金湖县高度重视并着力把打造紧密层志愿服务队优质品牌作为重要工作任务。近年来,金湖县重点打造了"七闺女"党员志愿服务队等优质品牌。金湖县"七闺女"党员志愿服务队已集结了18个党支部、45名女党员、16名女团员、2名女性群众,以访民情、解民难、暖民心为落脚点,为基层群众送去缕缕春风。多年来,这支服务队秉持"奉献、友爱、互助、进步"的志愿服务理念,通过多种形式,开展志愿服务活动百余场,让服务进人心、"零温差"。对接帮扶全县6个村,从亮化、修路、修闸资金筹集,到草莓种植、龙虾养殖等送政策、建项目、献爱心,成为荷香金湖建设美丽乡村中一道靓丽风景;走进基层,为村民、村干部上党课,深入宣传习近平新时代中国特色社会主义思想;在扶贫联系点开设"七闺女爱心超市";主动为留守儿童辅导讲课、关心他们身心健康,做留守儿童的知心人,让人们充分感受到"七闺女"党员志愿服务队的重大价值。

3. 做大做全社会层志愿服务队

(1)坚持精益求精,着力构建专业型、全社会层志愿服务队。金湖县鼓励更多具有专业知识、专业技能的志愿服务组织利用自身特长和优势,为群众提供专业、优质的服务。引导各类企业组建专业志愿服务队伍,积极履行社会责任。积极引进各地优秀志愿服务组织,采取合作、传帮带等多种方式,孵化和培育本地专业志愿服务组织,培养志愿服务骨干,提升志愿服务组织管理和项目运行能力。引导各类公益机构、社工机构、社会

---

① 习近平:《习近平谈治国理政(第3卷)》,外文出版社2020年版,第331页。

组织积极投身新时代文明实践志愿服务,推广"社工+志愿者"工作模式,更好地承接服务项目、有效地开展专业服务。

坚持因地制宜,着力构建亲和型、全社会层志愿服务队。金湖县发挥本地先进典型、乡土文化人才、科技能人、"五老"人员、创业返乡人员等群体的带头作用,推动他们牵头组建特色志愿服务队伍,结合群众生产生活实际,开展群众乐于参与、便于参与的志愿服务活动。倡导全民志愿、全域志愿,人人做志愿者,处处做志愿者,鼓励本地群众自发建立多样化、针对性强的志愿服务队伍,就近就便参与文明实践志愿服务,实现群众自我服务、自我提高,建设一支群众身边"不走的"志愿者队伍。

坚持点面结合,着力构建人民满意型全社会层志愿服务队。人民满意是志愿服务队建设的最高目标和最高要求。金湖县在推进全社会层志愿服务队建设过程中,始终把人民满意作为最高要求和目标。以"红枫工作室"志愿服务队为例。金湖县教育系统于2014年由30位老教育工作者成立"红枫工作室",在25所学校成立"红枫指导小组",有93名老同志和96名青年教师结对。同年10月成立"红枫服务团",有148名老同志和学生结对,服务范围辐射全县25所学校的部分青年教师和学生。"红枫工作室"志愿服务队做实新老结对各项要求,实施新教师成长导师制,探索培养新教师的新途径;积极关爱青少年学生,帮助化解心理困惑,解决学习和生活困难,让他们健康成长。通过结对活动的开展直接为教风、学风的净化输入了正能量,也实现了老同志的人生价值,收获了精神世界的满足。

(二) "四着并举"赋能志愿者队伍

建好志愿服务队不仅要解决好人从哪里来的问题,更要解决好人来之后如何成长和发挥作用等一系列问题,特别是要处理好志愿服务业务培训、志愿服务团队培育、志愿服务队伍动态管理、志愿服务礼遇激励等关键性问题。金湖县着力开展有效培训,着力创新团队培育,着力加强动态管理,着力落实礼遇激励,构建"四着并举"体系,切实赋能志愿者队伍,不断提高志愿服务能力和服务水平。

一是着力开展有效培训。着力开展有效培训是赋能志愿者队伍的基础。金湖县扎实开展有效培训工作,不断提高志愿者素质能力,激发志愿服务内生动力,提升志愿服务规范化、专业化、科学化水平。金湖县通过开展有效培训,将中国特色志愿服务的本质特征、丰富内涵讲深讲透,把志愿者的思想统一起来、力量凝聚起来。做好通用知识培训,帮助志愿者掌握志愿服务基本知识、掌握所参与志愿服务项目的具体要求。办好专业技能培训,帮助志愿者掌握理论宣讲、心理疏导、健康指导、应急救助等专业志愿服务技能。系统了解志愿者及团队需求,分类设计不同培训方案。注重开展分级分类培训,有计划地将培训覆盖所有志愿者,逐步提高志愿者和志愿服务组织的能力和水平,并运用检查评定、满意度反馈、资格认证等方法评估培训效果。

二是着力创新团队培育。着力创新团队培育是赋能志愿者队伍的关键。金湖县善于把志愿者中的党员、教师、社会工作者、社区工作者等确立为团队负责人,牵头制定团队的章程和规范,明确团队的使命和目标,策划和实施团队的项目和活动。定期组织开展团队拓展活动、优秀成果展、交流分享会、实地观摩与考察活动等,在学习交流中提升团队凝聚力。建立志愿服务组织孵化基地,为志愿团队提供项目开发、能力培养、业务支持等,搭建志愿服务团队与机关部门、企事业单位、基金会等合作交流的平台,链接社会服务机构提供法律、财务、审计等方面的专业支持。

三是着力加强动态管理。着力加强动态管理是赋能志愿者队伍的条件。"管理出效益"。金湖县向管理要效益,不断提高文明实践志愿服务整体效能。金湖县新时代文明志愿服务队伍根据志愿服务项目需要,确定招募志愿者的数量和要求,发布招募志愿者信息,吸纳志愿者报名参加。鼓励志愿者自行或者通过志愿服务组织在本地志愿服务相关信息平台注册,也可以到新时代文明实践中心(所、站)和相应的志愿服务组织直接报名。金湖县根据志愿者能力分配合适的志愿服务岗位,明确工作职责和服务要求。各新时代文明实践中心(所、站)建立志愿服务台账,及时、完整、准确记录志愿者参加志愿服务的信息,保护志愿者个人隐私,为有需要的志愿者规范开具志愿服务记录证明。当志愿者岗位发生变动时,做好志愿服务记录的转移接续。对于表现不佳的志愿者要加强教育引导,建立有效的退出制度。

四是着力落实礼遇激励。着力落实礼遇激励是赋能志愿者队伍的保障。金湖县制定志愿服务嘉许激励措施,明确对志愿者的评选表彰、星级评定、信用激励、积分管理、困难资助、免费保险、优惠公共服务等礼遇。突出以精神奖励为主,通过邀请参加重大活动、发放纪念证书等形式,增强志愿者的自豪感和荣誉感。坚持适度回馈原则,使具有良好志愿服务记录的人员在升学、就业、享受社会服务等方面获得一定的优待。

二、把优化志愿服务项目建设作为新时代文明实践的关键环节

志愿服务项目是提升新时代文明实践的重要载体,是影响文明实践的关键变量。金湖县在推进新时代文明实践志愿服务项目建设过程中紧扣"两个环节",即紧扣党委、政府中心工作和群众最现实关切,推进志愿服务精准化、常态化、便利化、品牌化,不断做精做优做响志愿服务项目,确保志愿服务工作同时赢得党委、政府的肯定和人民群众认可。

（一）紧扣党委、政府中心工作

推动乡村振兴、基层社会治理现代化等是党委、政府当前的重点工作任务，是新时代文明实践志愿服务必须紧扣的重点。金湖县在优化志愿服务项目建设过程中紧扣乡村振兴战略与基层社会治理现代化，着力服务好党委、政府中心工作。

1. 紧扣乡村振兴

乡村振兴包含乡村产业振兴、乡村人才振兴、乡村文化振兴、乡村生态振兴、乡村组织振兴五个方面。乡村振兴，既要塑形，也要铸魂。金湖县通过新时代文明实践志愿服务项目，不断为乡村振兴注入强劲动力。

（1）文明实践助力产业兴旺。以新时代文明实践志愿服务活动为着力点，金湖县组建了一支包括农技专家、致富带头人在内的农技志愿者队伍，在学习其他地区成熟经验的基础上，开展送政策到企业、送技术到田间、送服务到群众等活动。开展座谈交流、现场技术指导、技术培训等方法，带动农户发展养殖和特色种植，进一步调整产业结构，提高农民收入。

（2）文明实践提质生态宜居。金湖县以生态环境保护为重要任务，以农村人居环境整治为总抓手，组织新时代文明实践志愿者，深入农户家中开展志愿服务，开展生态环保政策宣传，悬挂环保条幅，义务清扫镇村内重点路段，帮助困难家庭打扫清洁卫生，在营造浓厚志愿服务氛围的同时，也让绿色发展理念深入人心。

（3）文明实践构建乡风文明。金湖县组织志愿者充分利用重点时段，持续推行"婚事新办，丧事简办，其他事不办"的文明理念，利用流动宣传车、文化宣传墙、乡村大喇叭等方式开展移风易俗宣传，并以"身边人讲身边事"的形式，让群众学有标杆、做有榜样，着力营造风清气正、文明节俭的社会新风尚。

2. 紧扣基层社会治理现代化

县域治理现代化的基础在基层。金湖县着力构建融入新时代文明实践志愿服务实践体系，建立基层社会治理志愿服务工作体系，壮大基层社会治理和志愿服务工作力量，更好服务基层社会治理现代化。

金湖县新时代文明实践志愿服务聚焦乡村治理，服务农村群众自我管理、自我服务、自我教育、自我监督，促进乡村治理能力现代化。志愿服务者深入调研了解群众社会治理领域如法律服务、矛盾调解、人居环境等方面的需求，通过派单制形式将群众需求的志愿服务活动送到群众身边，切实回应群众需求，为乡村治理注入活力。不定期组织志愿者以开展群众身边小纠纷、小隐患、小案件、小需求、小环境等"五小问题"排查化解为抓手,主动排查化解群众纠纷,志愿者不定时与群众交心谈心,了解群众在生产生活中的想法意愿,主动帮助化解小情绪、小问题,主动帮助群众办理好事实事。

(二)紧扣群众最现实的关切

群众利益无小事。金湖县新时代文明实践中心坚持一切从群众出发、一切为了群众、一切服务群众,确保志愿服务项目建设始终围绕群众最现实的关切精准发力。

金湖县新时代文明实践志愿服务突出需求导向,围绕群众日常生产生活中最现实、最迫切、最关心的问题,设计有针对性的志愿服务项目。着眼群众共性需求,围绕群众对美好生活新期待,金湖县设计实施普惠性志愿服务项目,努力使志愿服务覆盖更多人群。定期在新时代文明实践中心(所、站)、公园广场、居民小区等场所,常态化开展文艺下基层、阅读推广、科学普及、法制宣传、健康咨询等活动,使广大群众都能享受服务,从中受益。定期开展"我为你诵读"全民阅读志愿服务,定期开展"健康大问诊"志愿服务,定期在新时代文明实践中心(所、站)开展各级各类活动,解答老百姓在常见病、多发病方面的问题,传播预防和保健知识。

金湖县新时代文明实践志愿服务重点关注农民、新市民、青少年、家庭妇女、优抚对象等特定人群。科学设计符合他们认知特点、回应他们关切的志愿服务项目,在关心服务群众的同时教育引导群众。针对想外出务工的农村青壮年,引入技能培训学校优质师资,结合本地产业特点,开展制造加工、水电安装、手工编织等特色技术培训。针对城市外来建筑工人,常态化开展理论政策宣讲、法律普及、文化娱乐、卫生健康、未成年子女关怀等一站式服务。同时,积极开展"关爱老兵"志愿服务项目,通过编写老兵故事回忆录、为老兵寻找战友、为老兵圆梦等活动,营造尊重关爱退伍军人的浓厚氛围。

金湖县新时代文明实践志愿服务聚焦群众个性化、差异化需求,定制内容各异、专门配送的志愿服务。采取"一对一""多对一"等结对服务形式,为有实际困难和需要的人们送去温暖、送去关爱。针对社区独居老人,组织开展"爱心大姐"志愿服务项目,社区志愿者每周定期上门,为他们送去日常的问候,和他们聊天,为他们提供一些力所能及的服务。针对留守儿童,组织开展"党员爸妈"志愿服务项目,组建由教师、机关干部、企事业单位职工、企业家等共同组成的志愿服务队,和留守儿童结对,定期看望问候,组织家庭聚餐、亲子远足等亲情呵护活动。

金湖县新时代文明实践志愿服务用好"八大碗"助推文明实践。金湖县黎城镇平安路社区从八个方面创新服务群众方式,满足群众需求,乡亲们都亲切地称其为"八大碗"。第一碗:"党建233交汇服务模式"。优化两个平台、三个组织、三个联盟,实现社会治理全覆盖。第二碗:"四访四度工作法"。访困难户,关爱居民有温度;访怨言户,化解矛盾有角度;访示范户,发挥作用有广度;访驻区单位,形成联动有力度,实现"困难共帮、矛盾共解、资源共享、活动共办"的效果。第三碗:"周末好儿女"。围绕每周上门走访一次、每月做一次家务、每季度解决一个问题、每年共度一个生日,为空巢老人、独居老人、失独家庭打开通往美好生活之路。第四碗:"周末驿站"。建成"有组织、有场地、有活动、有服务"的"四有"残疾人之家,组织剪纸、插花等技能培训以及开展辅助性就业,让残疾人通过自己的实践,创造人生最大价值。第五碗:"楼道家文化"。以"党在楼道建、人在小区走、事在社区办"为切入点,把楼道这个公共场所打造成公共文化服务的神经末梢,让文化春风吹拂千家万户,这对于改善社区人际关系、提升城市文明程度、弘扬社会主义核心价值观都有着积极意义。第六碗:"党员义工"。进行时政宣教服务、便民利民服务、困难帮扶服务、社会公共服务等服务,发挥党员先锋模范作用,促进社区公益事业发展。第七碗:"周末课堂"。为进一步深化社区青少年之家服务内容,组建平安路公益教育联盟(包括金湖棋院、马力英语、金海豚、道格跆拳道、小荷花舞蹈、飞云阁教育、冠军琴行、金湖县检察院等九家机构)每周六开展公益课程,极大地丰富了社区留守儿童的课余生活,给他们提供一个周末娱乐休闲学习的平台,促进社区的青少年身心健康发展。第八碗:"红色送学"。优化党员学习形式,利用新老组合、在职退休组合等组合形式开展上门送学活动,学习党的知识,宣传党的政策方针,让社区老党员学习不退步、不落后。

三、把实化"六单"服务流程作为新时代文明实践的重要载体

广泛开展志愿服务,解决群众实际问题,是新时代文明实践中心的工作导向和重点任务,是文明实践工作成效评估的重要指标。金湖县开展新时代文明实践志愿服务活动,在总结各地做法的基础上,创造性地形成符合县域实际的"六单"服务标准,即中心(所、站)调研建单+需求群众点单+中心(所、站)平台派单+志愿者接单+志愿团队解单+群众百姓评单,通过"六单"精准对接,实施关爱服务"三个倡导"、沟通交流"三个面对面"、便利快捷"三事聚焦"、志愿服务"三个完善",才能有效提升志愿服务效果,提升人民群众的满意度、幸福感。

(一)关爱服务"三个倡导"

"三个倡导"就是积极倡导互助式志愿服务,积极倡导组织群众亲帮亲、邻帮邻,积极倡导从举手之劳的小事做起,确保新时代文明实践志愿服务在"三个倡导"中营造良好和谐的社会氛围。

金湖县文明实践志愿服务积极倡导互助式志愿服务。亲帮亲、邻帮邻,实质上就是

邻里互助的一种,这种互助以地缘关系为依据,相比于政府和社会组织提供的服务更具及时性、准确性和人性化。金湖县新时代文明实践在基层开展志愿服务活动,亲帮亲、邻帮邻是基层志愿服务最接地气的组织方式,值得大力弘扬、广泛动员。

以金湖县黎城街道"社区邻里节"为例:黎城街道自2011年起,为了进一步提高社区居民的文明素质和凝聚力,拉近居民与居民之间、楼栋与楼栋之间、小区与小区之间的距离,形成团结、友善、互助、和睦的新风尚,营造一种健康、和谐、快乐的氛围,西苑、新城、平安路、衡阳路等多个社区举办"社区邻里节"系列活动。"社区邻里节"的启动,重点结合传统节日,组织符合节日习俗的群众性活动,通过开展丰富多彩的公益服务、文艺表演、书画展览等活动,搭建参与式、互动式、沉浸式邻里分享互动平台,展现了邻里和睦、社区和谐新风尚。黎城街道西苑社区居委会还组织社区志愿者"一助一帮扶"队伍到帮扶对象家中进行探望,义务为孤寡老人、空巢老人进行家居环境改造、维修家电,使他们享受到社区的温暖、邻里的关怀,社区志愿者默默奉献的爱心。社区组织机关党员,集中献爱心活动,为因病致贫、因病返贫或发生重大变故的家庭,进行走访慰问,党员志愿者近距离与老人聊天,使他们感受到党的温暖。

(二)沟通交流"三个面对面"

志愿服务与人民群众沟通交流,要做到"三个面对面",也就是面对面听民声、面对面察民情、面对面解难题。听民声,就是听群众反映的意见、听群众的呼声是什么,深入到群众中去,详细了解情况,将群众反映的问题分门别类地整理出来,进行处理和反馈。察民情,就是要沉到基层去,深入群众生活之中,与他们拉家常话、谈身边事,在交流中与群众建立感情,取得信任。解难题,就是要在职责范围内依法依规高效、科学解决群众关心的现实利益急难愁盼问题,增强人民群众的幸福感、安全感和获得感。

金湖县文明实践志愿服务建立与基层群众密切联系"三个面对面"的沟通渠道:一是成立网格信息收集队伍。按户数划分网格,建立党群干群沟通渠道,由网格长负责走家串户、问卷调查、现场交流,指导群众使用微信群、公众号、电子邮件、App等方式收集群众诉求;二是设立征求意见箱。在新时代文明实践中心、所、站、点等处,以及人流密集区设立需求征集信箱,收集百姓需求;三是开通新时代文明实践服务热线。安排值班人员收集百姓心愿,将所有渠道收集的结果分类汇总,纳入志愿服务菜单项目库,避免志愿服务随机性、盲目性。

(三)便利快捷"三事聚焦"

坚持群众路线,增进群众感情,聚焦群众所思所想所盼,要围绕"三个最";也就是从最困难的群众入手、从最突出的问题抓起、从最现实的利益出发,着力聚焦"三件事",即群众的烦心事、揪心事、操心事。关心群众,服务群众。金湖县文明实践志愿服务通过实现便利快捷服务群众的站点全覆盖,打造"十五分钟"文明实践志愿服务圈,扎实开展"我为群众办实事"活动,有效解决群众的烦心事、揪心事、操心事。

一是实现便利快捷服务群众的站点覆盖。为了更好地服务群众,达到便利、快捷、高效的目的,金湖县增加实践服务站点的设置,保证数量,提高密度。如小区停车难、物业管理差、噪声扰民、文化设施不足等日常琐碎问题,都能得到便利快捷的解决,与群众代表面对面交流,让群众切身感受到金湖县践行全心全意为人民服务的真情真意。

二是打造"十五分钟"文明实践志愿服务圈。金湖县以城乡社区公共文化设施、窗口单位为重点,形成数量充足、距离适中、点多面广、功能完备的"十五分钟"文明实践服务圈。聚焦群众"三件事",在时间效率和服务质量上,达到服务圈的标准和要求,拉近党员干部和群众距离。

三是扎实开展"我为群众办实事"活动。金湖县着力深化"我为群众办实事",从"办实事"这个小切口入手,推进志愿服务的效率和成效,推动工作中心下移,变上访为下访。金湖县镇村志愿者要经常下到村组,经常走到群众家里,与群众聊家常,了解生产生活,疏解群众的困难,让有困难的家庭回归正常。真正让群众能天天见到党员干部留下的脚印,留下帮助村民的意见和建议,留下离不开的为民情怀。同时,实现村民进入网中、干部进入格中、事事都纳入其中,力求把群众的难事急事解决、消除在基层,真正做到全心全意为群众办好各项实事,实实在在解决好群众实际困难,不走过场、不搞花架子,让群众有看得见、摸得着的实惠。

(四)志愿服务"三个完善"

金湖县着力健全平战结合志愿服务机制,做好常态化需求收集、追踪处理、回访评价,强化紧急状态下应急响应,加快形成应急志愿服务体系,提升应急组织动员、专业救助、支撑保障能力。

一是完善平战结合志愿服务机制。金湖县文明实践志愿服务探索志愿者快速有序参与应急救援的有效路径,努力形成统一指挥、反应灵敏、功能齐全、运转高效的志愿服务应急响应机制,推动新时代文明实践志愿服务在应对突发事件、促进社会治理中发挥更加积极的作用。例如,在突发事件发生后,新时代文明实践中心联动应急管理、卫生健康、红十字会等部门,共同开展志愿者招募、培训、调配等工作,在党委、政府的统一指挥和调度下,引导志愿服务组织和志愿者以最快速度有序投入应急志愿服务。充分发挥机关部门、企事业单位党组织的战斗堡垒作用,引导党员干部率先加入应急志愿者队伍,并通过示范带动,动员广大群众参与群防群控,迅速凝聚全社会力量投入应急志愿服务。比如,在新冠疫情防控中,推动党员干部到单位和社区"双报到",在党组织的统一安排下,以志愿者身份下沉城乡社区、包联到户,参与防控点值守、摸排信息、代办代购、防疫知识宣传等工作,把中央对疫情防控的决策部署落实到基层,把志愿服务队伍直接建在群众身边,为战胜疫情凝聚起强大的信心和力量。

二是完善供需志愿常态服务机制。金湖县文明实践志愿服务通过建设人才、阵地、项目三个资源库,理顺志愿服务工作流程,同时充分利用网络平台,完善志愿常态服务机制,促进志愿服务供需有效对接。充分利用新时代文明实践中心(所、站)和新时代文明中心云平台,"六单精准对接",文明实践中心(所、站)调研建单、需求群众点单、中心(所、站)平台派单、志愿者接单、志愿团队解单、广大群众评单。通过"六单式"志愿工作流程,逐步形成新时代文明实践志愿服务从发现群众需求、整合各类资源、科学设计项目,到志愿者培训管理、组织开展活动、兑现礼品措施等工作机制,为实现志愿服务高效化、精准化奠定基础。

三是完善应急志愿服务机制。金湖县文明实践志愿服务完善基层应急志愿服务机制,依托新时代文明实践所(站),在城乡社区加强应急志愿服务站(点)建设,供志愿者培训演练、战前集结、装备存放,有条件的可适当配备急救箱、卫生防疫包、应急逃生包、AED(自动体外除颤仪)等应急设施设备。推动村(社区)组建具备基本素养的应急志愿者队伍,突发事件发生后,能第一时间到达现场,准确报告信息,开展先期处置,平时也能进村(社区)开展科普宣教、安全培训、隐患排查等志愿服务,增强广大基层群众对灾害的防范意识,提升在突发事件中的自救互救能力。

市校共建新时代文明实践工作模式研究

潘加军①

为进一步贯彻落实全国、全省宣传思想工作会议,以及中宣部、中央文明办建设新时代文明实践中心试点工作专题会议精神,总结江苏省宜兴市新时代文明实践中心建设经验,凝练宜兴市新时代文明实践模式与特色,构建新时代文明实践活动体系框架,推动习近平新时代中国特色社会主义思想深入人心,提升新时代文明实践中心总体水平,中共宜兴市委宣传部依托江苏省中国特色社会主义理论体系研究基地(江南大学)、充分利用江南大学在新时代中国特色社会主义思想理论研究、党风廉政建设与人文素质教育等方面的优势,围绕2019年宜兴"新时代文明实践中心试点县市"——"市校结对共建"工程,通过构建协同合作平台、开展理论宣讲"走亲行动"、加强理论宣传骨干人员培养、推动地方决策咨询服务和实施"田野上的思政课"等一系列措施,协同培育践行社会主义核心价值观,探寻基层思想政治教育工作和精神文明建设的新路径,凝练文明实践的地方特色与经验,推进高校思想政治理论课实践教学创新,探索优势互补、资源共享和共建共赢的市校结对共建新思路,打造新时代文明实践中心的"宜兴经验"。

一、市校共建新时代文明实践工作的基本思路与着力点

以习近平新时代中国特色社会主义思想为指导,坚持以人民为中心,立足于共建共享、优势互补、协同推进等原则,全面结合宜兴市新时代文明实践中心建设实际,以"三级五建五平台"建设为重点,以志愿服务为基本形式,创新管理体制机制,深入开展组织建设、资源整合、品牌服务和市校共建等系列工作,以系统化思维整体性推进新时代文明

---

① 作者简介:潘加军,湖南益阳人,江南大学马克思主义学院副院长、副教授、博士,江苏省中国特色社会主义理论体系研究基地特聘研究员。

实践中心建设,构建了具有地方特色、常态化和长效化的工作机制,为全国新时代文明实践工作提供了"宜兴经验"。其主要着力点如下。

(一)搭建平台,构建市校共建合作有效运转的组织基础

"调动各种资源,整合各方力量,创新方式方法"是新时代文明实践中心建设基本要求之一。宜兴市在整合内部各类服务资源的同时,将实践教育服务资源、地方决策咨询服务需求与高校人力资源优势、思想政治教育创新实践相结合,与江南大学共建新时代文明实践研究院、思想政治理论课教学实践基地,组建研究团队,设立组织机构,制定实施方案。研究院充分利用江南大学马克思主义学院在新时代中国特色社会主义思想理论研究、基层党的建设研究、思想政治教育研究和人文素质教育等方面的优势,系统开展理论宣讲、队伍培训、课题研究、思政课实践教学和志愿服务等活动,加强新时代文明实践中心建设研究、宣传与指导,进一步提升宜兴新时代文明实践工作水平。研究院实行校地共建共管和双主任制,下设管理委员会、学术委员会和办公室。研究院实行联席会议制,由研究院主任召集并主持,一般为三个月召开一次,参会成员由市校双方领导和研究成员组成。主要研究贯彻落实党的路线、方针、政策,上级领导机关和学校有关决议、决定以及工作部署等;讨论决定本研究院的发展目标、课题研究、理论宣传、人才培养、经费使用和年度工作计划等事项。

(二)借智引力,推进党的创新理论"飞入寻常百姓家"

"理论只要说服人[ad hominem],就能掌握群众;而理论只要彻底,就能说服人[ad hominem]。"①推动习近平新时代中国特色社会主义思想深入人心、落地生根,让群众更多地理解党的创新理论、方针政策,将科学真理内化于心,外化于行动,是新时代文明实践中心建设的重要任务。江南大学组建以教授为主的理论宣传教师队伍,围绕"不忘初心、牢记使命""社会主义生态文明建设""乡村振兴战略实施"等主题,结合宜兴市经济社会发展实际,为宜兴市党政机关和乡镇社区等单位进行理论宣讲,用通俗易懂的语言、理论与现实相结合的方法,深入浅出地讲解习近平新时代中国特色社会主义思想的丰富内涵、精神实质和逻辑体系,用真理的力量说服人,让群众感受党的创新理论蕴含的思想魅力。同时,启动新时代文明实践宣讲人才培育校地合作项目"蒲公英计划",举办

---

① 中共中央马克思恩格斯列宁斯大林著作编译局编译:《马克思恩格斯文集:第一卷》,人民出版社2009年版,第11页。

理论宣讲骨干训练营,创新教育培训形式,采用理论辅导、互动交流、实操演练、参观考察等形式,培育项目、解疑释惑、析事明理,不断提升宣传骨干的理论认识水平及宣讲吸引力感染力,培养"百姓名嘴",努力打造一支优秀的宣讲队伍。

(三)研用结合,深入探索新时代文明实践的"宜兴样本"

习近平总书记指出:"从历史和现实相贯通、国际和国内相关联、理论和实际相结合的宽广视角,对一些重大理论和实践问题进行思考和把握。"①围绕农村宣传思想文化和精神文明建设工作谁来做、做什么、怎么做的关键问题,江南大学与宜兴市委宣传部充分发挥各自资源优势,组建课题研究团队,从历史文化传统、改革发展成就、现实发展优势与特质形成以及实践模式建构等五个维度,对宜兴市新时代文明"三级、五建、五平台"实践工作进行充分研究,深入分析志愿服务项目建设、公共文化服务建设、新时代文明实践平台建设、美丽乡村建设等系列成果,总结其实践经验和亮点特色,对实践典型或品牌进行系统策划,将分散的实践工作系统化,建构新时代文明实践框架;通过问卷调查、典型访谈等方式对新时代文明实践工作的薄弱点、群众文化需求等开展实证研究,系统解答理论热点"是什么""为什么""怎么办"等问题;充分挖掘宜兴市传统文化资源,将地方优秀文化遗产与新时代文明实践工作有机结合,寻找两者契合点,讲好"宜兴故事",总结凝练可复制、可推广、可借鉴的试点经验,产生了一批具有较大影响力的决策咨询报告,上报到党政部门或在党的宣传媒体上发表。

(四)共建共享,推动实践成果有机融入高校思想理论课教学

习近平总书记在他主持召开的学校思想政治理论课教师座谈会上强调,"要坚持理论性和实践性相统一,用科学的理论培养人,重视思想政治理论课的实践性,把思政小课堂同社会大课堂结合起来,教育学生立鸿鹄之志,做奋斗者。"②江南大学将思想政治课理论教学与宜兴市新时代文明实践工作相结合,在市陶瓷博物馆、太华山新四军和苏南抗日根据地纪念馆、西渚镇白塔村、市文明实践中心等建立八个实践教学基地,组织学校本科生和研究生赴宜兴新时代文明实践中心(站、点)进行现场教学,开启"田野上的思政课""行走的思政课",参观学习宜兴市传承发展"红色文化""美德文化""工匠文化""生态文化",以及实施"一村一文化·文明沐农家"精神文明建设系列成果,深入研究宜

---

① 习近平:《以时不我待只争朝夕的精神投入工作开创新时代中国特色社会主义事业新局面》,载《人民日报》,2018年1月6日。
② 习近平:《习近平谈治国理政(第3卷)》,外文出版社2020年版。

兴市基层党组织建设、价值观引领工程建设、志愿者服务"点亮计划"、乡村振兴战略实施等文明实践新思路新举措。通过系列实践行动让大学生深刻体验到习近平新时代中国特色社会主义的真理力量和实践伟力,深刻体悟"为了群众、依靠群众、服务群众"的人民中心根本政治立场的坚定性,深刻体认中国特色社会主义道路自信、理论自信、制度自信和文化自信的精神力量和行动自觉。

二、宜兴市新时代文明实践工作措施分析

(一)强化新时代文明实践中心建设工作顶层设计

根据中共中央办公厅下发的《关于建设新时代文明实践中心试点工作的指导意见》精神和江苏省委《关于新时代文明实践中心建设试点工作的实施意见》要求,宜兴市委、市政府制定下发了《宜兴市新时代文明实践中心建设工作实施方案》《宜兴市新时代文明实践中心建设工作考核办法》等,将新时代文明实践中心建设工作放在突出重要地位,聚焦新时代文明实践"怎么做""谁来做""做什么"的关键问题,坚持政府主导、社会参与,坚持目标导向和问题导向,坚持制度建设为基础,以"新时代文明实践中心、所、站"三级组织平台建设为载体,以典型示范建设为重要抓手,依托优势志愿服务资源,统筹协调各项优势资源,从组织领导、考核激励和协调联动等方面对新时代文明实践中心建设各项工作进行整体设计,打造理论宣讲、教育服务、文化服务、科技与科普服务、文明健康服务五大平台,着力推进新时代文明实践网络化、精准化、常态化建设。

(二)建立全面推进新时代文明实践中心建设工作的领导协商机制

为保证新时代文明实践工作有序开展,宜兴市委书记沈健担任中心主任,制定了新时代文明实践中心建设工作联席会议制度,联席会议由市委常委、宣传部部长担任召集人,市委组织部、市纪委、民政局、农林局和科技局等28个部门组成,联席会议下设办公室,承担联席会议日常工作。联席会议每个季度召开,主要研究新时代文明实践中心建设方案、年度具体重点工作,协调解决工作推进中的难点问题,以及指导监查工作措施的落实等。各个部门职责分工明确,理论宣讲、教育服务、文化服务、科技与科普服务、文明健康服务五大平台,分别由市委宣传部、市文体广电旅游局、市科协、市教育局、市卫健委等五个部门作为牵头部门,由农联、农业农村科技等部门为责任单位,进行组织动员、

理论宣讲、志愿服务、社会治理和文化活动开展等,体现出整体性推进、统筹协调、协同共建等特点。

(三)构建新时代文明实践志愿服务网格化布局

习近平总书记曾指出,"志愿服务是社会文明进步的重要标志","志愿者事业要同'两个一百年'奋斗目标、同建设社会主义现代化国家同行"。① 社会良性运行与进步离不开榜样示范与引领,志愿者被称作为社会作贡献的"前行者、引领者"。新时代文明实践中心的主体力量是志愿者,主要活动方式是志愿服务。宜兴市以群众需求为导向,以"文明实践区域化共建"为理念,以志愿服务常态化、制度化、规范化为目标,组建了一支由市长担任新时代志愿服务总队长的规模化服务队伍。依托网络信息资源,实现志愿服务菜单式供给、精准化对接,完善陶都志愿者信息平台系统操作功能,实现 PC 端+手机端+微信平台"三端融合",建成"陶都志愿者"平台,将志愿服务以网格化布局在全市范围内覆盖。建立"四同一扶"机制激活民间资源。对民间资源与体制内资源一视同仁,实行同等待遇,即资源力量同等整合、示范创建同等参与、项目实施同等支持、活动开展同等融合、民间项目重点扶持,激活民间资源的"一池春水"。网格化布局架构,实现了宜兴市新时代文明实践志愿服务网络间的工作联动和资源联合,建立了志愿服务的长效机制。

(四)建设畅通公共文化服务供需精准化对接机制

党的二十大报告提出要繁荣发展文化事业和文化产业,要求"实施国家文化数字化战略,健全现代公共文化服务体系,创新实施文化惠民工程"。这就需要进一步深化改革,创新机制、精准化对接、菜单式供给,提供更加丰富的精神食粮,更好满足人民过上美好生活的文化新期待。

(五)新时代文明实践工作信息化平台建设

党的科学理论只有与人民群众实际相结合,才能迸发出强大的、旺盛的生命力。习近平总书记在全国宣传思想工作会议上强调"要加强传播手段和话语方式创新,让党的

---

① 杜尚泽、张晓松:《一项历史性工程——习近平总书记调研京津冀协同发展并主持召开座谈会纪实》,载《人民日报》,2019年1月20日第2版。

创新理论'飞入寻常百姓家'"。① 宜兴适应信息化时代新媒体发展趋势,打造新时代文明实践信息化平台,结合群众日常生活、认知需求和信息交流习惯,运用微信、微博、客户端等手段传播习近平新时代中国特色社会主义思想。例如,按照移动优先的原则,将新时代文明实践作为融媒体中心建设的主要内容,从人员队伍、内容生产、数据共享、信息使用等方面综合布局,开发上线"杜鹃花开——宜兴市新时代文明实践中心网上平台"。2019年举办了网络文化节,围绕"五大平台",设置理论宣讲 E 路行、教育服务 E 走心、文化服务 E 走情、科技科普服务 E 走实、文明健康服务 E 走深和 70 华诞 E 礼赞六大板块,60 项活动贯穿全年,掀起全民参与新时代文明实践的热潮。依托网络平台,开展"点亮行动"志愿服务活动;制作由卡通人物"陶陶""都都"担任理论宣讲员的小视频,宣传乡村振兴、生态文明、文明城市创建等党的政策,在院线、影院、电影下乡、文化惠民演出前播放,通俗易懂、生动形象、入脑入心。

三、宜兴市新时代文明实践工作经验凝练

(一) 始终坚持以人民为中心常态化推进

以人民为中心是新时代坚持和发展中国特色社会主义基本方略之一,也是党中央治国理政的核心价值取向。习近平总书记指出:人民对美好生活的向往,就是我们的奋斗目标。党中央要求新时代文明实践中心建设必须"着眼于凝练群众,引导群众",意味着必须立足于人民群众文化需求的实际,充分调动人民群众参与新时代文明实践工作的积极性和主动性,尊重群众的首创精神,发挥其文明实践主体性作用,不断满足人民群众日益增长的精神文化生活新期待。宜兴市将志愿服务活动作为推动新时代文明实践中心建设、引导群众广泛参与的重要途径。一方面坚持走群众路线,紧紧将满足群众需求、增进群众福祉作为新时代文明志愿活动的出发点和立足点,开展"点出你的需求、亮出我的服务"活动,发动志愿者通过线上线下深入农村、社区广泛征求和了解群众需求,汇总形成基层群众的"需求菜单",政府职能部门和志愿组织开发志愿服务项目形成"服务清单",用丰富的活动推动志愿服务精准化。精准化、贴近群众的志愿服务凝聚民心,展现出党和政府真心实意为群众办实事、排忧解难。另一方面坚持新时代文明实践工作发挥群众主体性作用,完善社会化的参与机制,运用公益创投项目化建设、人才培养和现代信息技术使用等培育和壮大志愿者服务队伍,调动各方面力量,吸引各类社会

---

① 习近平:《举旗帜聚民心育新人兴文化展形象　更好地完成新形势下宣传思想工作使命任务》,载《人民日报》,2018年8月23日。

组织、志愿者团体参与到志愿者服务项目建设中来,激活民间社会文化服务资源,逐步形成政府、市场、社会共同参与的新时代文明实践工作格局。

(二) 区域化共建共享推进公共服务均等化

习近平总书记指出:要推动公共文化服务标准化、均等化,坚持政府主导、社会参与、重心下移、共建共享,完善公共文化服务体系,提高基本公共文化服务的覆盖面和适用性。公共文化服务本身具有公共性、整体性特征,必须着眼于提升社会全体成员共同利益、思想觉悟、道德水准、文明素质和全社会文明程度开展新时代文明实践中心建设工作。针对城乡之间、村与村、社区与社区之间公共文化资源供给不均衡、不充分问题,以及群众文化需求呈多样性的现状,宜兴市提出了"文明实践区域化"理念,通过组织联建、工作联动和资源联合等措施,推动项目共建和制度创新,克服传统科层制、行政化垂直管理格局下部门组织相对独立、志愿活动相对封闭、各自为战且人手不足、资源匮乏的局限,搭建新时代文明实践工作网格化布局。"文明实践区域化"建设抓住了新时代文明实践中心建设的关键"短板",彰显了基层精神文明建设共建共享原则。共建是基础,各个主体之间的协作共建推动文明建设统筹整合优势资源,实现公共资源均衡配置,着力破解文化发展不平衡不充分问题,形成新时代文明实践工作的强大动力。共享是目的,通过有效的制度安排和文明实践活动切实地解决和保障民生问题,提升群众的思想文化道德素质,使群众有更多的获得感、幸福感和安全感。

(三) 立足乡村振兴推进乡风文明建设

乡风文明是乡村振兴的"灵魂"和保障。乡风文明建设是推动新时代文明实践工作的重要内容,为乡村振兴提供精神动力和智力支持。宜兴市2018年6月下发了《中共宜兴市委 宜兴市人民政府贯彻实施乡村振兴战略五年行动计划(2018—2022年)》《中共宜兴市委 宜兴市人民政府关于做好2018年农业农村工作的意见》等多个政策意见,强调牢固树立"乡村振兴战略就是宜兴振兴战略"的意识,贯彻落实新发展理念和农民主体、民生优先原则,传承发展农村优秀传统文化,丰富农村群众精神文化生活,广泛开展农村精神文明创建。例如,依托红色文化展示馆、名人旧居、农业产业园、诚信街区等,创建100个新时代文明实践示范基地,通过"陶都美丽乡村建设"培育乡风文明特色,发展"美德文化",打造"一村一文化·文明沐农家"精神文明建设品牌;开展田园综合体项目建设,发展展现地方文明的特色乡村旅游经济,践行"绿水青山就是金山银山"的理念;弘扬尊贤崇德的新乡贤文化,开设"道德讲堂",开展道德模范、身边好人宣传和学习工作,在全市范围内营造崇德向善的浓厚氛围;等等。习近平总书记在考察农村建设和城镇化建设时多次强调:要"望得见山、看得见水、记得住乡愁"。宜兴市深入挖掘地方重义尚德、公益慈善、匠工精神、忠孝文化和重教育人等文化精神,举办"回味乡愁"宜兴非物质文化遗产展、"一带一路"紫砂巡展,实施"传承好家训,建设好家风"、乡风评议、文明创建等系列道德实践活动,将弘扬中华优秀传统文化与践行社会主义核心价值观结合、与推动乡村特色产业振兴相结合、与城乡高质量发展有机结合,激发乡村振兴文化活力,深入讲好"宜兴故事",传播"陶都好声音",为新时代文明实践中心建设工作提供持久的内生驱动力。

(四)以深入挖掘优秀传统文化资源激发社会参与活力

文化是一个国家、一个民族的灵魂。古往今来,世界各民族都无一例外受到其在各个历史发展阶段上产生的精神文化的深刻影响。习近平指出:历史和现实都表明,一个抛弃了或者背叛了自己历史文化的民族,不仅不可能发展起来,而且很可能上演一幕幕历史悲剧。[①] 传统文化,是民族的根本,坚定文化自信是事关国运兴衰、事关文化安全、事关民族精神独立性的大问题。传统文化活动,更贴近于人民的生活,往往以人民群众喜闻乐见的形式开展。宜兴市筹办的各类民间传统文化活动,例如"目连文化节",不但在当地形成一定影响,而且成为有影响力的重要旅游民俗活动之一。既推动民族特色文化传承,又展示了中华文化的独特魅力。

(五)以打造系列服务品牌彰显地方文明特色

以品牌建设提升文化产业。构建"杜鹃花开""爱沐陶都"等文化品牌,融入杜鹃花、陶瓷等宜兴市传统文化元素与工艺,将宜兴市的传统文化设计到文化产业的骨血中。品牌是市场经济发展的产物,代表了企业或商品的形象。相对而言,文化品牌是在文化建设中形成的具有独特性和广泛影响力的文化形象,是文化的经济价值与精神价值的双重凝聚。宜兴市将杜鹃花、陶瓷工艺这些传统元素上升到品牌建设层面,再一次提升了传统文化价值和品牌知名度。建设的"杜鹃花开""爱沐陶都"等具有强大竞争力的文化品牌,以充分发挥品牌的经济竞争力和文化感召力。

---

① 习近平:《在哲学社会科学工作座谈会上的讲话》,人民出版社2016年版。

四、进一步推动市校共建新时代文明实践工作路径

(一) 系统深入把握新时代文明实践工作的战略意蕴

党的二十大报告指出:十八大以来,"我们经历了对党和人民事业具有重大现实意义和深远历史意义的三件大事:一是迎来中国共产党成立一百周年,二是中国特色社会主义进入新时代,三是完成脱贫攻坚、全面建成小康社会的历史任务,实现第一个百年奋斗目标"。把握"新时代"的科学内涵,要深入认识到:新时代是决胜全面建成小康社会,进而全面建成社会主义现代化强国的时代;是全国各族人民团结奋斗、不断创造美好生活、逐步实现全体人民共同富裕的时代;是全体中华儿女勠力同心、奋力实现中华民族伟大复兴中国梦的时代;是我国日益走近世界舞台中央、不断为人类作出更大贡献的时代。新时代的基本国情是推动新时代文明实践中心建设工作的基本依据,而新时代社会主要矛盾的新变化是推动新时代文明实践中心建设工作的重要问题导向。习近平同志指出:没有文明的继承和发展,没有文化的弘扬和繁荣,就没有中国梦的实现。[①] 新时代文明中心建设工作是国家推动农村精神文明建设的基础性、战略性、长期性工程,在习近平新时代中国特色社会主义思想指导下,通过整体统筹、资源整合和创新实践等,来满足人民群众日益增长的先进文化、良好生态等多方面需要。建设新时代文明实践中心是推动习近平新时代中国特色社会主义思想深入人心、落地生根的重要举措,是助力乡村振兴战略实施的迫切需要,是进一步加强和改进基层思想政治工作的必然要求。因此,新时代文明实践中心建设要有明确的目标导向和问题导向,其重点和主线是系统深入学习、宣传和践行习近平新时代中国特色社会主义思想。在新时代的引领下,要将新平台、新载体、新阵地建设与基层党的建设、乡村振兴战略贯彻落实、社会主义核心价值观践行和农村各项服务能力水平提升等有机结合起来,从而整体上提升基层群众思想文化道德素质,增加获得感、幸福感、安全感。新时代文明实践中心的工作是凝聚群众、引导群众,以文化人、成风化俗。要坚持以人民为中心,强化顶层设计;以群众对更好的教育、更好的医疗保障、更良好的居住环境和更丰富的文化生活等作为工作的出发点和立足点,尊重群众的主体性地位,激发群众的积极性和创造性,广泛参与到各项文明实践活动中去,并且将群众的满意度、获得感作为衡量文明实践工作成效的重要标准。

---

① 习近平:《在联合国教科文组织总部的演讲》,载《人民日报》,2014年3月28日。

(二) 始终以党的建设引领新时代文明实践中心建设

坚持党对一切工作的领导是实现中华民族伟大复兴的根本保证。加强基层党组织建设是推进新时代文明实践中心建设的保障。习近平总书记在党的二十大报告中指出:"基层民主是全过程人民民主的重要体现。健全基层党组织领导的基层群众自治机制,加强基层组织建设,完善基层直接民主制度体系和工作体系,增强城乡社区群众自我管理、自我服务、自我教育、自我监督的实效。"要将新时代文明实践中心建设作为推动基层党建工作的重要契机和创新点,作为践行党的群众路线的重要路径,强化基层党组织在新形势、新任务、新问题下的改革创新责任,宣传群众、教育群众、关心群众、服务群众,凝聚力量,用主流思想舆论巩固基层意识形态阵地。要进一步深入贯彻落实党中央对加强基层组织建设提出的新要求及无锡市委的指示精神,深入推进村、社区带头人队伍建设工程、党支部标准化规范化建设工程和党建工作指导站建设工程等三项工程,要以组织力为重点,突出新时代文明实践中心建设的政治引领功能,深刻认识到加强基层党组织建设对于新时代文明实践中心建设的重要性,全面贯彻落实习近平新时代中国特色社会主义思想,坚定不移地将党的领导贯彻落实到理论宣讲、教育服务、文化服务、科技与科普服务、文明健康服务等文明实践工作的方方面面,不断增强基层党组织的政治领导力、思想引领力、群众组织力和社会号召力。要充分发挥党员干部在理论宣讲、志愿服务、道德塑造、新风建设的领头示范作用,落实党的路线方针政策和利民惠民决策,引导广大群众不断增强"四个意识"、坚定"四个自信"、践行"两个坚决维护",不断巩固党在农村的执政基础和群众基础。

(三) 建立健全新时代文明实践工作的政策保障机制

建立持续稳定的经费投入机制,继续将新时代文明中心建设经费列入同级财政预算,用于中心(所、站)建设、活动组织、人员培训、志愿服务、办公经费等保障性工作,建立经费管理制度,通过考核评估、以奖代补和政府购买服务等方式,加大对优秀志愿者服务项目、文明实践示范点资金支持,适当对经济薄弱村、困难户进行资金帮扶。另外,出台相关政策动员和鼓励企事业单位、民间组织对各种主题性活动开展的经费支持。完善新时代文明实践工作的激励机制,采用精神奖励为主、物质奖励为辅的方法,组织群众对社会上和发生在身边的思想道德现象开展评议,对新时代文明实践工作中的示范团队、示范项目和先进个人等进行宣传表彰,探索动员和激励群众积极参与志愿服务、移风易俗、家风建设等文明创建的新思路新办法。健全新时代文明实践工作考核评价机制,以习近平新时代中国特色社会主义思想为指导,根据中央《关于建设新时代文明实践中心试点工作的指导意见》以及省市新时代文明实践中心建设意见方案,以群众满意度、获得感为主要衡量标准,设计完善宜兴市新时代文明实践工作考核评价体系,通过实地考察、问卷调查和第三方评价等方式,将考核结果作为镇(街道)、行政村经济社会发展评价的重要参考,并作为党政领导班子、领导干部和志愿服务团体评价的重要依据。

(四)将新时代文明实践工作与建设"强富美高"新宜兴有机结合

立足宜兴经济社会文化发展实际,充分发挥地方经济发达、生态环境宜居、历史文化底蕴深厚等多方面优势,将新时代文明实践推进工作与宜兴全国文明城市建设、"强富美高"新宜兴建设有机结合起来,营造崇德向善、重教育人、公益慈善、家国情怀和公平正义的良好文化氛围,为城市文明建设、城乡高质量发展提供精神动力和智力支持。深入总结宜兴现代化建设经验,全面展现改革创新发展突出成就,凝心聚力,不断增强宜兴人民对中国特色社会主义的道路自信、理论自信、制度自信、文化自信。例如,进一步贯彻落实新发展理念,以"绿山青山就是金山银山"的践行为主题,总结宜兴市坚持"生态宜居"核心理念、推动"民生环保"生态惠民、实现绿色崛起的成功经验,推出美丽乡村建设的宜兴样本。以特色小镇建设和乡村振兴为抓手,进一步开发宜兴地方传统优秀文化资源,发展现代农业与乡村旅游相结合的特色产业推动宜兴城乡统一高质量融合发展。将实现中华民族伟大复兴中国梦、弘扬社会主义核心价值观、传承中华优秀传统文化、中国特色社会主义生态文明建设等主题元素,融入新时代文明实践示范基地、主题广场和城乡公共服务基础设施建设中去;进一步发挥红色文化展示馆、名人故居爱国主义教育示范功能,深入讲好"宜兴故事";等等。

(五)强化新时代文明实践工作的人力资源保障

(1)做好县乡村各级领导队伍建设。

以党建工作为引领,通过理论学习、实地考察、内外交流等多种形式,深入领悟新时代文明实践工作的重要性,进一步增强建设新时代文明实践中心的责任感和使命感,提升对习近平新时代中国特色社会主义思想认识和研究的理论水平、辩证思维与实践能力。

(2)做好志愿服务队伍建设。

分类培育培养理论专家、专业技术人才、文艺骨干、"五老"人员、致富能手等志愿服务队伍建设。例如,依托高等院校中国特色社会主义理论体系研究基地、省市委党校、宜兴新时代文明实践研究院等理论研究阵地,采取集中统一培训、集体辅导与个别教学相结合形式,采取导师制的方法,进行一对一、点对点的辅导。对学员宣讲的主题选择、资料收集、案例选取、宣讲思路、PPT制作、重点难点解析等进行系统指导,引导理论宣讲骨干深入学习宣传习近平中国特色社会主义思想,推动理论研究与地方实践有机结合,提升理论宣讲水平。又如,依托宜兴市科学技术协会、陶瓷行业协会、书画家协会、茶文化促进会等社会群团组织或专业技术团体,建设不同领域专业技术人才队伍,定期或不定期开展科技服务下基层活动,提升专业技术服务水平。再如,依托宜兴市民间文艺家协会和群众性文艺活动组织以及宜兴保利大剧院等文化活动载体,遴选和培养不同类型的文艺骨干队伍,以群众文化需求为导向,开展各具特色的文化服务活动,等等。此外,探索市校共建合作机制,以全国文明城市建设、新时代文明中心建设为引导,建设一批社会实践活动基地,吸引高校大学生进行基层开展暑期社会实践或专业实习工作,充实新时代文明实践工作队伍。

（3）做好地方服务决策咨询团建设。

依托新时代文明实践研究院,以项目制方式,邀请省内外专家、本土专家组成新时代文明实践专家顾问团,以实践调研为基础,以问题为导向开展决策咨询服务活动。在乡镇（街道）组建发展商会组织、新乡贤理事会等帮扶组织,聚集各类人才,培育乡贤文化,弘扬新乡贤精神,吸引乡贤参与乡村振兴事务决策,做好地方智库建设,推动新时代文明实践工作决策科学化、民主化。

远离七个误区,做实新时代文明实践中心建设——松滋市关于新时代文明实践中心建设的几点思考

熊 帅[①]

新时代文明实践中心建设,其核心任务是推动习近平新时代中国特色社会主义思想深入人心、落地生根;其根本宗旨是宣传群众、教育群众、引导群众、服务群众。湖北省松滋市作为全国第二批新时代文明实践中心建设试点县市,在走过一年探索期、建设期后,正式步入巩固期、拓展期、提升期。如何做实做细新时代文明实践中心建设工作,让活动更接地气,让服务更贴民心,是我们必须正视和正在思考的问题。笔者以为,只有聚焦根本、立足基层、着眼群众、远离七个误区,才能让文明实践走深、走实、走稳、走远。

一、别让"阵地"成为"空壳子"

一是指导机构"大手笔",造成浪费。阵地,是我们推进工作、开展活动、搞好服务的基础。也正是在这一思想指导下,很多地方把"高标准建阵地"作为首要任务进行落实。大投入、大手笔、大动作,来建设中心、所、站等各级文明实践指导机构。到最后就是,实践中心、所、站的办公场地高端大气,楼上楼下琳琅满目,墙上挂的、地上贴的、大厅里摆放的眼花缭乱,各类功能室设置齐全;但平时去看,仅一两个人办公,冷冷清清,并没有充分发挥与投入相匹配的强大功能。新时代文明实践中心(所、站)是一个指导机构,重在统筹、部署、指导全市新时代文明实践工作,并非开展志愿服务和各类活动的主要阵地,一间办公室、一张办公桌、一部办公电话、一台办公电脑足矣。所以,一定要把工作机构和活动阵地区分开来,工作阵地建得再好,也无利于服务群众,只是成了外来观摩交流、上级调研、考核展示、开现场会时的脸面工程和形象工程。

---

① 作者简介:熊帅,湖北省松滋市新时代文明实践指导中心人员。

二是活动阵地不便民,造成闲置。阵地要便民,这是基本要求。但有些实践所、实践站和其他服务活动阵地,选址不科学不精准,导致不能发挥应有的社会效益。有的建在住户不集中的地方,人气不旺;有的建在交通拥堵的地方,群众想来活动,停车不便、交通不便;有的把活动场所建在三楼四楼甚至更高楼层,群众不能进、不想进、不愿进;选址不科学,结局就是建好即闲置,门可罗雀。

三是基础建设有差异,造成失衡。相反,那些直面群众、老百姓最想要、全天候敞开、群众能自主管理使用的基层服务阵地却被弱化了。人们想自娱自乐、练练歌舞,没有场地和设施;乡亲们想聚聚休闲一下,没有场地;农村的孩子们想做做游戏、看看书,没有场地。特别是城市与乡村之间、山区与湖区之间的硬件基础差异,导致偏远地区的老百姓不能平等地享受到新时代文明实践中心建设带来的服务红利。

松滋市在打造机构阵地时,对标省、荆州市新时代文明实践中心(所、站)建设标准,严格按照"五有"的要求,以提升软实力为主,以厚实硬基础为辅,全覆盖建起了中心、所、站三级指导机构。特别聚焦群众实际所需,实现资金下沉、功能前移,重点打造了300多个"乐乡大舞台"基层文体活动阵地、26个"快乐之家"阵地、60多个"幸福E站"阵地,把管理权、使用权真正移交到老百姓手上,从而充分发挥了阵地的作用。

二、别让"队伍"成为"花架子"

一是数字很"大",但停留在平台上。志愿者注册率,是衡量一个地方公益意识、服务理念、奉献精神的重要数据。但在实际操作中,为了提高注册率,有关部门动用了行政手段,面上的"数字"是好看了、达标了,但真正的志愿者有多少?值得怀疑。片面的"数字化"标准,是新时代文明实践工作大忌,只有让这些数字活起来动起来,才能成为新时代文明实践的细胞和元素,发挥出应有的作用,也就是要提高"活跃率"。不能让冰冷、零散、空洞的数据占据后台,要成建制地组织起来、科学系统地统筹起来、全面多维度地整合起来,为这些数字赋予实际意义。

二是队伍很多,但建在纸面上。主要表现为:队伍建了很多,数据也很翔实,每一支队伍名单都有详细信息,但仅仅是在纸面上、资料中、台账里反映出来,名单中的人没有激活,甚至还有的人自己都不知道自己成了某某志愿服务队的队员。部分管理员也没有很好地履行管理职能,没有统一的部署,没有定期的活动,队伍是一盘散沙,更别说发挥服务效能了。

三是成效很好,但"挂"在材料上。很多时候,实践经验、社会效益是我们自己绞尽脑汁挖掘出来的,是通过材料、汇报彰显出来的,并不是出自群众的体验和感受。"群众的口碑"才是实打实的成效。走到民间,问问群众就知道,我们所开展的项目是不是人民所希望的,给人民的生产生活带来了什么样的变化,为社会风尚的引领带来了什么样的作用。他们的点赞是经验,他们的批评和建议也是经验,他们看到的不足和缺憾更是经验,只有把这些总结上来,才能真正指导、改进、深化好新时代文明实践工作。

三、别让"项目"成为"闹眼子"

一是缺乏长远性。把项目等同于一个阶段性活动,没有科学规划,没有长远目标,没有子项目设计,用活动实施方案、年度工作计划来替代项目规划。由此导致项目缺少理论支撑,缺少机制保障,只能用整合零散活动的方式来填充项目,而不是在项目指导下来设计活动,使项目活动处于无序状态。

二是缺乏可操作性。把项目当成一个噱头,没有经过深入调研,没有开展实践论证,没有进行统筹规划,为了项目而设项目,用五花八门的项目名来佐证实践的成效,不接地气、不切实际、不合民情,导致项目启动后,无法持续有效推进。同时,有些项目定得太高太大,作为县市一级新时代文明实践中心,在项目设计上、理论指导上、实践运行上没有足够的能力与水平,导致项目"胎死腹中"、名存实亡。

三是缺乏实效性。项目不是凭空想出来的,不是坐在办公室信手拈来的,而是"逼"出来的。是大势所趋逼出来的,是社会所需逼出来的,是群众所盼逼出来的。真正的文明实践项目,应该是在深入了解群众普遍性需求、全面评价社会认可度、充分论证可行性基础上产生的,其实效性就体现在群众评价和社会评价上。不能为群众解决实际问题的项目不是好项目,不能引领社区风尚的项目不是好项目,不能产生社会效益的项目不是好项目。

新时代文明实践项目的立项是一个很严肃的问题,要经过充分调研、充分论证,聚焦群众的痛点、社会的热点、工作的重点,从长从细进行科学谋划后而确立。为了让志愿服务成为一种常态、一种潮流、一种时尚,松滋市规划启动了"五品四系列"项目。"五品"就是"乐乡讲堂""乐乡大舞台""乐乡新风""四点半课堂""快乐之家"五个市级品牌项目。五个项目由市志愿服务联合会统筹,由相关专业志愿服务队具体实施,推动新时代志愿服务广泛开展,切实服务好群众。"四系列"即基层特色系列、专业服务系列、节点时令系列、常规活动系列四个服务板块。做到每一支队伍、每一个基层新时代文明实践所(站)、每一个时段都有相应的文明实践内容和主题,促进志愿服务常态化。2022年,又创新启动了"'影'领乐乡"文化服务项目、"小红帽爱心车队"项目。此外,全国其他一些省、市还有一些特别好的小项目,值得我们学习和借鉴。例如浙江省慈溪市的"幸福巴士"、浙江省海宁市的许村镇的"李家播报"、湖北省洪湖市的"红船宣讲"、江苏省宜兴市的"点亮行动"等,特别是基层实践项目,突出了小切口、大情怀,小举措、大文明,小实践、大引领。

虽然都是一些实打实的小切口、小举措、小实践项目,但彰显了大情怀、大文明、大引领。

四、别让"服务"成为"装样子"

新时代文明实践活动是以志愿者为主体力量、以志愿服务为主要形式开展的,怎样打造好开展中国特色志愿服务的广阔舞台,要注意三点。一是行政化色彩别太浓。中央、省、市文件明确指出,重点围绕"学习实践科学理论、宣传宣讲党的政策、培育践行主流价值、丰富活跃文化生活、持续深入移风易俗"五项内容,大力开展"8+N"志愿服务活动。这些服务都是面向广大老百姓开展的,是为老百姓解决思想上、身体上、生活上的难点问题的。所以,要按照老百姓的需求来量身定制服务,只有满足老百姓需要的,他们才会点赞、才会认可。但在现实中,因为数据要求、场次要求,很多时候会以任务的形式、以派送的模式来推动志愿服务,这就偏离志愿服务的本意了,甚至可能把"服务活动"搞成"扰民行动"。二是形式化倾向别太重。为了完成月活动任务,而开展不是志愿服务的"志愿服务"。有的单位甚至把本职工作,也当成志愿服务在进行。三是即兴化活动别太多。志愿服务活动没有计划,不成序列。今天脑袋一热,我们去哪个地儿搞个理论宣讲活动;明天大腿一拍,我们到某个乡镇,送个文化文艺下基层活动。水到檐前才开沟,活动零散而无序。解决这个问题,就是要立好项目,在项目的框架下开展活动,把活动纳入项目的坐标系、时间轴,这样才能确保活动的生命力和长效性。

为此,松滋市在"五品四系列"项目推动基础上,序列化开展各类子活动,同步部署"文明实践日"主题活动,让队伍动起来,让服务实起来,让成效显起来。

五、别让"中心"成为"菜园子"

有一种现象要引起重视。在很多部门科局眼中,新时代文明实践中心似乎成了"万金油":工作紧张缺人手时,找新时代文明实践中心要志愿者;在考核迎检时,找新时代文明实践中心要材料;各级各类活动里,找新时代文明实践中心要配合服务。新时代文明实践中心俨然成了一个免费的人力保障机构、一个综合资料存储中心。面对这些情况,新时代文明实践中心应该怎么去做?应该把准三个定位,以弄清楚我们目标任务、弄清楚我们的服务对象。①政治定位。新时代文明实践中心的核心任务是推动习近平新时代中国特色社会主义思想深入人心、落地生根,承担起举旗帜、聚民心、育新人、兴文化、展形象的使命任务,要着眼凝聚群众、引导群众、以文化人、成风化俗,达到传播新思想、引领新风尚的目标。②职能定位。即打造学习传播科学理论的大众平台、加强基层思想政治工作的坚强阵地、培养时代新人和弘扬时代新风的精神家园、开展中国特色志愿服务的广阔舞台。要围绕培育文明乡风、良好家风、淳朴民风,宣传党的政策,传递文明风尚,打造一个融思想引领、道德教化、文化传承等多种功能于一体的基层综合平台,实现更富活力、更有成效、更可持续的发展。③服务定位。新时代文明实践中心建设,旨在打通宣传群众、教育群众、关心群众、服务群众的"最后一公里"。由此可看出,我们的服务对象是人民群众,我们的服务阵地在基层。要因地制宜开展经常性、面对面、广大群众喜闻乐见的文明实践活动,大力培育和践行社会主义核心价值观,切实提高群众的思想觉悟、道德水准、文明素养、法治观念,为建设新时代提供坚强的思想保证、强大的精神动力、丰润的道德滋养、良好的文化条件。

六、别让"整合"成为"挂牌子"

　　整合是新时代文明实践中心建设过程中的一个热门词。真正的整合,是有大学问的。但很多时候,我们的整合却是"挂牌子""换牌子"。比如,在公园门口挂上一个"新时代文明实践主题公园"的牌子,在广场边上竖一块"新时代文明实践活动广场"的牌子,大舞台上悬一方"新时代文明实践大舞台"的牌子,在教育基地上立一块"新时代文明实践教育基地"的牌子,在公共场馆加一块"新时代文明实践"的牌子。加牌子、挂牌子、换牌子俨然成为"整合资源"最时尚、最便捷、最省事的渠道。然而,这只不过是外在感观上的整合,只不过是形式主义的整合。重要的是,你在加挂牌子的同时,要给阵地同步注入新的政治内涵和时代魅力,要把服务社区、凝聚群众的意识、理念、思想、操守、情怀融入到阵地功能中去。

　　松滋市在资源整合上,重点围绕"硬件资源共融、人力资源打通、物资资源集中、项目资源互用",抓好六个方面的整合,既盘活了资源,又激发了潜力。①一网两中心整合。广电网络、市融媒体中心和新时代文明实践中心整合,实现人力、物力、平台、信息的共建共享。包括项目、队伍、阵地、信息、人员都实现了深度融合。2021年年底,我们组织了联合考核组,对全市新时代文明实践工作进行调研考核,效果很好。②业务机构整合。新时代文明实践指导中心、文联协(学)会、文明创建指导股、宣教股、网信股整合,人员打通使用,工作协作推进。③乡镇"所""站"整合。新时代文明实践所和乡镇综合文化站整合,一套人马、一间办公室,互通共融。宣传委员是新时代文明实践工作的具体负责人,文化站长是新时代文明实践的主抓者。④村居"站""屋"整合。新时代文明实践站和农家书屋整合,一人主管、多人协抓。村和社区的人手不足,我们就把新时代文明实践站设在农家书屋内,既盘活了文明实践阵地,又用活了农家书屋。⑤小区"岗""会""户"整合。

新时代文明实践岗与小区业委会、文化中心户整合,走进社区,走进家户,直面群众,齐抓共管。⑥群团阵地整合。老年之家、青年之家、妇女儿童之家、职工之家、侨联之家、科普之家全面整合,打造"快乐之家",打破过去条块分割、各自为政的局面。当前,全市已高标准建起了26个"快乐之家"试点,融合了文化惠民、留守儿童辅导、老人休闲娱乐等众多功能,用活了过去"门上一把锁、地上一层灰"的阵地闲置状态。老百姓有句"对口白"生动形象地阐释了"快乐之家"的效用,"周一到周五,男人学打鼓,孩子搞科普,老的下下棋,女的跳跳舞"。

七、别让"志愿"成为"软柿子"

《志愿服务条例》规定,志愿服务应当遵循自愿、无偿、平等、诚信、合法的原则。规定县级以上人民政府应当将志愿服务事业纳入国民经济和社会发展规划,制定促进志愿服务事业发展的政策和措施,合理安排志愿服务所需资金,促进广覆盖、多层次、宽领域开展志愿服务。对有突出贡献者予以表彰、奖励,采取措施鼓励公共服务机构等,使之对有良好志愿服务记录的志愿者给予优待。

这就要求我们:一方面,要广泛宣传,积极引导,培育公益意识,增强奉献精神,根植服务理念,提升志愿者参与志愿服务的自觉意识。要让志愿者成为全社会公认的最高尚的一个群体,要让志愿服务成为全社会最点赞的一种潮流。不能采用行政管理手段来管理志愿者、安排志愿服务,要通过引领,让"志愿"变"自愿"。另一方面,要保障好志愿者的合法权益,保障好志愿服务的所需资金。不能进行道德绑架,不能让志愿者在牺牲休息时间,服务社会服务群众的同时,还要贴钱贴"米"。只有解决了志愿服务的后顾之忧,志愿服务才能得到长效开展。

为此,松滋市专门对接市民政局,协商社会公益组织的管理办法,并召开专题协调会议,制订志愿服务联合会章程,就公益组织的注册登记、政治、业务进行对口管理。为激励志愿服务热情,专门出台了《松滋市志愿服务激励嘉许办法(试行)》(松文明办〔2021〕1号),2022年又出台了《补充规定》,旨在全面保障好志愿者权益。启动了志愿服务项目大赛、短视频大赛、"4个10"评选,有效促进了文明实践的长效发展。

县级融媒体中心与新时代文明实践中心融合发展的桐梓探索

张 波 田珍珠[①]

作为基层社会治理的重要抓手,新时代文明实践中心和县级融媒体中心近年来先后在中央有关政策文件中被提及。2018 年 7 月 6 日,中央全面深化改革委员会审议通过《关于建设新时代文明实践中心试点工作的指导意见》,决定在全国县一级建设新时代文明实践中心,旨在打通宣传群众、教育群众、关心群众、服务群众的"最后一公里"。2018 年 8 月 21—22 日,习近平总书记在全国宣传思想工作会议上,对做好新时代党的宣传思想工作作出一系列部署,强调"要扎实抓好县级融媒体中心建设,更好引导群众、服务群众",同时强调"推进新时代文明实践中心建设,不断提升人民思想觉悟、道德水准、文明素养和全社会文明程度"。[②] 县级融媒体中心和新时代文明实践中心这两者都是基层宣传思想文化领域的重要平台,都具有"服务群众、引导群众"的使命,在发展中都有借力对方的需要,这些共同点为两者融合发展提供了前提和基础,并给基层治理工作带来了巨大的想象空间。当下,县级融媒体中心和新时代文明实践中心的融合发展(以下简称"两心"融合)在全国范围内已有很多先行示范者,它们在优势互补、资源共享和合作共赢等层面探索出了一些宝贵经验,但"两心"融合的动力机制、基本路径、实际效果和发展方向仍然有待厘清。本文试图以贵州省桐梓县融媒体中心为例,通过呈现其和桐梓县新时代文明实践中心的融合发展之路,对"两心"融合的基本路径进行归纳总结,以期能够通过桐梓这一样本为全国县域范围内的"两心"融合提供一些有益启示。

[①] 作者简介:张波,贵州大学文学与传媒学院副教授、硕士生导师;田珍珠,贵州大学文学与传媒学院研究生。
基金项目:贵州省哲学社会科学基金项目"贵州县级融媒体中心'四力'提升对策研究"(19GZQN17)。
[②] 习近平:《举旗帜聚民心育新人兴文化展形象,更好完成新形势下宣传思想工作使命任务》,中青在线,2018-08-22。

一、桐梓县融媒体中心和新时代文明实践中心基本情况介绍

桐梓县融媒体中心是中宣部首批县级融媒体中心建设重点支持单位之一,是中共桐梓县委直属正科级全额拨款事业单位。该中心于2018年8月开始筹建,12月29日正式挂牌成立。在省委、市委两级宣传部的统筹指导和桐梓县委的重视推动下,桐梓县融媒体中心在全省率先迈开新媒体时代宣传步伐。中心下设编辑部、采访部、技术部、播控部、广告栏目部、制作部、战略发展部、党政信息服务部、办公室等"八部一室",现有工作人员67人,其中1/3为体制外聘用人员。通过不断深化改革、深耕内容,目前有电视、电台、微信、抖音等各类宣传平台13个,"粉丝"达60万个,成为当地主流舆论阵地。2019年11月,桐梓县被确定为新时代文明实践中心全国第二批试点建设县之一,随即新时代文明实践中心建设工作在桐梓县全面铺开,并迅速形成了县、乡、村三级覆盖的新时代文明实践中心组织体系,目前桐梓县已建成新时代文明实践中心1个、实践所25个、实践站230个。实践中心有正式编制工作人员5名,实际在岗人员4名,自其建立以来围绕"传播新思想、引领新风尚、开启新征程"这一工作目标,开展了形式多样的文明实践活动。截止到2021年8月,共有注册志愿者13.52万人,志愿队伍430支,发布项目1.3万余个,为社会提供服务近196.06万小时,已形成以"娄山红"为品牌的志愿服务体系。

因县级融媒体中心与新时代文明实践中心使命相通,在宣传、教育、关心、服务群众上有着共同的目标和追求,桐梓县将全国两个中心试点融合建设作为推动党的群众工作和宣传工作落地落实的重要探索,将两中心融合发展同步谋划和推进,走出了"两心相融、两心相悦"的桐梓特色。2021年8月,本课题组一行6人前往桐梓县融媒体中心进行调研,围绕桐梓县融媒体中心运营现状展开集体座谈,并就"两心"融合建设的经验与成效,对融媒体中心领导层以及部分基层从业者进行了深度访谈。2021年12月,笔者又对桐梓县新时代文明实践中心的工作人员进行了补充性深度访谈,获得了大量来自新时代文明实践中心视角下的观察和思考信息。随着相关资料信息的收集汇总,桐梓县"两心"融合发展之路愈发清晰,将其呈现出来并对"桐梓样本"的经验价值进行提炼,在"两心"融合发展尚处于摸索期的当下环境里显得极有必要。

二、"口""手"相连:桐梓县"两心"融合发展的基本路径

群众在哪里,党的声音就要传播到哪里;群众在哪里,文明实践活动就要延伸到哪

里。推进县级融媒体中心和新时代文明实践中心的建设,是党中央作出的决策部署,是推动习近平新时代中国特色社会主义思想"往深里走、往实里抓、往心里走"的迫切需要。桐梓县从一开始就统筹规划,将"文明实践之手"和"媒体宣传之口"同步谋划、同步推进,既让县级融媒体中心的服务群众有了实际落脚点,也让新时代文明实践中心的志愿服务工作获得了更大宣传效应。具体来说,桐梓县的两中心是从如下四个方面去进行"口"与"手"相连的。

(一)空间融合

对于县级融媒体中心建设来说,空间上的"破壁"是至关重要的一步,这意味着它"不是仅静态的新闻室空间形态与流程再造,更重要的是空间权力的变化、空间资源的再分配,以形成新的空间生态系统为目标"。[①] 新的空间生态不仅仅体现为县级融媒体中心内部各种部门办公场地的融合,也体现为融媒体中心和各种外部机构空间的融合。对于"两心"融合来说,空间融合是最为基础的也是最早进行的融合措施。空间能够聚集各种生产要素,限定着人的活动范围,并且建构着一定的社会关系,因此两中心的融合首先体现为办公场地的融合。为实现目标共创、资源共享和平台互通,促进两中心从各自为阵到矩阵管理,桐梓县从组织体系入手,着力解决两中心物理空间的融合问题。自2019年11月新时代文明实践中心建设伊始,桐梓县便在融媒体中心一楼规划建设桐梓县新时代文明实践中心;2020年4月两中心实现合署办公,9月新时代文明实践中心大厅及办公室正式入驻融媒体中心,在阵地建设上真正做到步调一致、目标统一。目前两中心人员已经在合署办公的基础上,就具体的业务工作展开了深度往来,为两中心其他层面的深度融合提供前提基础。两中心在空间层面实现物理融合以来,一方面节省了办公层面的运营成本,通过在垂直层面上对空间实现集约化使用,避免各自选址所带来的建筑空间浪费,实现了对物力、财力资源的节约和最大化使用;另一方面也减少了人力层面的沟通成本,空间上的融合打破两个中心沟通协作上的壁垒和隔阂,为资源共享、人员协作提供便利,两中心工作人员的共事与协作有了良好的空间保障。

(二)平台融合

为实现数据引流和用户共享,桐梓县坚持"线上+线下"平台融合搭建,两中心打通了各自的平台,通过数据的互联互通实现了两中心的技术融合。

[①] 刘峰:《新闻室空间再造:县级融媒体中心建设的元新闻话语研究》,载《新闻大学》,2019年第11期,第11-12页。

一是共建线上平台。2019年11月,两中心依托科技网络平台公司,建成了桐梓县新时代文明实践中心志愿服务网络平台,并充分发挥融媒体中心技术优势,在"娄山资讯"App、"娄山关"及"桐梓发布"微信公众号中开设"文明实践"窗口,链接网络平台。该平台设有政策信息、项目发布、工作动态、点单评单等服务板块,能够实现在线志愿注册、征集广大群众需求、招募志愿者、听取志愿服务反馈等便捷功能,推动了文明实践志愿服务的便民化和精准化。同时,通过平台宣传亮点工作、特色经验和先进模范,扩大了志愿服务影响力。

二是共创线下栏目。借助两中心设备及人员优势,在电视、电台等线下平台上,共同开设《空中桐课》《夜读》《初心热线》《志愿者风采》《我为群众办实事》民生服务栏目,围绕脱贫攻坚、疫情防控、抗洪抢险、文明城市创建等群众最关心、最直接的问题征集需求,梳理其中可以通过文明实践活动解决的问题,组织志愿队伍有针对性地开展志愿服务,并将服务情况、解决效果通过微信公众号、抖音视频号宣传出去,实现"一次采集,多种生成,多元传播"目标,达到开设栏目一手抓内容生产、一手抓文明实践的显著效果,在全社会营造尊重志愿者、学习志愿者、争当志愿者的良好氛围。通过两中心共享平台资源渠道,县级融媒体中心的宣传工作更有针对性,而新时代文明实践中心的一系列志愿服务活动则取得了更大效益。

(三) 人员融合

媒体融合不仅仅只是媒体机构组织层面的融合变革,它也体现为媒体从业者的角色融合,早在十多年前就有研究者指出,"传统媒体的转型,对于新闻从业者个人而言,最大的改变不是强化发现和采集新闻的职能,而是强化加工新闻和信息的职能,也就是要通过对新闻与信息的整合,提升内容产品的品质和价值……从而促成媒介集团中产品链和价值链的生成"。① 人是"两心"融合发展的主体,人才队伍的整合相融决定了信息宣传能否和服务群众统筹起来。县级融媒体中心人员长于宣传报道,对来自基层一线的新闻线索有需求;新时代文明实践中心人员则长于对基层志愿服务活动进行调度,对志愿活动的宣传报道有需求。两者刚好优势互补,两中心融合发展之后,桐梓县将文明实践中心及融媒体中心人员在角色上进行了融合。根据文明实践活动需要,桐梓县将文明实践中心及融媒体中心人员整编为四个小组:接单入库组负责通过线上、线下平台双向收集群众需求,完善志愿服务项目库;志愿服务调度组负责根据群众点单,派单给相应志愿服务队伍,并通过文明实践专栏发布志愿者招募令,广泛招募志愿者上门为群

---

① 蔡雯:《媒介融合带来新闻编辑部角色变化——从新闻采编到知识管理》,载《新闻与写作》,2007年第4期,第16-18页。

众提供志愿服务；跟踪宣传组负责跟踪了解志愿服务全过程，确保群众需求得到解决，同步拍摄图片和视频，做好宣传报道；资料收集组负责收集整理志愿服务活动图片、亮点工作、典型特色实例以及优秀志愿者故事等相关信息并利用有关平台宣传。四个工作组密切配合、通力协作，统筹推进文明实践各项工作。在这个过程中，以具体的项目为支点，县级融媒体中心记者承担起了文明服务志愿者的角色，而新时代文明实践中心的大部分志愿者则成为县级融媒体中心通讯员队伍。通过人员融合调配，两中心人员的交流更加便利，工作中的协作水平大幅提升。

（四）制度融合

制度是两中心规范化运营的基石，是两中心各项工作得以顺利开展的依据和准则，制度上的融合是两中心深入推进一体化发展的基本手段。"两心"融合在工作上所作出的探索、所积累的经验和所取得的成绩，如果没有相应的制度作为保障和支撑，则难以为继。在推进"两心"融合发展过程中，桐梓县两中心建立联席调度会机制，定期召开联合调度会议。在融媒体中心每周固定召开的编前会中，新时代文明实践中心人员会列席参加，融媒体中心会把新时代文明实践中心开展的实践活动纳入自身总体的宣传策划，从活动的策划、准备到实施阶段，共同谋划、组织和提升媒体的内容生产能力。为此双方还同步建立微信工作群，融媒体中心将最新的报道策划、选题、制作情况上传，文明实践中心第一时间了解，并组织志愿者参与其中；文明实践中心的志愿服务项目库和文明实践专栏后台本身就对县级融媒体中心是开放的，记者编辑可以方便地了解本地文明实践活动的实时情况，进而从中找到宣传素材并组织宣传报道。在这一平台之外，文明实践中心人员通过对基层动态的掌握，提供更多补充性的内容，帮助记者编辑更好地判断志愿服务哪些内容值得报道、哪些细节值得深挖。此外，文明实践中心还积极引导志愿者担任通讯员，利用手机、平板电脑等设备采集宣传素材，在第一时间向两中心沟通反馈。如 2020 年 6 月，桐梓县木瓜镇突遇洪灾，道路交通中断，记者不能及时赶到现场，该镇志愿者用手机拍摄视频及时传递灾情现场信息到两中心，记者在最短时间内制播出详细生动的新闻，满足了广大群众对现场信息的知情权。通过一系列制度上的融合，两中心人员实现行动步伐一致，打出了漂亮的配合战。

三、深化基层治理：桐梓县"两心"融合的发展效果

县级融媒体中心与新时代文明实践中心的融合不是两个机构平台的简单相加，而

是通过"面向基层社会治理,促成社会认同,二者相互推动,相互促进",[①]进而发挥"1+1＞2"的效应。桐梓县"两心"融合发展后,信息宣传的声音传得更开,志愿服务的影响拓得更广,最终更好地服务了基层社会治理。

(一)"两心"融合带来了县级融媒体中心传播力、影响力和引导力的提升

首先是媒体传播力快速增长。通过H5、小程序、短视频、互动游戏、直播等手段不断创新优质内容表现形式,爆款产品不断涌现,微信公众号点击量破"10万＋"作品信息2条,短视频平台作品播放量10万级202条、100万级40条、1000万级2条。截至2021年8月,桐梓县融媒体中心年度发布各类信息近2万条,中央、省、市等各级媒体用稿近2000条,各平台"粉丝"总数达72余万,点击量达2亿余次。"两心"融合后的一系列深入改革,使得融媒体中心传播力不断得到提升,展现了桐梓县积极发展的良好形象。

其次是媒体影响力不断拓展。融媒体中心积极运用新技术手段,创新内容生产形式,大力提升产品竞争力。2020年微信公众号"娄山关"第一季度获评贵州省媒体微信影响力排行榜第10名,"桐梓发布"获评全省市县级政务微信排行榜第2名。在全国广电榜月榜排名中,"娄山关"微信公众号最高月榜成绩26名。"娄山关""桐梓发布"微信公众号在清博指数全省榜全部分类中,最高月排名分别为第9名、第11名,打破其历史最高排名记录。"两心"融合以后,桐梓县融媒体中心已成为贵州县域媒体影响力标杆。

最后是媒体引导力进一步深化。"两心"融合发展后,融媒体中心能够更好地把握社情民意,围绕习近平总书记重要指示精神和中央、省、市、县安排部署,及时回应群众关切,抓好议程设置,推动舆论引导能力不断深化。如2020年木瓜镇遭受特大洪灾袭击,融媒体中心以直播、VLOG、音频、图片等形式发布防灾减灾信息,把"及时发布"提升为"实时发布",及时满足群众信息需求,避免谣言传播,有力地引导了正确的舆论导向。在及时发布灾情预警信息后,党员干部赶在第一时间通知群众撤离,无一人伤亡。

(二)"两心"融合带来了新时代文明实践中心知晓度、参与度和满意度的升级

首先是群众知晓度全面提升。为将党的声音、本土文化等传递到户到人,及时提供

---

① 王润泽、杜恺健:《"两个中心"建设与中华民族共同体意识建构——历史语境与现实意义》,载《民族学刊》,2021年第2期,第17-22页。

志愿服务,切实为群众排忧解难,桐梓县各新时代文明实践所(站)打造了具有自身特色的志愿服务项目作为两中心线上线下平台的补充,例如"童谣唱响新时代""海校大妈""精准四助促和谐·乐业安居稳民心""志愿者亮身份·十五分钟志愿服务圈""古镇之声""候鸟黔飞新风来·客主相融一家亲"等11个志愿服务品牌项目。这些特色志愿服务项目通过县级融媒体中心的宣传和扩散,群众对于桐梓文明实践和志愿服务活动有了更多知晓和了解。

其次是群众参与度明显提高。拥有融媒体中心宣传之"口",新时代文明实践中心的宣传声量得以扩大,群众参与的积极性显著提高。例如,围绕"牢记嘱托感恩奋进,德耀桐梓情满娄山"主题,新时代文明实践中心与融媒体中心"强强联合",制作播出"1+N"文明实践专题片,并组织志愿者参与拍摄了"唱支山歌给党听"快闪、"德耀桐梓,情满娄山"志愿者招募宣传片等,通过在全县持续宣传报道,扩大了文明实践活动的影响力,促进了广大市民文明素质提升,吸引了更多群众加入文明实践活动的队伍之中。截至2021年8月,桐梓县共有注册志愿者13.52万人,志愿队伍430支,发布项目1.3万余个,为社会提供服务近两百万小时。

最后是群众满意度持续上升。通过开设《初心热线》《吐槽汇》《我为群众办实事》等栏目,把"天线"架在群众家门口,借助融媒体中心的"发射塔"优势,发挥文明实践中心的"蓄水池"调度功能,让群众不出家门就能破解生产生活中的各种问题,增强文明实践的针对性、有效性,不断提升群众满意度。截至2021年6月,全平台"文明实践"相关栏目的点击量达51.8万人次,帮助群众解决实际困难12874件,涉及群众75.5万人次。

四、结语

县级融媒体中心和新时代文明实践中心都是推进基层治理体系和治理能力现代化的重要抓手,在"两心"融合发展的推动下,县级融媒体中心的传播力、影响力和引导力得到极大提升,而新时代文明实践中心的知晓度、参与度和满意度也有了长足进步。就桐梓而言,"两心"融合真正实现了"宣传之口"和"服务之手"的连接,进而为基层治理工作带来新启发。作为"两心"融合发展的典范,桐梓县这一个案表明,即便是在县域资源条件有限的情形下,只要地方主政领导重视、两中心组织层面有保障、融合发展制度建设到位、基层人员互动配合默契,"两心"融合也完全可以发展得很好。此外,桐梓这一样本给我们的启示还在于"两心"融合发展不仅要注重空间和平台等硬件层面的融合,也要注重人员和制度等软件层面的融合,这样才能最大化借力两中心各自的优势并弥补对方不足。当然,我们也应意识到,"两心"融合发展仍然是一个有待展开的过程,当下仍然存在着制度不够融通、人才力量有限、资金来源单一、志愿服务能力有待提升等困境,"两心"融合的物理壁垒容易突破,能不能产生化学反应则面临着诸多不确定性。未来,在探索县级融媒体中心和新时代文明实践中心融合发展的路上,在"两心"融合助推基层社会治理的过程中,仍然有很长的路要走。

新时代文明实践"衢州有礼"特色志愿服务体系的实践与思考

姜建勋　毛明华　冯　琳[①]

一、"衢州有礼"特色志愿服务体系的背景和发展

2018年8月,中共中央办公厅印发了《关于建设新时代文明实践中心试点工作的指导意见》,全国各地边探索、边评估、边总结,在加强组织领导、组建志愿服务队伍、整合资源平台、开展文明实践活动、建立运行机制、设立检查评估体系、政策支持保障等,形成一批可复制可推广、低成本可持续的经验做法。

(一)明确一个主题,强化实践牵引

衢州市位于浙江省西部、钱塘江源头、浙闽赣皖四省边际,市域面积8844平方公里,辖柯城、衢江2个区,龙游、常山、开化3个县和江山市,人口258万人。衢州是圣人孔子后裔的世居地和第二故乡,是儒学文化在江南的传播中心,历史上儒风浩荡、人才辈出,素有"东南阙里、南孔圣地"的美誉,位于市区的衢州孔氏南宗家庙是全国仅有的两座孔氏家庙之一。

2005年9月,时任浙江省委书记的习近平同志在衢州考察时曾作出重要指示:衢州历史悠久,是南孔圣地,孔子文化值得很好挖掘,大力弘扬,这一"子"要重重地落下去。从那时起,衢州始终牢记习近平同志的重要嘱托,一直高度重视南孔文化的挖掘与传

---

① 作者简介:姜建勋、毛明华、冯琳,中共衢州市委宣传部。

播。2018年5月7日,市委市政府召开全国文明城市创建誓师大会暨"南孔圣地·衢州有礼"城市品牌打造动员会,首次提出要全力打响"南孔圣地·衢州有礼"城市品牌,努力打造"一座最有礼的城市"。2018年7月25日,市政府新闻发布厅举行首场发布会,正式向社会发布"南孔圣地·衢州有礼"城市品牌。"衢州有礼"的内涵是,"对自然有礼、对社会有礼、对历史有礼、对未来有礼"。

借此,衢州出台新时代文明实践落实方案,确定"衢州有礼"作为全市新时代文明实践主题,志愿服务作为有效载体,聚焦思想引领、文明创建、最美风尚、精神共富等四个目标,市县联动、统筹推进,培育了"衢州8090新时代理论宣讲团""最美衢州人""衢城万鲤"三支志愿者队伍,形成有礼宣讲、有礼秩序、有礼帮扶、有礼战疫等模块的志愿服务项目,打造具有衢州特色的新时代文明实践志愿服务新格局。截至目前,全市注册志愿者达67万人,注册志愿者队伍4400余支,信用时数达1058万余小时。

(二)描绘一张地图,夯实实践阵地

衢州市全面打通融合各类基层阵地,以新时代文明实践中心为基础,统筹农村文化礼堂、乡村振兴讲堂、党群服务中心、居家养老中心、儿童之家等资源,对现有资源进行"物理融合、化学反应",不增添基层负担,实现一个活动阵地、一组管理人员、一张服务清单,全方位盘活各级公共服务志愿,打造全域文明实践地图。

一是分类推进,建好五级实践阵地。对标全国、浙江省试点标准和建设指南,建强"指导中心—实践中心—实践所—实践站—实践点"五级架构,全市建成1个市级新时代文明生活指导中心、6个县级新时代文明实践中心、101个实践所、1461个实践站,实现新时代文明实践阵地层次分明、全面覆盖,打造融思想引领、道德教化、文化传承于一体的新时代文明实践志愿服务强大阵地,形成"15分钟文明实践圈"。

二是强化统筹,率先在全国建立新时代文明生活指导中心——衢州有礼馆。作为全市新时代文明实践中心暨小锦鲤志愿者总部,成为"衢州有礼"对外展示、志愿组织孵化培育的重要窗口。总部面向全市汇总发布新时代文明实践志愿服务"月度主题活动清单",指导基层结合自身工作实际和群众个性化需求,推出"自选菜单",增强志愿服务的针对性、科学性和可持续性,全面提升市民满意度水平。

三是拓展延伸,特色引领,连点成线。依托部分文明单位、科普基地、爱国主义教育基地,打造一批有特色的志愿服务站点,推动各职能部门特别是文明委成员单位的联动,从阵地、内容、力量和投入等方面全面接入,把资源"放到一个篮子里",构建文明实践"大超市",打通文明实践志愿服务的"最后一公里"。如全国试点的开化县在省级文明单位新华书店打造新时代文明实践点,开展"钱江源书社月讲坛""书香润童心""阅读推广人"等主题志愿服务活动,将其打造成传播思想、实践文明的阵地。

(三)抓好一套制度,增强实践支撑

新时代文明实践志愿服务的长效发展需要建立合理、科学、健全的制度环境,衢州从"有礼"入手,全局把握志愿服务战略方向,强调系统性思维,注重志愿服务市、县、乡、村的层次设计,创新队伍培育、工作联动、品牌实践和工作管理机制,从市域层面上不断优化志愿服务发展环境。

一是完善工作体制机制,增强责任意识,建立"书记主抓"的责任落实体系。组建市、县(市区)、乡镇(街道)、村(社区)四级志愿服务队,各级党组织主要负责人担任志愿服务队队长。梳理新时代文明实践中心主任、实践所所长、实践站站长重点任务清单,明确志愿服务必须"一把手"亲自抓,完善主要领导抓推进、抓落实的工作机制。

二是优化组织运行布局,推动工作体系化,建立"多轮驱动"的组织运行体系。在各县(市区)挂牌成立县级志愿服务促进中心,建立由其文明委、新时代文明实践中心组织领导,宣传部、精神文明建设指导中心统筹协调,团委、妇联、总工会、民政等单位推进落实,社会志愿服务组织、各级各类志愿服务团队共同实施的"多轮驱动"运行模式,形成"党委统一领导、党政各部门尽职尽责、社会各方面共同支持参与"的工作格局。

三是加强顶层设计,夯实基层志愿服务,建立"12345"目标引领体系。强化顶层设计,部署推进新时代文明实践志愿服务"12345"体系(即"衢州有礼"一个目标、"文明创建""共同富裕"两条主线、"衢州8090新时代理论宣讲团""最美衢州人""衢城万鲤"三支队伍、"新思想强信心、新文化聚民心、新关爱暖人心、新风尚筑同心"四心工程、"理论宣讲、文明城市、15分钟文明实践圈、最美风尚、数字志愿"五大工程),推进志愿服务精准触达,让文明实践生根发芽、遍地开花。

二、"衢州有礼"特色志愿服务体系的主要亮点

衢州牢牢把握"新时代文明实践的主体力量是志愿者,主要活动方式是志愿服务"这一要义,建设"衢州8090新时代理论宣讲团""衢城万鲤""最美衢州人"三支志愿者队伍,服务理论宣传宣讲、文明城市创建、文明风尚培育等重点工作,培育有礼之风,成为浙江省精神文明高地领域市域试点。

（一）8090新时代理论宣讲团，强化理论武装，推动党的创新理论飞入寻常百姓家

衢州根据理论宣讲注重对象化、分众化、互动化，创新组建了全市"8090新时代理论宣讲团"，通过"80后""90后"这一青年群体学习、宣讲习近平新时代中国特色社会主义思想，用青春的声音传播党的声音，让人民群众特别是广大青年在党的创新理论引领下健康成长。

一是构建全市域高质量推进的整体格局。市委成立领导小组，市委书记和市长担任领导小组"双组长"，市县两级均成立工作专班，实现实体运作。制定出台"指导意见""十条举措"等，安排优秀宣讲员列席市委、市政府重要会议，纳入意识形态工作责任制和大党建工作考核体系，上线"8090新时代理论宣讲团"智慧管服系统，打造全国首个青年宣讲指数评估体系，搭建起高质量推进"8090新时代理论宣讲团"的"四梁八柱"。

二是搭建新时代青年赓续红色基因的实践平台。坚持阵地"下沉"与内容"上云"同步推进，在线下打造乡村、企业、学校、公共场所、重大活动等五大精品宣讲场景120余个，在市县两级挂牌成立42家"8090新时代理论宣讲团"研习基地和若干孵化中心、实训基地等宣讲培育基地，以新时代文明实践中心（所、站）等基层阵地为主载体，组织宣讲员深入田间地头、村社广场、工厂车间等场景开展多样化宣讲。在线上，成立"8090宣讲直播联盟"，建立课程库、素材库、导师库三大数据资源库，探索网上研学平台，有效推动宣讲直播活动常态化、特色化、便民化，各网络直播宣讲活动点击量突破1200万人次。

三是持续扩大"8090新时代理论团"宣讲影响力。创新打造全国首档青年理论宣讲节目"8090说"电视宣讲大赛，持续推出"百团大战""导师带学带讲""学习＋调研""大班学小班研"等，推动宣讲骨干培训模式升级。以讲好习近平新时代中国特色社会主义思想为核心主题，结合中心工作开展系列宣讲。如2021年，围绕百年党史和"七一"重要讲话精神，开展"礼敬百年·青春向党""请党放心·强国有我"等主题宣讲活动；党的十九届六中全会后，围绕全会决议，突出"两个确立"，组织开展"六讲六做·先锋行动"，迅速掀起全会精神学习热潮。

浙江省委高度关注和重视衢州理论宣传宣讲实践，将衢州经验上升为浙江经验。在《中共浙江省委关于加快推进新时代文化浙江工程的意见》《浙江高质量发展建设共同富裕示范区实施方案》、浙江省第十五次党代会报告等文件中，先后提到要充分发挥"8090新时代理论宣讲团"作用，打造"8090新时代理论宣讲团"等一批具有全国影响的基层宣讲品牌、重大政策和理论发声平台，让"8090和00后新时代理论宣讲品牌更加响亮"等。截至2022年4月底，衢州市共拥有"8090新时代理论宣讲团"队伍100多支，注册宣讲员1.1万余名，累计开展线上线下宣讲4万多场，受众逾560万人次。

(二)"衢城万鲤"志愿队伍,创建文明城市,助力城乡社会基层治理

当奉献、友爱、互助、进步的志愿者精神,遇上"衢州有礼"的内涵,孕育出"十万小锦鲤,一座有礼城"志愿服务品牌。2020年衢州以全国第4名高位成为全国文明城市,2021年衢州城市综合影响力排名全国第35位,在文明城市复评中位列114个地级城市全国第一。

一是"公转+自转",围绕中心,服务大局,实现参与主体全覆盖。以创建全国文明城市为契机,政府部门主导,民间团体参与,凝聚社会多元主体力量,创新"三红三团三站"(即红管家、红手印、红色物业联盟,创文骑兵团、净城慢跑团、银发督导团,学雷锋广场、学雷锋有礼站、劳动者港湾)活动载体,切实增强"小锦鲤"志愿者品牌的社会知名度和品牌美誉度,带动更多市民参与志愿服务。比如着眼于破解社区治理难题,衢州全力构建"红色物业联盟",以城市小区网格为单元,用党建"红线"和志愿者红马甲把小区网格、业主委员会、物业服务企业、小区业主、党员志愿者、各类社会组织等多元主体串起来,通过开展"红色引领"、建设"红色阵地"、激活"红色细胞"、繁荣"红色文化"、实施"红色预警"、开展"红色志愿"服务,为新时代文明实践打造"主心骨",形成社区新时代文明实践志愿服务大联盟。通过畅通各类主体间沟通联系渠道,串联整合基层党组织、党员等力量资源,有效推动了机关与社区治理力量重心下沉、作用下探,带动了基层群众参与城市治理志愿服务的热情,实现大党建统领、大联动治理、"小锦鲤"助力,实行社区自治、法治、德治"三治合一",让群众有更多获得感、幸福感和安全感。目前全市3万多名机关党员干部"小锦鲤"志愿者深入小区网格党支部,成功串联起小区网格党支部(党小组)950个、业主委员会党支部117个、物业服务企业党支部84个,开展"创文六必治"等新时代文明实践志愿服务活动170多万人次,实现主城区"一小区一锦鲤队、一网格一党建指导员、1+N党员联户"全覆盖。

二是"专业+专项",群众吹哨,志愿报到,实现活动项目全覆盖。根据群众生活所需,连续举办两届衢州市新时代文明实践中心志愿项目创意赛,收集"一元爱心早餐店""阳光少年成长计划公益助学"等13个大类共计150余个参赛项目,打造集项目展示、资源配置、组织合作和文化交流于一体的品牌赛事,根据综合成绩评定金、银、铜奖项目,并给予一定的项目发展基金,在全市范围内形成支持志愿服务事业发展的强大合力。通过以赛促建、以赛促治,充分发挥大赛"孵化器"作用,培育了一批有生命力、影响力的精品项目,打造独具衢州特色的志愿服务项目库,切实助推志愿服务项目化运作、社会化动员、专业化发展,目前已有10余个社会组织、队伍与衢州市社会组织管理局签订意向合作协议。如省妇联启动"康乃馨妈妈加油站"衢州站的爱心帮扶活动,为衢州市困境母

亲量身定做创业项目,活动包含"爱心早餐车"帮扶项目和"衢嫂"特色小吃培训班,通过特色创业项目培训,让文化程度不高、有需求、肯吃苦、肯创业的困境母亲能够得到精准帮扶。

三是"褒奖＋激励",精神奖励为主,物质奖励为辅,实现正面激励全覆盖。拓展《衢州市志愿服务激励机制(试行)》的适用范围,聚拢社会资源,全面提升激励举措的吸引力和针对性,有效激发市民的"主人翁"意识,全市14个文明单位联合开展"爱心接礼·文明共享"锦鲤冠名月活动,提供70余类上万件激励物资,截至目前共有7000余名志愿者参加兑换。建立积分制,制定《新时代文明实践星级志愿者评定与激励办法》与《志愿者礼遇办法》,用好"志愿浙江"数字化平台,采用志愿服务活动积分制管理,对实践活动分类积分,对志愿服务效果量化打分,志愿者可凭积分兑换专属产品并享受相应礼遇。明确星级评定、荣誉嘉许等评优制度,推出"幸福志愿贷""无忧志愿保""健康志愿检"等特色激励内容。创新推出《志愿服务需求清单》,满足企业、机关不同服务需求,助推志愿服务队获取政府公益创投、购买服务、企业资助等资金支持。

(三)"最美衢州人"群体,文明新风引领,推进社会主义核心价值观落细落实

衢州从提高公民的道德素质和文明素质入手,充分发挥典型引领作用;丰富多彩的宣传、教育、实践活动,使广大干部群众学有榜样、行有楷模、赶有目标。

一是培育身边典型。聚焦凡人善举,围绕助人为乐、见义勇为、诚实守信、敬业奉献、孝老爱亲五大类和志愿、慈善、创业等个性化类别,培育不同行业、不同群体、不同年龄层次的典型,每季度发布"有礼之星",持续十年开展"最美衢州人"选树活动,一大批"最美衢州人"被深深铭记,一大批"立得住、叫得响、传得开"的典型人物被全省全国所熟知:"改革先锋"谢高华、全国"时代楷模"万少华、全国"诚信之星"毛师花、"浙江骄傲"胡兆富、"最美医生"陈玮……全市产生"最美医生""最美教师""最美警察""最美家庭"等10余个类别的最美人物1000余人,省级以上先进典型300余人,每万人拥有道德模范数量和社会道德环境公众满意度连年居全省前列。他们接力向美,为衢州带来了满满的正能量,也为衢州经济发展和社会进步提供了强大的精神动力。

二是拓宽宣传阵地。衢州加大先进典型学习宣传力度,构建了培育"最美"、选树"最美"、弘扬"最美"、践行"最美"、关爱"最美"五大宣传实践机制,广泛组织开展价值观大讨论、道德模范事迹宣讲、传统文化教育等一系列思想道德建设实践活动,他们的故事刊登在报纸最好的版面上,播放在电视节目最好的时段里,登上了街头灯箱广告、乡村年画挂历,引领着一股股向善热潮在全社会勃然兴起,让市民在"看"中感受、"唱"中激活、"学"中养成、"行"中陶冶,推动社会主义核心价值体系向基层拓展、向纵深发展。在衢

州,越来越多的人加入了最美行列:"最美医生"陈玮组建"天使急救志愿者团队",推广急救;"最美媳妇"周桔凤组建"最美领跑志愿服务队",关爱空巢老人;"最美社区干部"叶兰花成立"兰花热线帮帮团",为民排忧。不仅如此,"龙游大妈志愿服务协会""小星星志愿服务队""阳光志愿者协会""商企义工服务中心""爱心妈妈团队"等一批志愿者服务品牌也应运而生,并最终汇集起千千万万位身穿红色马甲的志愿者……。浙江省委书记袁家军2021年初在参加省十三届人大五次会议衢州代表团审议政府工作报告时指出,"着力做强'最美'品牌,推动'最美'现象从'盆景'转变为'风景',加快打造最有礼的城市"。

三是健全关爱机制。强化道德礼遇,坚持精神鼓励和物质奖励相结合,每届最美衢州人表彰时市委主要领导必会见、每年春节前夕最美人物代表必慰问、每当全市性重大庆祝活动时最美人物代表必参加,不断保障先进典型的政治和社会礼遇,第三届最美衢州人万少华和第十届最美衢州人周国花分别被选为十九大、二十大代表。成立最美关爱基金,形成关爱道德模范的长效机制,累计帮扶生活困难道德典型240余人次。比如,最初被医生判为植物人的最美司机姜永古,在党委、政府和社会各界捐助医疗经费达100多万元,不抛弃不放弃的关心关爱下,成功苏醒并逐渐康复;勇救落水儿童的平民英雄傅志霄被评为烈士;一大批最美人物及其家庭在医疗费用、子女就业就学等各方面都得到党委政府和社会各界的关心关爱,进一步树牢"德者有德、好人好报"鲜明导向。

三、"衢州有礼"文明实践志愿者的实践思考

新时代文明实践中心的建设,是以习近平同志为核心的党中央从国家战略和全局高度作出的重大决策,结合了与时俱进的社会主义精神文明建设与群众实践两部分的内容,志愿服务在其中承担起重要的职责。围绕中央关于新时代文明实践工作的部署和"举旗帜、聚民心、育新人、兴文化、展形象"的使命任务,衢州以"衢州有礼"为引领,以志愿服务贯穿理论宣讲、文明创建、风尚引领,从而提高人民思想觉悟、道德水准、文明素养,提高全社会文明程度,推动新时代文明实践中心建设上水平、成风景。

(一)主官重视是基础

全域推进新时代文明实践中心建设,是一项基础性、战略性、长期性的工程,需要完善领导体制和工作机制,增强责任意识,建立"书记主抓"的责任落实体系。在实践中,领导越重视、统筹越科学、联动越紧密,工作就越有力。

一是坚持"一把手"挂帅。坚持"一把手抓,抓一把手",牵住"牛鼻子",推动党组织主

要负责人切实履行中心主任、志愿服务总队长责任,亲自研究部署,带头参与志愿服务,当好文明实践的组织者、推动者、践行者。

二是坚持"一张网"布局。结合实际,在三级设置的基础上,延伸建立市指导中心、基层实践点,通过网格化管理,推动工作一竿子插到底、一层层抓到位。

三是坚持"一条龙"保障。加强组织、经费、机制等一揽子保障,中心建设推进情况纳入党建工作盘子、纳入区县和部门综合考核和意识形态工作责任制监督检查,确保各环节顺利推进。

(二)主题鲜明是特色

坚持"到什么山上唱什么歌",衢州以"一座最有礼的城市"地域特色"上接天线、下接地气"的特色做法,因地制宜、因人施策,把理论、文明、温暖真正送达,才能在敲开群众家门的同时打开群众心门,让党心民心贴得更近、连得更紧。

一是"讲"活身边故事,以创新理论引领人心。依托"8090"基层宣讲网络,组织"草根"宣讲队伍深入田间地头、弄堂小巷,开展小范围、近距离宣讲,通过百姓故事宣讲、文艺宣讲、广播宣讲等基层群众喜闻乐见的形式,把深道理讲浅,把大本子讲薄,推动党的创新理论"飞入寻常百姓家"。

二是"传"好文明新风,以核心价值滋养人心。挖掘传承优秀传统文化和地域文化,以家规家训、乡贤榜样、村规民约等载体,纵深挖掘选树各领域先进典型以点带面加强示范引领,强化身边人、身边事的引领作用,厚植社会主义核心价值观的基层土壤,推动形成文明乡风、良好家风、淳朴民风。

三是"走"到群众中去,以贴心服务温暖人心。聚焦活动供给,常态化开展志愿服务,以"走"起来推动文明实践热起来,农村群众的获得感、幸福感强起来。

(三)主业清晰是关键

一是探索向重点工作延伸。将群众参与文明创建、城市管理等现有经验,推广至共同富裕等其他重点领域,运用文明实践载体,增进群众理解认可,进一步凝聚社会合力,推动重点工作落地。

二是注重向民生事项扩展。结合与群众生活密切相关、迫切需要群众支持的事项内容,充分发挥"志愿浙江"等大数据的作用,科学分析群众服务需求,探索建立文明实践互动平台,形成"文明实践清单",推行志愿服务"菜单制",健全志愿服务网络,完善精准服务机制,各部门发挥部门优势,结合行业特点,组建专业志愿服务队伍,服务广大人民群众。

三是引导向重要群体倾斜。积极培育文明实践品牌项目,探索群众按需点单、专项服务直达等模式,提升工作针对性。重点聚焦空巢老人、留守儿童等特殊群体,以志愿力量帮助解决实际困难,传递城市温度,推动自我服务,实现文明反哺。团委、妇联、残联、民政局、人社局等群团组织和单位,要继续发挥各自优势,进一步加强对青年、妇女、儿童、残疾人等重点人群的服务精准帮扶,壮大力量、深化活动。

(四)主体参与是根本

一是建立协调统筹机制。加强中心、所、站三级功能定位建设,推进志愿服务促进中心规范化建设,因地制宜提升文明实践核心阵地运作效能。全面整合理论宣讲、文化文艺、志愿服务等资源,推动阵地联动、队伍联建、活动联办,提升整体协作能力。强化志愿者培训指导,深化自组织孵化平台建设,提高志愿服务专业化组织化水平。结合融媒体中心大数据、服务功能等优势,强化供需对接,推动线上线下互动。

二是探索正向激励机制。理顺志愿者效能考评体系,探索"志愿浙江"志愿服务时数考核等相结合,健全志愿服务网上工作平台和注册志愿者管理办法,持续开展并不断完善志愿者招募制度、志愿服务激励机制、实践活动积分兑换制度等,建立完善的志愿服务综合评价体系。以政治礼遇、物质嘉奖、标的兑换等形式,增强志愿者自豪感、归属感。

三是加强宣传引导机制。强化媒体宣传,依托区级融媒体平台,多元解读好新时代文明实践核心内容和工作成效,增进群众获得感认同感;依托省级以上媒体,对外宣传衢州文明实践样板。同时通过理论宣讲、便民服务、文艺演出、社会宣传等渠道,全方位加强体验式宣传及互动化引导,提升群众参与成效。

新时代文明实践中心助力南京市浦口区乡村文化振兴的现状调查及对策建议

钱梦佳[①]

全面推进乡村产业、人才、文化、生态、组织振兴,是江苏省南京市浦口区推进乡村振兴的一项重大任务,新时代文明实践中心的作用发挥,在乡村文化振兴中有着应然之义。近期,笔者围绕新时代文明实践中心怎样助力乡村文化振兴这一课题,走访南京市浦口区和省内外部分新时代文明实践中心(所、站),通过走访、座谈会、问卷调查等方式,深入工作人员和基层民众中开展线上线下调研,总结南京市浦口区新时代文明实践中心的建设成效,梳理存在的主要问题,提出相关对策建议。

一、工作成效

南京市浦口区新时代文明实践中心自2019年2月23日成立以来,整合全区各种资源,调动多方力量,创新方式方法,对全区各级新时代文明实践阵地进行统筹协调,开展各类文明实践活动。截至目前,首批12个区级新时代文明实践基地和10个实践点,共募集志愿服务者2.6万名,服务群众达18万人次。试点特色项目在全省第四届志愿服务交流会上展示,其经验、做法先后被新华网、中国文明网等媒体报道。项目成效主要体现在以下三个方面。

(一) 充分运用"+"思维,创新工作机制

以区、街道、村(社区)三级为单元,分级推进;重点突出志愿服务,并充分运用"+"思

[①] 作者简介:钱梦佳,女,硕士研究生,讲师,中共南京市浦口区委党校。

维、创新工作模式,积极探索"志愿者+群众"的工作方式、"文化创作+群众"的建设路径和"互联网+宣传"的平台建设;健全完善城乡公共文化服务体系的运行机制、文化科技卫生"三下乡"的工作机制、群众性精神文明创建活动的引导机制。

(二)整合公共服务资源,构建实践平台

浦口区委对现有公共服务阵地资源进行有效整合,构建"5+1"服务平台。打造"行知浦口"教育服务平台、"浦言朴语"理论宣讲平台、"高新浦口"科技与科普服务平台、"文惠浦口"文化服务平台、"健康浦口"健康促进与体育服务平台等五大实践平台,将志愿服务真正的"扎根基层",送到群众的"心坎上"。

(三)创新线上运作模式,助力精细服务

开发集公众号、小程序、微运用于一体的手机微信轻运用——"志愿浦口"服务平台。关注该公众号并完成志愿者注册,即可参与志愿活动,系统自动记录志愿者的工作时长,志愿服务的累计积分纳入个人诚信档案体系。该平台开辟多种线上服务功能,实现多需求线上点单、新思想线上传送、多平台线上共享,服务更加精细化。

二、存在问题及原因分析

新时代文明实践中心在南京市浦口区乡村文化振兴中的重要作用日益凸显,但实际运行过程中依然存在不少问题,具体表现如下。

(一)存在问题

(1)核心功能定位不精准。新时代文明实践中心具有多方面的功能定位,既包括宣传思想工作、传播科学理论,也包括培养时代新人、践行文明新风、开展志愿服务等;最为核心的功能定位是宣传思想工作(宣传习近平新时代中国特色社会主义思想、社会主义核心价值观等)、提升群众精神文明素质,其他方面都要围绕这一核心功能定位来开展。但是,调查显示,87%的被调查者认为目前南京市浦口区新时代文明实践中心发挥的作

用局限于精神愉悦方面，在解决实际问题上发挥的作用有限，在宣讲党的惠农政策、丰富文化生活、改变陈规陋习以及便民为民服务、学习时事政治和理论等方面的作用发挥有待提高，理论政策宣讲服务、医疗卫生健康服务、教育培训服务（开展农业生产技术、脱贫致富、就业创业职业技能的培训）、科普服务或文化活动服务、体育健身服务、助老助残服务等方面上升的空间还很大。应该说，南京市浦口区新时代文明实践中心的各种功能定位的内在关系需要进一步界定清楚，核心功能还需要进一步强化。

（2）人力资源不足。南京市浦口区统筹推进阵地资源整合和阵地建设管理标准化。各街道、村（社区）建立专兼职结合的稳定工作队伍，每个街道有2~3名、每个行政村（社区）有1名以上的工作人员，确保活动扎实有效开展。然而，队伍建设仍存在人员少、结构单一，特别是专业人才缺乏、志愿服务活动不足等问题。纵向看，县、镇、村三级新时代文明实践志愿服务总队、支队和小队建构不全；横向看，未充分挖掘和整合利用好社会各方资源，政府各部门、学校、企事业等单位未形成合力。

（3）体制机制不完善。志愿服务是文明实践的主要依托和依靠，需要志愿者清楚把握群众的真实需求，而且提供服务的志愿者必须以群众喜闻乐见、乐于接受的直观形式设计服务项目。没有建立一套成熟有效的志愿服务运行机制，将会影响文明实践活动目标的实现。南京市浦口区新时代文明实践中心虽已组建了志愿服务总队和志愿服务支队，但是尚未形成一套成熟有效的志愿服务运行机制。目前，志愿服务机制、部门联动机制、经费保障机制、考核机制、激励引导机制等还存在不完善的地方，尤其是志愿服务网络系统及运行机制尚不完善。

（4）群众参与度不高。2021年3月以来，笔者对南京市浦口区和省内其他地区新时代文明实践中心进行走访调研，重点对南京市浦口区新时代文明实践中心进行了问卷调查，共收回有效问卷215份。调查结果显示，被调查对象（大多为自愿参与调查者，非随机抽样产生）中超过30%的居民没有参与过新时代文明实践中心的活动；参与活动的居民中，志愿者占了65%，文艺爱好者占了61%，领导干部、专业人员、教师等只占23%。此外，居民对新时代文明实践中心的满意度和主动参与度调查结果也不尽如人意，中心成员对新时代文明实践中心的满意度和主动参与度明显高于非中心成员，除了中心成员，其他居民对于新时代文明实践中心的参与度不高。

（二）原因分析

（1）功能定位不够明确。具体表现在：一是部分党员干部和群众对建立新时代文明实践中心（所、站）为什么要建、怎么建、建成什么样等问题认识不清晰，定位不准确，工作中存在抓抓停停、时紧时松的现象；二是一些基层站所对文明实践工作的理解不透彻，工作边界划分不清晰，片面将所属基层党委、政府的常规工作与文明实践活动混为一谈;三是解读与宣传工作不到位,导致部分群众对文明实践工作的内涵和外延理解有偏差,因而对文明实践活动的参与度不高,尚未形成全体动员、全民参与、人人创建的格局。

（2）志愿队伍不够稳定。街道和社区日常工作比较烦琐,人员调动频繁、编制不足。新时代文明实践站所工作人员由大量的兼职人员组成,这些兼职人员都是从其他机关事业单位抽调而来,有的是临时工作人员,导致队伍不稳定。尤其是对于流动性较强的社区来说,本地专业志愿者数量严重不足,需要从外部引进,增加了队伍不稳定的因素,加上某些诸如土地征收等历史遗留问题和少数不配合工作的居民,导致流动性较强的社区工作推行情况不尽如人意。

（3）宣传机制不够完善。一是对新时代文明实践中心的建设工作顶层设计不足,缺少宣传规划和专门机构及其工作人员;二是工作队伍来源比较单一,行政力量是目前工作的主要推动力,机关干部和村干部仅作为兼职人员从事文明实践工作,长期、批量派干部下村开展活动不现实;三是专业宣讲队伍建设不足,能够用贴近群众的平实语言将理论政策讲深讲透的"名嘴"培养进程滞后,热心公共文化事业的志愿者尚未得到充分挖掘;四是一些文明实践活动的针对性、趣味性、便捷性较弱,存在供给侧与需求侧的对接差异,如理论宣讲、政策阐释没有结合地方实际,文艺活动中群众喜闻乐见的地方戏曲、舞狮表演等形式的地方特色文化活动分量不足,等等。

三、对策建议

乡村振兴不仅是物质文明的振兴,更应包括精神文明的振兴,因此,南京市浦口区应通过建设新时代文明实践中心推动乡村文化、乡村文明的振兴。

（一）立足功能定位,完善顶层设计

坚持新时代文明实践中心建设的"14536"定位和原则,坚持追求"凝聚群众、引导群众、以文化人、成风易化"目标,完善区、街道、社区三级书记抓落实的领导责任机制。

一是部门协同。制定联席会议制度,建立由宣传部牵头,组织部、文旅局、党校、高校等相关部门组成的联席会议制度,在南京市浦口区新时代文明实践中心领导下,审议部署月度重点工作,协调解决困难和问题,指导督促相关部门及时完成文明实践工作。建立多主体协同推进体系,构建党委统筹领导、部门分工协作的多主体协同组织结构。教育、文化、科技、卫健、体育、环保等部门齐抓共管、协同共建,优化服务全民的新时代文明实践组织结构。

二是面向全民。借助"互联网+"和人工智能手段,扩大优质教育资源的覆盖面,构建面向每个人、适合每个人、更加开放灵活的学习服务组织。

三是构建模式。立足浦口的城市功能定位,将新时代文明实践中心(所、站)确立为社会(社区)文明治理的重要组织机构和窗口。在化解社区矛盾、增强社区凝聚力和归属感的基础上形成社区文明治理的新模式。

(二)对接群众需要,精准建强志愿服务队伍

一是理论宣讲队伍。建好区级理论宣讲团,由宣传部门管理,在领导干部、党校理论教师、专业技术干部基础上,进一步拓展志愿者队伍。建立区级志愿服务评价机制,完善志愿者日常管理和激励机制。

二是专业服务队伍。要以科教、文卫等行业的专业骨干为支撑,吸纳行业专家、致富能手,做好素养提升、知识教育等工作。

三是基层志愿队伍。区级、街道新时代文明实践中心(所、站)组建新时代文明实践志愿服务总队、支队。社区特别要建好一支素质过硬、乐于奉献的志愿者队伍,做好精神文明创建、科学技术帮扶等志愿服务工作。

(三)加强阵地建设,打造中心"综合体"

一是巩固已有平台,发展新的平台。进一步加强理论宣讲、道德教育、科普文化、技术培训等,在卫生健康、综合治理、网络服务方面拓宽思路,培育新的阵地。

二是点上深化基层文化阵地建设。要把基层科教文卫的公共服务设施,纳入文明实践中心"综合体"。

三是打造阵地特色。在现有"浦言朴语"、各类市民学堂、农民学校的阵地基础上,结合党史学习教育,进一步挖掘"红色文化""近现代历史遗迹""非物质文化遗产"等资源特色,打造特色品牌,加强对现有资源的整合利用和优化,使各类阵地系统化、可视化。

(四)结合实践需要,丰富文明实践活动

一是丰富实践活动内容。进一步扩大"浦言朴语"理论宣讲、星甸新时代文明实践小镇在江苏乃至全国的影响力,把理论宣传、思想道德和科学文化教育以及健康文明生活等文明实践活动贴近人们生活需求和现实问题,提升民众文明素质。

二是改进活动方式。加大文明实践中心的供给侧改革,通过"四单"活动方式,即群众"点单"、中心"派单"、志愿"接单"、群众"评单"的活动方式,加大吸引力,满足群众需要。在融媒体中心平台利用志愿服务 App 系统,列出服务"菜单",精准为群众"点单"服务。

三是依托活动平台。建设网络版的新时代文明实践中心,实现线上线下相互促进。充分利用数字化、网络化教育资源,充分利用大数据分析、数据可视化云图为实践中心服务,创新教育方式方法,利用现代科技手段,持续传播正能量,唱响新时代主旋律。

(五)健全工作机制,推动服务提质增效

一是建立结对共建机制。加强新时代文明实践中心与浦口区委党校、南京高校马克思主义学院结对共建,按照新时代文明实践中心建设的任务要求,科学商定双方职责范围,探索"深入群众调查—提交群众所需—设计服务项目—志愿者开展活动"工作模式,组织高校专家学者、青年大学生走向农村开展志愿服务工作,打造常态化的精品志愿服务品牌项目。

二是完善资源整合共享机制。新时代文明实践中心不是另起炉灶,也不是"翻牌子",重点是整合现有资源。要充分发挥道德讲堂、文化站所、农民书屋、社区中心、农民学校、青少年宫、基础卫生场所的功效。浦口区新时代文明实践中心应通过摸排申报、走访调研等形式,总体掌握区、乡镇、村三级行政组织的阵地资源和活动资源底数,围绕农村基层宣传思想文化工作和精神文明建设谁来做、做什么、怎样做的问题,建立健全资源统一调配运行机制,充分发挥阵地资源和活动资源的平台功能。

三是健全激励评价机制。文明实践应当强化公众性,积极推动民众参与其中,南京市浦口区新时代文明实践中心可以探索建立文明实践"积分银行",按照社会主义核心价值观、乡村振兴战略的相关要求设定评分标准(例如:诚信、友善、乡风文明,等等),以100 分为基础分,对群众行为进行相应的加分或减分,群众凭借个人所赚取的文明实践积分到"积分银行"兑换志愿服务或物质资源。与此同时,把文明实践中心的事业经费列入区级财政预算,出台文明实践中心的奖励办法,并建立文明实践中心的工作评价机制,将区、乡、村三级文明实践工作纳入政绩考核指标。

四是建立宣传推广机制。开展示范点创建和展示交流活动,选树和宣传一批新时代文明实践所、站示范点,推评一批新时代文明实践优秀案例,举办"汇聚文明之光,共筑都市圈最美花园"——新时代文明实践中心建设展示交流活动,并融合媒体进行宣传,进一步扩大群众知晓率和参与度,促进文明实践活动深入人心进而成为文明城市创建和乡村振兴的助推器、群众满意的暖心剂,着力打造浦口样板,推动塑造特色品牌,擦亮南京市浦口区新时代文明实践中心的文化名片。

聚焦需求，突出特色 致力打造贫困山区新时代文明实践"鹤峰模式"——鹤峰县新时代文明实践中心试点建设情况汇报

胡国涛[①]

2019年10月，湖北省恩施州鹤峰县入选中宣部、中央文明办全国第二批新时代文明实践中心试点县市，湖北省12个县市入选，恩施州唯一。自新时代文明实践中心建设启动以来，鹤峰县围绕"突出特色、打造样板、树立标杆"工作目标，强化全域化的实践阵地、常态化的实践活动、精准化的实践项目、特色化的实践品牌、长效化的实践机制工作举措，精准聚焦群众需求，聚力拓展工作平台，扎实推进志愿服务、"最美"评选和公益强县等新时代文明实践特色活动，全面推进新时代文明实践在山城鹤峰落地生根、开花结果，为续写高质量发展新篇章、开启全面建设社会主义现代化鹤峰新征程注入了强大动力。

一、对照标准，打造全域化的实践阵地

积极推进"实践中心—实践所—实践站—实践岗"四级体系建设，织密横向到边、纵向到底的阵地网络，确保试点工作有序推进。

一是组建机构。按照"实践中心—实践所—实践站—实践岗"四级体系架构，建成县级新时代文明实践中心1个，实践所9个，实践站217个，文明实践岗（基地）100余个，试点乡镇、村、社区覆盖率达100%。明确了党组织书记为各级文明实践机构第一责任人，让文明实践延伸到社会各个层面，高位、高效、高规格推动新时代文明实践中心试点建设。印发《鹤峰县新时代文明实践中心、所、站、岗建设标准》，各级文明实践机构结合实际，按照有固定场所、有统一标识、有专人负责、有工作制度、有工作经费、有活动项目

[①] 作者简介：胡国涛，中共鹤峰县委宣传部。

等"六有"标准,严格工作规范和流程,确保"建设标准"不走样。

二是整合资源。整合现有基层公共服务阵地资源,打造理论宣讲、教育服务、文化服务、科技与科普服务、健身体育服务五大平台,分别由一个县级部门牵头、若干责任部门配合,涉及各平台的机构、人员等权属不变,根据文明实践工作需要统一调配使用,构筑"布局合理、群众便利、出户可及"的文明实践阵地网络,做到群众在哪里,文明实践就延伸到哪里。

三是建强队伍。建立起"1+9+22+217+N"文明实践志愿服务队伍网络(1支由县委书记任总队长的新时代文明实践志愿服务总队、9支由乡镇党委书记任队长的新时代文明实践志愿服务大队、22支县直单位牵头的志愿服务支队、217支由各行政村党支部书记任队长的新时代文明实践志愿服务小队和N支社会组织志愿服务队),对文明实践志愿者支队进行授旗管理。出台《鹤峰县志愿者注册管理实施方案》,引导全县干部职工和广大人民群众全员加入志愿者队伍。截至目前,全县共招募志愿者6.6万余人,占常住人口的38.9%。

二、聚焦需求,制定精准化的实践项目

构建了让广大群众现场点单、上门点单、网络点单,志愿服务队接单的模式,实现志愿服务项目精准对接,并按需求实施动态调整,在服务群众中教育群众、引导群众。

一是建成线上平台。依托"云上鹤峰"搭建文明实践"线上"平台,引导全县注册志愿者参与网络正能量传播,将志愿服务制度化建设从"线下"搬到"线上"。平台集"群众点单""活动招募""活动展示""志愿者注册""曝光台"等为一体,运用"群众点单、中心制单、层层派单"的方式,精准地开展志愿服务活动。对群众需要的志愿服务,通过平台招募志愿者开展志愿服务,活动结束后,县实践办对志愿者的服务次数和服务时长予以审核认定。截至目前,共接受群众点单7100多次,开展巧接地气、富有创意的文明实践活动6700多场次,累计服务群众5.6万余人次、服务时长49万余小时,99.2%的需求通过志愿服务得到解决。

二是补充线下渠道。各实践站建立文明实践"线下"平台。设立"志愿服务需求征集箱""志愿服务需求意见表"等,方便广大群众及时提出志愿服务需求。同时县实践办根据收集到的"需求侧"菜单,"派单"到相关志愿服务支队提供志愿服务。2019年以来,共下发《鹤峰县文明实践中心志愿服务月度项目菜单》43期,派单2000余次,既保证了供需双方的精准对接,又实现了对全县文明实践活动的统筹调度、集中管理,避免形式化,确保不偏轨。"周末课堂"志愿服务项目获得2020年湖北省志愿服务项目大赛金奖,"银龄讲党史,白首传薪火"志愿服务项目获得2021年度湖北省铜奖。

三是提供"供给"菜单。各志愿服务支队谋划志愿服务"供给侧"创新,围绕理论宣讲、政策咨询、文明网络、教育文化、科技科普服务、体育健身等方面,精心设计活动项目,提供"供给侧"菜单,促进了志愿服务效能和社会影响力的双提升。群众通过"线上"与"线下"多种方式进行"点单"(现场点单、上门点单、网络点单)、志愿者"接单"的形式,在全县建立起"群众吹哨,我们报到"的文明实践服务机制,实现志愿服务项目精准对接。

三、精心组织,开展常态化的实践活动

围绕理论政策宣讲、科学知识普及、文化体育活动等核心内容,积极实施行动,统筹开展文明实践活动8300余场次。

一是带着群众学。为确保宣传宣讲党的政策有生气、接地气、见实效,全县各级各部门结合自身职能职责,自发组建志愿宣讲团,对象化、分众化、互动化、通俗化地组织开展志愿服务宣讲活动。自党史学习教育开展以来,探索建成博物馆、爱国主义教育基地、文化广场等行业文明实践基地20个,开展专题讲座80余场,受众1.5万余人次;利用新时代文明实践线上平台,组织开展"'看'革命文物、'讲'专题党课、'答'每周一试、'唱'党的赞歌、'赞'先锋榜样"等五项党史学习教育特色志愿服务活动,浏览量近100万。全县科普志愿服务支队招募1620名科技工作者,广泛开展人居环境整治、产业发展等群众迫切需要的科技知识普及活动,服务群众2.5万余人次,发放科普资料2万余份;健康促进志愿服务支队开展了80余场次义诊活动,进行免费健康体检1.3万余人次;网络文明传播志愿服务支队开展电商培训、直播助农活动30余场次,2000余人次参训受益。

二是围着群众转。在学习传播科学理论的同时,紧盯民生实事,聚焦"急难愁盼",努力做到学以致用、用以促学、学用相长,切实增强群众获得感、幸福感、安全感。围绕"114"帮学提能(即1名驻村干部结对1名村干部开展学理论、学技能、学方法、学规矩"四学"行动)组织党员干部下基层开展大走访,服务群众2万余人次。仅2021年,全县县、乡、村三级共11686名党员结合自身实际扎实开展"我为群众办实事"实践活动,领办民生实事1万余件,在文明实践信息平台录入展示8527件,县"四大家"领导带头领办实事86件;全县5266名农村无职党员自发组织成立的抢险救灾、治安巡逻、环保宣传志愿服务组织,开展活动500余场次。文化体育志愿服务支队2648名志愿者围绕"讲文明、树新风"主题,累计送戏下乡271场次、送电影850场次、送图书14000余册、培训35000余人次,"三馆一站"免费开放接待5万余人次。

三是带着群众干。老百姓常说:"村看村,户看户,群众看干部。"为扎实开展"下基层、察民情、解民忧、暖民心"实践活动,深入推进人居环境整治,助力省级文明城市创建,两个中心结合自身职能职责,充分利用融媒体传播优势和文明实践活动优势,积极调动

广大党员志愿者、网格员、村干部、村民四方合力,组织志愿者深入村民家中开展"敲门行动",宣传先进典型,讲解政策道理,听取群众意见。同时,组织开展系列集中整治活动,带领村民群众干出了"精气神儿"、干出了"加速度"。2022年以来,两个中心联合策划了"空中课堂""云上茶商大会""展销亮夜市·欢购直播周"等颇具影响、实效突出的文明实践志愿服务项目,累计直播围观人数200多万人次,服务群众72万人次。联合武汉市新洲区、江岸区23家大型重点企业开展"直播带岗"线上就业招聘志愿服务,累计提供就业岗位1845个,线上签约500余人。

四、狠抓融合,探索特色化的实践品牌

强化文明实践与"最美"评选、"一统三治"基层社会治理、社会公益等活动的融合延伸,着力打造文明实践活动品牌。

一是"最美评选"促文明实践。把"最美"评选作为鹤峰县新时代文明实践试点建设的有力抓手,探索实施"全民榜样"工程,营造"人人争做榜样,人人都是榜样"的社会新风尚。出版《美在民间》一书,对"最美"身边好人、凡人善举的事迹予以总结与收录,这些发生在百姓身边的真实故事,除了通过书籍形式,还以"百姓宣讲"等形式生动地进行传播。9年来,全县已成功评选出89位"最美鹤峰人"、89个"最美家庭"、20个"最美乡村(社区)",涌现出"中国好人"宋庆礼、"全国最美乡村教师"邓丽、"孝亲敬老之星"王艳、"全国十大法治人物"易满成、"全国最美家庭"朱永翠家庭和周安秀家庭等国家级荣誉17个,省级荣誉23个。县新时代文明实践试点建设成功入选中宣部《新时代农村思想政治工作创新案例选编》。

二是"文明积分"促素质提升。为深入推进新时代文明实践、文明创建,助力基层社会治理,在全面实施乡村振兴战略中贡献精神文明建设的力量,鹤峰县按照紧扣一个主题(最美评选)、运用两种评价(自评、专评)、深化"三治融合"(德治引领、自治约束、法治兜底)、实行四级管理("金牌家庭""银牌家庭""铜牌家庭""待提升家庭")的"1234"模式,和"6+1"工作方法(即每个季度6件事——宣传教育、代表决议、跟踪管理、季度自评、季度专评、季度公示;加上每年度1件事——年度评价结果运用),依托新时代文明实践信息平台开发家庭文明积分系统,细化考评指标和评分细则,在全县探索推行家庭文明建设积分管理工作。截至目前,全县10个试点村相关工作正在有序开展。

三是"全民动员"促公益事业。从全县小学免费午餐,到乡村儿童大病医保,依托公益事业陶冶和提升人的道德情操、净化社会风尚、建设和谐社会,倡导受益鹤峰感恩公益、回报社会,推动"小善大爱"公益强县建设。十年来,"免费午餐"累计开餐学校55所,受益人数超11万人次,累计投入资金5301万元,连续多年荣获中国社会福利基金会最

佳慈善伙伴机构奖。九年来,"乡村儿童大病医保"项目累计为我县 0~16 周岁儿童投保 264072 人次,投保总金额 1398 万元;赔付 1570 人次,赔付总金额 1036 万余元。常住人口 17 万人的小山城,2021 年"99 公益日"参与人数达 11 万余人次,筹集善款 236 万余元。在鹤峰,人人崇善成为一种追求,人人向善成为一种风尚,人人行善成为一种习惯。

五、健全机制,构建长效化的实践模式

牢牢压实各级党组织的主体责任,积极探索文明实践中心管理运行的工作机制,着力构建新时代文明实践中心组织保障体系。

一是加强组织领导。明确县、乡(镇)、村、县直单位四级新时代文明实践组织体系建设,均由党组织一把手负总责。县级层面,文明实践中心办公室设在县委宣传部,县委常委、宣传部部长兼任办公室主任。乡镇层面,依托乡镇综合文化服务中心开展工作,负责收集上报本乡镇群众的需求信息,承接志愿服务活动,利用本乡镇资源常态化开展文明实践活动,指导村(社区)开展工作。村(社区)层面,发挥宣传、发动、落实职能,结合广大群众的生产劳动和实际需要,运用本地资源优势,用广大群众喜闻乐见的形式开展活动。

二是建立工作制度。建立联席会议制度,由县委常委、宣传部部长任总召集人,县新时代文明实践中心成员单位负责人为成员,每月一次召开联席会议,听取各平台运行情况、各志愿服务队文明实践开展情况汇报,研究解决有关问题。建立文明实践周小结、月简报制度,定期刊播文明实践工作;建立文明实践督查考核机制,将新时代文明实践中心建设工作纳入意识形态工作责任制。

三是完善工作保障。组建县级新时代文明实践中心建设办公室,开展志愿者的组织引导、登记注册、权益保障等工作,管理运营文明实践志愿服务平台。县财政足额安排专项资金,用于实践中心服务总平台的日常运营、各级各类新时代文明实践基地的建设和志愿者队伍的培训、文明实践项目的扶持培育、大型文明实践活动的开展、网络志愿服务平台的开发及运营等,保障新时代文明实践中心各项工作顺利推进。

春风化雨,润物无声。下一步,鹤峰将认真贯彻落实习近平总书记关于新时代文明实践的重要论述,按照中宣部、中央文明办工作标准和省委、州委工作要求,找差距、补短板、强弱项,推动新时代文明实践进一步深入实际、深入基层、深入群众,着力推进党的创新理论"飞入寻常百姓家",全力打造贫困山区新时代文明实践中心建设的"鹤峰模式"。

"政校合作"视域下城市新时代文明实践路径探索——以南京市梅园新村为例

董迅石①

一、引言

2021年11月,"深化群众性精神文明创建,建设新时代文明实践中心"写入了《中共中央关于党的百年奋斗重大成就和历史经验的决议》,这是"新时代文明实践中心"自2018年开始建设以来,又一次在党中央的重要文件中被提及。处在新时代新发展阶段,面对错综复杂的国内外环境,广泛开展文明实践活动,加强新时代文明实践中心建设,是推动党的理论政策生根落地,打通宣传群众、教育群众、关心群众、服务群众"最后一公里"的重要载体。

城市新时代文明实践中心,可以从"城市""新时代""文明""实践""中心"五个方面解读其背后的时代内涵:"城市"是相对于"农村"而言的一个大型的人类聚居地,它可以被定义为一个永久的、人口稠密的地方,其成员主要从事非农业任务;"新时代"是指我们进入了一个新的发展阶段,基层宣传思想工作绝不能新瓶装旧酒,要有新面貌新气象、新担当新作为;"文明"是着眼于建设具有强大凝聚力和引领力的社会主义意识形态,建设具有强大生命力和创造力的社会主义精神文明,重点在于提高全民道德素质和社会文明程度;"实践"是指着眼于深信笃行、知行合一,紧密结合人民群众对美好生活的新期待,团结群众、带领群众一起干,在关心群众、服务群众中教育群众、凝聚群众;"中心",就是站在巩固党的执政基础、增进人民福祉的高度,以县(市、区)、乡镇(街道)、村(社区)三级为单元,发挥统筹整合、指挥调度的作用,实现资源共享、优势互补、协同高效。简言

---

① 作者简介:董迅石,女,硕士研究生,讲师,江苏开放大学马克思主义学院。

之,城市新时代文明实践中心是城市的基层单位努力整合各方资源,盘活存量、用好增量,满足人民日益增长的美好生活需要,提升社会文明程度,引导人们坚定自信、鼓舞斗志,为实现中华民族伟大复兴而同心同德、团结奋斗。

在"百年未有之大变局"的大背景和提升基层社会治理的大课题下,目前城市基层组织的精神文明状况和思想意识形态,与新时代的社会发展之间存在不相适应的矛盾。人们的政治认同、文化认同、创新意识、文明自信等依然薄弱,文明意识和思想意识的现代化不足,这样的精神文明状况和中华民族伟大复兴的历史使命不相符,这也是当前国家将新时代文明实践中心的建设上升为国家战略的现实出发点。

二、城市新时代文明实践的"小红梅"探索

如何在城市开展新时代文明实践,各地都是"摸着石头过河"。位于南京市玄武区梅园新村34号的梅园新村社区新时代文明实践站,充分利用地缘优势,借助南京地区高校的力量,发挥"政校合作"的力量,对城市新时代文明实践进行了积极探索。

"中共代表团梅园新村纪念馆"是南京市一个知名的爱国主义教育基地,是抗战胜利后国共谈判时周恩来同志所率的中共代表团驻地。纪念馆所在地梅园新村社区在上级党组织的支持和指导下,深入挖掘这一红色资源,在纪念馆附近改造更新一座两层300平方米旧民国建筑,集红色文化展陈、学习研讨交流、观影阅读体验等功能于一体。自2021年梅园新村社区新时代文明实践站(以下简称"'小红梅'实践站"或"小红梅")挂牌以来,以"小微传播、红色引领、梅园文化"为理念,以"小红梅"社区党建阵地为核心,以线上线下相融合的方式,积极开展新时代文明实践活动,探索了一条城市新时代文明实践站的建设新路。"小红梅"实践站成为当地党史学习教育的网红打卡地,一系列党建、志愿服务等新时代文明实践活动相继被新华社江苏分社、《新华日报》等媒体报道,走出了一条有"小红梅"特色的实践路径。

(一)小微传播:细微处见精神

在"小红梅"实践站不到300平方米的空间里,理论宣讲平台、教育服务平台、文化服务平台、科技与科普服务平台、体育健身平台这五大平台一样不少,工作人员充分利用空间特点满足这五大平台的功能需求,设计了"十二微景":"五四寻源""迎夕在照""践履于工""飞燕归巢""红梅礼堂""百济庆余""韶音书壁"……"小红梅"十二景,处处玄机,细微处见精神。在实践站里,三个人起步的学习社、一个人的新青年咖啡站、巴掌大的自制

《新青年》手札、3平方米的移动式微缩展厅……这样的"小手笔、小活动、小岗位",让"小红梅"的新时代文明实践活动充满仪式感。此外,实践站工作人员引领青年大学生志愿者,创建"小红梅"新青年堂微信公众号,组建逐浪写作小组,定期进行"小红梅朋友圈"发布活动,让实践站一件件看似微不足道的小事不断折射出"新思想""红立场""正价值",把正能量积极传播出去。

(二)价值引领:红色"主菜"涵养思想

"小红梅"实践站,它正对着"中共代表团梅园新村纪念馆"的出口,游人如织,流量巨大。实践站工作人员因地制宜,策划了《杰出楷模周恩来》的展览,将习近平总书记总结的周恩来同志六个方面杰出品质展示在四个活动空间墙面,既可集中参观,也可渗透进各类文化活动中,营造红色氛围。实践站开发了14种新思想核心课程,定期邀请高校教师为社区党员、群众、青年人送上干货满满的课程。

"小红梅"实践站地处南京市长江路,这是一条南京地区知名的红色文化之路,沿线分布着梅园新村纪念馆、六朝博物馆、总统府、中山广场、南京图书馆、江宁织造府、江苏省美术馆、南京人民大会堂(国民大会堂、国立戏剧音乐院旧址)等一系列文物古迹和现代文化景点,可谓三步一个景观五步一个遗存。2021年,实践站抓住建党100周年和党史学习教育工作的重大契机,充分利用长江路的地理优势,邀请有关高校马克思主义学院的老师,汇编相关历史素材,以"人民史观"为统领,开发"长江路四史初心之旅",组织高校师生志愿者在沿途进行讲解,2021年服务江苏省内各级党团组织共计65批次,成为南京市著名的新时代文明实践品牌活动。

(三)梅园文化:视觉符号武装信仰空间

在空间装饰上,"小红梅"实践站以"劳动风"的质朴软装、镂空党徽"信仰之光"和早期《新青年》杂志全套陈列的符号设计,营造了纯正的梅园红色文化,很多参观者都觉得"味道正""有感觉"。通过党史、新中国史、改革开放史、社会主义发展史等线索将红色文化符号串联展陈,以马克思主义的历史逻辑直观地展示了"中国共产党为什么能,中国特色社会主义为什么好,归根到底是因为马克思主义行"。小小的空间里,灰黑凝重的基调烘托了历史纵深感,偏暗的灯光与闪亮点缀的小党旗形成强烈的对比。信仰之光的设计,让受众对光明产生了强烈的向往,很多党员群众表示:进入空间,情绪受调动、心灵受震撼。

此外,"小红梅"实践站在南京市率先实现了新时代文明实践空间"全天候、自主化"

管理。实践站安装了智能门禁,各党组织负责人、党员群众骨干和志趣社群负责人通过授权就可以自主开门办活动。这样的管理模式让"小红梅"实践站"来的不是客,都是自己人、家里人",成了一座社区里的共产主义"庙宇"。大部分时间里,实践站用红色视觉符号设置的"梅园文化"与周边居民、游客交流、互动,让"小红梅"的理想主义气质向全国传播。

三、新时代文明实践的"政校合作"路径

如果说"小红梅"实践站内五大平台的打造、空间的利用、红色文化符号的装饰等是构建城市新时代文明实践站的"硬实力",那么,和当地高校紧密合作、充分挖掘高校的人才智库"为我所用",则是梅园新村社区在建设城市新时代文明实践站的过程中所获得的"软实力"。

(一)共同发力,形成文明实践的合力

新时代文明实践中心的一个重要功能是推动基层思想政治工作和精神文明建设,这是全社会共同的责任和使命。从目前的情况来看,建设新时代文明实践中心,县级党委履行主体责任,党委宣传部负责具体工作的推进,因此这是政府主导的项目,高校主动参与的并不多。但实际上,新时代文明实践与全社会各行各业息息相关,尤其需要高校一起参与到新时代文明实践之中,增强其"软实力",形成合力。"小红梅"实践站从自身的建设需要出发,精准地对接南京地区的部分高校,从顶层设计上建立"政校合作"机制,构建新时代文明实践共同体,实现新时代文明实践与基层治理的同向同行、双向融合。

"小红梅"实践站从建设之初,就牢牢抓住了南京市丰富的高校资源,通过构建"政校合作"机制,和当地高校形成了稳定的合作关系。梅园新村社区先后和南京师范大学食品学院、南京信息职业技术学院、南京艺术学院、江苏开放大学马克思主义学院等单位签订了实践教学、党建共建、项目孵化、志愿服务等合作协议。南京信息职业技术学院协助"小红梅"进行"长江路四史初心之旅"的设计,帮助"小红梅"实践站开发红色文化VR视频资源,并把该项目做成大学生创新实践项目,在江苏省大学生课外学术科技作品竞赛暨"挑战杯"竞赛中取得佳绩,实现"政校"双方的"共赢"。南京艺术学院和"小红梅"合作开发的文创项目,着力于"小红梅"红色文化元素的产品开发和设计,既是艺术类高校对红色文化元素融入课程思政的探索,又是帮助"小红梅"实践站对"小红梅"的品牌内涵

进行的挖掘和延展。江苏开放大学马克思主义学院不仅在"小红梅"新时代文明实践活动中的理论宣讲、党史讲解词设计等方面发挥专业优势,还在"小红梅"实践站建立了实践教学基地,带领学生赴"小红梅"实践站进行党史研学,把"小红梅"实践站建设成为学校进行思政课教学的实践基地,充分利用当地的红色文化资源推动教学改革。

(二)深度融合,搭建实践成果共享机制

对于新时代文明实践而言,"政校合作"的深度融合,不仅仅是指政校双方项目的合作,更重要的是双方通过借助对方的力量为自身的发展获得新的增长点。和一些松散的合作关系不同,"小红梅"实践站和高校的合作,从一开始就在顶层设计上确保了双方合作的成果共享机制,确保双方在技术、人才、知识、信息等资源方面的共建共享,满足双方各自诉求,从根本上保证了合作的稳定性和长期性。

志愿服务工作的成效是衡量新时代文明实践中心建设水平的重要标准。2021年,结合"长江路初心之旅"的运维需求,"小红梅"实践站与社会群团组织共创"小红梅雷锋学院",从南京当地八所高校招募志愿者670人。"小红梅雷锋学院"通过22个周末常态化、系统化的训练,用"雷锋精神"武装志愿者头脑,解决"为什么要做志愿者"的总问题,凝练了"清澈的爱,只为人民"的核心理念。2021年,"小红梅"实践站共开展了12个大项的志愿活动,八所高校的大学生志愿者成为主力军。组织起来的大学生志愿者不只是党史学习的先锋,更是善于实践和斗争的"战友"。在南京集中暴发新冠疫情之后,小红梅雷锋学院将抗疫作为"力行"课,组建抗疫志愿者临时党团支部,选配有组织工作经验的志愿者担任书记、委员,投入到核酸检测、疏网清格和社区围合等各项工作中。参加志愿服务,对大学生而言,是为他们提供了一个锻炼的机会和实践的舞台,让他们走出自己的舒适圈,看到最基层最真实的人生百态,从而眼界更加开阔,心灵更加清纯透彻;这更是对习近平总书记提出的"把小我融入大我"家国情怀的积极践行。

(三)对接需求,构建"政校命运共同体"

在"政校合作"机制的驱动下,大学生的内生动力被充分激发,使得大学生既是新时代文明实践活动的策划者、组织者,又是成果受益者、推广者,这是"小红梅"实践站能够紧密团结大学生的"核心密码"。2021年,"小红梅"实践站与河海大学研究生党总支部、南京师范大学马克思主义学院、南京艺术学院、南京航空航天大学飞行器博士生党支部合作,将党史学习教育转化为大学生自觉的新时代文化生活方式,开发了"红学习""红展览""红纪念""红文艺"等新时代文明实践活动项目,用年轻人喜闻乐见的形式,让"硬核"

党史学习内容深入人心。

"红学习"开展了"大国领导力""百年党史对谈""五四新启蒙'时代精神'论坛""遵义会议情景剧""中华经典与马克思主义中国化"等主题的128场"小红梅学习社"活动,制作发布了"中国共产党的100年""神一样的新四军""中国轨道交通的速度与温度"等10多个视频党课;"红展览"策划了"庆祝建党百年美术作品云展览""纪念建党100周年书画展暨原创诗歌朗诵会""小红梅雷锋学院志愿服务项目展"等主题,让"小红梅"实践站的空间"开口说话";"红纪念"开展了以"历史与信仰"等主题的"小红梅信仰生活会",来自不同高校的青年大学生和社区青年党员汇聚在"小红梅"实践站重温入党誓词、交流党史学习感悟,以"百年修得红船渡"为主题组织了"红船"众筹包场观影会,在"七一"期间开展"百年红七月"系列活动;"红文艺"结合春节、端午、中秋等传统节日开展搭载党史学教内容的"红色雅集",融书画、文化沙龙、表演、手作活动于一体,参与者不仅有大学生群体,还吸引了其他各类青少年,为发挥大学生的主体性搭建了舞台。

作为服务群众"最后一公里"的重要载体,社区的新时代文明实践站特别需要一支素质过硬、乐于奉献的志愿者队伍,进行精神文明创建、科学技术帮扶等志愿服务工作。"小红梅"实践站不但充分发挥大学生精力充沛、乐于奉献等优势,利用大学生自身的力量来建强志愿者队伍,还站在大学生的角度,对接他们的需求,通过为他们开设专题讲座、搭建各类展示平台、帮他们组建临时党团支部等,对他们进行思想引领,不断增强大学生志愿者对"小红梅"实践站的归属感和认同感。从思想上认可和重视志愿者的价值和作用,构建"政校命运共同体",极大地增强了志愿者对"小红梅"实践站的"黏性",为建立志愿服务长效机制奠定了基础。

四、结语

作为一个挂牌时间不长的新时代文明实践站,"小红梅"实践站充分发挥"后发优势"和"传统优势",借助高校的力量,在"政校合作"机制运作下,逐步把新时代文明实践活动推向纵深,为城市新时代文明实践探索了一条可复制的路径。

社会文明程度的提高,是一个涵涉领域广泛的理论与实践问题,但整个人类社会文明的进步,始终离不开两个核心要素:作为文明的个体和作为实践的文明。新时代文明实践的主题是"凝聚群众、引导群众、以文化人、成风化俗","小红梅"实践站探索的城市新时代文明实践,始终以满足人民对美好生活的向往以及实现人的自由而全面发展为终极价值追求,最大限度凝聚全社会的价值共识。同时,社会文明程度是一个动态发展的过程,"小红梅"实践站通过构建"政校合作"机制探索的新时代文明实践,充分借助高校的力量,不断充实"城市新时代文明实践"的内涵,发挥大学生的主观能动性来增强人们对文明理念的认同感、亲近感,从而推动文化繁荣和社会主义精神文明建设,这对于强化文明实践具有重要意义。

坚持群众主体地位 提升文明实践成效

朱友金[①]

新时代文明实践工作的本质是凝聚群众、引导群众,必须走群众路线。群众在哪里,文明实践工作就要延伸覆盖到哪里。近30年来湖北省竹山县持续开展"十星级文明农户"创建活动,"户户创十星,荣耀满门庭"成为广大群众的朴素共识,为推进新时代文明实践工作提供了沃土。近5年来,竹山县按照"上接天线,下接地气"的要求,围绕"人人都是文明实践者,家家都有社会志愿者"的奋斗目标,深入推进新时代文明实践中心试点建设,文明实践工作成为宣传群众、教育群众、引导群众、提高群众的重要举措,助力竹山县创成"第六届全国文明城市"。

一、建好五大平台,引导广大群众在思想认同中凝心聚力

新时代文明实践不是另起炉灶,而是打破"各自为政"的阵地壁垒,盘活存量、做优增量。竹山县被纳入全省、全国新时代文明实践中心试点县以来,将2017年建成投入使用的3.2万平方米的秦巴文艺艺术中心大楼整体调整为新时代文明实践中心,由新时代文明实践指导中心(县委宣传部所属正科级事业单位)具体管理,集合了文化馆、图书馆、美术馆、博物馆、档案馆、剧场、老年大学、文明实践大讲堂、文明实践宣教馆等功能,拥有3000余平方米的文明实践广场,着力打造了群众精神文化生活的公共大舞台、大超市。与乡镇综合文化服务阵地一体运行,规范建设17个乡镇新时代文明实践所和244个村(社区)新时代文明实践站,全县600余个文明实践场馆阵地资源融通整合、一体运用。成立志愿服务队伍480支,注册志愿者8.3万人,形成了文明实践就在群众身边的生动

---

① 作者简介:朱友金,男,大学本科学历,中共湖北十堰竹山县委宣传部干部。

局面,打通教育服务群众的"最后一公里"。

(一) 建好理论政策宣讲平台,引导群众在践行科学理论中与党同心

理论政策宣讲支队整合县委讲师团和百姓宣讲员力量,让理论宣讲活动做到月月有、村村到。为有效推动党的创新理论"飞入寻常百姓家",实践中心把"用文艺形式讲活党的理论"作为首要创新品牌,采取以奖代补的办法,培植出"王义富工作室""稻香诗社""官渡民歌演唱""周承志皮影表演"等 20 余支流动的"文艺＋理论"志愿服务队,创作富有地方特色的宣讲作品 5000 余篇,长年活跃在农家村院、田间地头,引导群众听党话、感党恩、跟党走。

(二) 建好科学知识普及平台,引导群众在践行科学技术中与时代同频

在科普技能支队的引领下,蜂之谷科普馆、上庸茶城、绿松石科创中心、抖音基地、五福龙井生态农业园等一大批科普文旅项目成为新时代文明实践示范基地,近千名科普技能志愿者长年深入田间地头,走进网络直播间。以县融媒体中心"竹山特产云超市"、绿松石小镇"石善石美"志愿服务项目为代表的电商培训,催生 2 万余电商从业人员,让绿松石、茶叶、香菇、木耳等农特产品走出大山,助力竹山跻身"2020 中国直播电商百强县",打造出中国淘宝乡镇 1 个、淘宝村 2 个。

(三) 建好道德法治教育平台,引导群众在践行主流价值中与"十星"同荣

在法律服务支队、道德模范支队、党员志愿服务支队的引领下,各新时代文明实践所站结合基层社会治理、党员下沉社区、创建全国文明城市等工作,将道德法治建设作为"十星"系列创评重要内容。2021 年版"十星级文明农户"评星中设置"法纪星""和谐星""诚信星",有效推动自治、法治、德治融合发展。依托法律服务志愿者,培植了"冯显亮调解工作室""明德法律服务工作室""胡涛调解室"等特色志愿服务品牌,为群众提供法律法务、矛盾调解。针对青少年群体,常态开展"法治教育·心理健康"进校园系列活动,将道德法治教育作为"十星级文明校园""新时代好少年"评选的重要内容。全县11.5

万个家庭争星创星,2021年5.8万户获评"十星"文明户、22户获评竹山县"十无平安家庭"、40名青少年获评竹山县第一、二届"新时代好少年"。

(四)建好文化体育服务平台,引导群众在践行先进文化中与乡村同美

在文化文艺志愿服务支队的指导下,全县50余个县直单位、17个乡镇、244个村成立了在广场舞、锣鼓、彩船、皮影、摄影、绘画等文艺形式的志愿服务队伍。秦巴民歌擂台赛,"我们的村晚、村歌、村运"、"红色文艺轻骑兵进乡村"成为群众文化活动品牌。武当武术推广志愿服务队通过线上线下教学推广,带动近万人参加武当武术健身活动。得胜镇"稻香诗社"文艺助农志愿服务队36名志愿者以诗词形式讴歌新时代的事迹被《半月谈》等多家央媒报道。官渡镇"唱支山歌给党听"志愿服务队以官渡民歌的形式唱响新生活,带动当地3000余名群众在歌声中创造美好生活,建设和谐幸福家园。

(五)建好文明健康生活平台,引导群众在践行时代新风中与文明同行

在移风易俗支队的引领下,全县各村修订完善村规民约,发挥红白理事会等群众组织作用,指导群众用好"移风易俗文明新风家庭记事本",将《移风易俗"九倡导九禁止"》不断落细落实,"婚事新办、丧事简办、小事不办"成为新风尚。结合新冠疫情防控工作,充分发挥卫生健康志愿服务队作用,常态化组织文明劝导员上街、进商超、进小区、进家庭、进村院、进农户宣传《文明竹山30条》,开展环境卫生打扫、公筷公勺宣传等志愿服务活动,绿色环保、文明健康的生活方式悄然变成城乡群众的生活习惯。

二、坚持全域覆盖,引导广大群众在理论传播中担任主角

习近平总书记在纪念马克思诞辰200周年大会的讲话中引用了马克思的名言——"理论一经掌握群众,也会变成物质力量"。① 竹山在理论学习传播中,坚持把学习的舞台让给群众,把宣讲的话筒交给群众,推动党的理论"飞入寻常百姓家"。

---

① 中共中央马克思恩格斯列宁斯大林著作编译局编译:《马克思恩格斯文集:第一卷》,人民出版社2009年版,第11页。

（一）建强一个体系，在理论传播中发挥普通志愿者的大力量

以县委宣讲团为示范引领，着力完善"两团百队千人"宣讲队伍体系。近年来，从县直机关党员领导干部、各领域专业人才中招募理论宣讲骨干志愿者200余名，不断充实县委宣讲团，针对重大主题召开备课会、研讨会、试讲会10余次，打造了一支50余人的本土专家团队。面向基层一线招募党员干部、新乡贤、思政课教师、在校大学生、企业工人、十星文明农户等志愿者，组建理论宣讲小分队300余支，举办理论宣讲培训会20余期，培植基层理论宣讲员2000余名，形成了各行各业都有理论宣讲志愿者、人人主动参与理论传播的浓厚氛围。

（二）用好两类力量，在理论传播中注意分众化和对象化

一是让理论工作者专业宣讲党的理论。邀请县委宣讲团和行业专家重点面向党员干部阐释解读党的理论，全面提升基层党员干部践行党的理论的思想自觉和行动自觉。聚焦党的二十大、十九届五中六中全会、党史学习教育等重大主题，组建青年、职工、巾帼、先进典型、网络等8支专业宣讲队，各乡镇和县直单位宣讲报告全覆盖。

二是让好人典型用身边人身边事讲活党的理论。每年组织开展"十星文明示范户""我要脱贫示范户""竹山好人""道德模范""我的邻居是党员"等系列宣讲活动5000余场，直接参与的听众10万余人次。讲好全国孝老爱亲道德模范刘学举、全国优秀共产党员王焕云、中国好人王义富、湖北好人马蓓等感人故事，在理论传播中实施"好人满县"工程。

（三）叫响三大品牌，在理论传播中增强示范性和吸引力

一是"王义富工作室"示范引领。该工作室由宝丰镇退休干部王义富2018年发起成立，吸纳队员50余人，编写花鼓船歌词3000余首，用花鼓船歌调、渔鼓调、三句半等文艺形式宣讲党的理论政策，讴歌新时代，歌唱新生活，每年在全县宣讲100余场，直接听众万人以上。传播非遗文化，推动"女娲传说"入选第五批国家级非遗项目。2020年，"王义富用文艺的形式讲活党的理论"志愿服务项目荣获全国银奖、全省金奖。

二是"理响竹山"微宣讲全域覆盖。它由县新时代文明实践中心和融媒体中心联合推出,面向社会各界招募理论微宣讲志愿者300余名,聚焦党的二十大、十九届六中全会、党史学习教育等理论和教育、医疗、住房等民生话题,用群众大白话创作理论微宣讲大众文稿100余篇,通过"理响竹山"微宣讲抖音号、竹山融媒微信视频号、今日竹山网、"村村响"等载体,让党的声音在田间地头和网上掌上指尖上时时处处传播,让广大群众都成为党的理论传播金话筒。

三是展演大赛营造氛围。结合党史学习教育,2021年组织"文艺形式讲活党的理论"创作展演大赛。全县17个乡镇踊跃参赛,花鼓船歌《十唱建党百周年》、堵河皮影戏《施洋大律师》、官渡民歌《太阳出来满山红》、社会主义核心价值观系列"堵河剪纸"等群众喜爱的58件作品脱颖而出。

(四)做好四道加法,在理论传播中突出渐进性和多样化

一是学习＋宣讲,在逐层深入理解中传播党的理论。聚焦党的重大创新理论,举办党员干部"两学一做大讲堂"24期,参学1.2万余人次。用好"学习强国"平台,建立党员干部及群众学习管理组24个,注册学员2万余名。与《人民日报》旗下"人民学习"栏目联合打造"竹山县党员干部培训智慧教室"5个,邀请国防大学教授金一南等学者主讲"为什么是中国"等专题8期,5000余名党员干部远程学习、互动交流。在专题理论学习基础上,县委党校举办集中示范宣讲4期,组织党员干部到群众生产生活现场宣讲1万场次。

二是文艺＋理论,在生动活泼中传播党的理论。依托竹山高腔剧团"文艺轻骑兵",编排《露肚脐的新媳妇》《就为那颗星》《见面礼》《茶缘》等优秀剧目30余个,每年深入乡村、社区、企业、校园巡演100余场。建立乡镇(村社)广场舞队、锣鼓队等百姓宣讲队,发挥文明单位结对文明实践所站、乡村振兴驻村工作队的作用,为各村配备文艺器材,辅导培训农村文化爱好者,引导群众在文艺文化活动中感悟党的理论和温暖。

三是线下＋线上,在立体叠加中传播党的理论。面向党员干部群众招募、培训宣讲员,组织理论宣讲志愿服务小分队常态化开展线下宣讲。充分利用"学习强国"以及县融媒体中心网站、微信公众号、广播电台等新媒体平台同步进行线上传播,用好"竹山融媒881"志愿服务队伍,注重线上线下一体推进,传播效应立体叠加。

四是理论＋政策,在落地见效中传播党的理论。进行理论宣讲,培育文明新风,只有关心、帮助群众解决实际问题,才能发挥出最大实效。把党的理论、惠民利民政策与老百姓关注的教育、医疗、住房、务工等民生实事结合,每年开展接地气、带露珠的场院会、板

凳会、夜炉会4000余场,让群众在学理论中见实惠,具体感受到中国共产党的初心和使命就是为中国人民谋幸福,为中华民族谋复兴。

三、坚持示范带动,引导广大群众在志愿服务中彰显价值

(一)选树身边榜样

充分发挥"全国孝老爱亲道德模范"刘学举、"中国好人"王义富、"全国优秀共产党员"王焕云等榜样人物的示范作用,先后成立"刘学举孝老爱亲"志愿服务队、"王义富工作室"、"王焕云卫生健康志愿服务队",吸引入队志愿者8000余人。县新时代文明实践文艺志愿者为这些典型量身创作"十星"对联,并由文明实践中心制作对联牌匾,文明实践所站负责人亲自上门挂牌,组织新闻媒体对先进典型持续宣传,助推榜样持续发挥示范作用,有效避免了"荣誉到手一阵风、默默无闻无人问"的问题。整合文明实践资源,按照"一村一品"思路,培植出"星源罗家坡""仁里总兵安""和合枣园""感恩龙井""醉美桃源""诗意太和"等70余个示范村文化品牌。城关镇、宝丰镇、麻家渡镇罗家坡村、宝丰镇龙井村获评"全国文明村镇"。广大群众在持续争创"十星级文明农户""十星级文明家庭"中向上向善。

(二)健全激励制度

新时代文明实践中心建立志愿服务积分兑换制度,每年举行积分兑换奖励大会,对志愿服务累计达到300小时的志愿者授予"十星志愿者"称号,颁发荣誉证书,兑换志愿服务礼品。各乡镇新时代文明实践所站结合实际同步开展积分兑换活动。宝丰镇曹家湾村新时代文明实践站为每一位村民建立参加志愿服务档案,对"十星志愿者"颁发荣誉胸章,打工能人争相捐赠志愿服务积分兑换物资,形成了农忙时节邻里免费帮工、人人关爱帮助留守老人的靓丽风景。注重志愿服务项目建设和运行,各文明实践所站打造特色志愿服务项目100余个。通过举办新时代文明实践志愿服务项目大赛,挖掘培育"理响竹山"微宣讲、"石善石美"绿松石电商培训、竹山融媒"881"、武当武术推广、"稻香诗社"文艺助农等优秀项目20个,颁发奖金30万余元,充分调动各地群众参与文明实践活动的积极性。

(三) 纳入十星创评

将文明实践志愿服务工作纳入"十星级"文明户、文明村、文明乡镇、文明校园、文明企业等系列评选,在2021年版"十星级文明户"测评标准中设置"奉献星",倡导群众积极参与疫情防控、义务献血、公共环境清扫、孝老爱亲等各类公益活动。"十星级文明乡镇(文明村)"中设置"文明创建星",对志愿服务项目培植、乡村志愿者注册和参与志愿服务活动情况、文明实践阵地建设提出具体要求。将志愿服务工作作为"竹山好人""道德楷模"等先进典型评选要求之一。坚持每年评选表彰一批"十星级文明户"示范户和"十星级文明村"示范村并进行"以奖代补",大力开展"十晒十比十评"活动,形成了人人参与文明实践、人人争当十星志愿者的浓厚氛围。

唤起同心千百万 一呼百应总动员
——秭归县新时代文明实践中心志愿服务动员机制建设探索

刘 珍 赵建华[①]

秭归县地处湖北省西部,长江西陵峡畔,是著名的"中国脐橙之乡""中国丝绵茶之乡""中国龙舟之乡""中国诗歌之乡""中国民间文化艺术之乡""中国美食之乡""中国最美外景地""中国天然氧吧"。先后荣获国家生态文明建设示范区、"中国人居环境范例奖"、国家卫生县城、国家园林县城、全国文明县城等称号。全县辖12个乡(镇)、167个行政村、12个社区,36.68万人,国土面积2427平方公里。

2019年4月和10月,秭归县先后被纳入全省第一批和全国第二批新时代文明实践中心建设试点。秭归县紧紧围绕"一个目标、四个定位、五项工作、三个到位、六种能力"的总要求,在扎实推进新时代文明实践中心建设试点工作中,结合贫困县、山区县、库区县的县情,着力打造县乡村纵向贯通、党政群部门协同联动的文明实践网络,建立一呼百应的动员机制,逐步探索出既符合秭归实际,又"接地气、聚人气、得民心"的新时代文明实践志愿服务动员路径。

一、坚持全民参与,推动志愿服务网格化动员

近年来,秭归县聚焦新时代文明实践四大核心问题,打造"4568"工作格局,开展互通、互联、互融式动员,让"有时间做志愿者,有困难找志愿者"蔚然成风,形成一呼百应、应者云集的态势。

[①] 作者简介:刘珍、赵建华,中共秭归县委宣传部。

（一）打通"神经末梢"，推动供需互通式动员

立足"谁来做"，完善"四级设置"。组建县、乡镇、村（社区）、村落新时代文明实践中心、分中心（所、站），建立志愿服务总队1个、支队107个、分队270个、小队2052个，机构设置全覆盖，实现"群众在哪里，新时代文明实践就延伸到哪里"。

立足"怎么做"，促进双向互动。推行规定＋自选、城市＋乡村、线上＋线下、点单＋派单、集中＋分散等五种模式，通过"群众点单、中心制单、分中心（所、站）派单、志愿者或志愿组织接单、网上评单"的方式，建立"民呼我应、民盼我办"新时代文明实践工作机制，深化"双向对接"，实现我们"要送的"和群众"想要的"无缝衔接。

立足"做什么"，凸显实践特色。聚焦脱贫攻坚，紧扣乡村振兴，坚持自上而下和自下而上相结合、"送服务"和"种服务"相结合，开展以讲活科学理论、讲透形势政策、讲明科技法律、活跃文体活动、传承优秀文化、涵养文明乡风为主要内容的"三讲三文"六大活动，让农村群众在参与中获得精神滋养，提振精气神。

立足"常态长效"，深化规范化建设。推行"有制度规范、有专兼职人员配置、有功能完善的阵地、有统一标识标牌、有规范操作流程、有多支志愿者队伍、有常态化的实践活动、有必要的经费保障"的八有标准，实现工作标准规范化。

（二）激活"阵地细胞"，推动城乡互联式动员

"联平台"，推动资源下沉。打破部门界限和条块分割，整合打通理论宣讲、教育、文化、科技与科普、法律咨询、健身体育等六个服务平台，分别由一个县直部门牵头运营、若干责任部门配合，将资金资源、平台载体、项目活动等整合起来，把理论宣讲与文化生活、惠民服务、情境体验、情感交流等相结合，变"各自为战"为"兵团作战"，实现"一条龙""一站式"志愿服务。

"联队伍"，推动人才下沉。发动县直部门与联系村结对帮扶，每月到村开展一次志愿服务活动，并指导脱贫攻坚和乡村振兴，推动专业志愿服务力量下沉，请各类专家当老师，面对面传授、手把手示范，把基层骨干培养成有一技之长的志愿者，变"输血"为"造血"，通过"蜂窝"式辐射，带动农村党员、乡贤能人、脱贫户成为志愿者，基本实现户帮户、亲帮亲、邻帮邻。

"联机制"，推动服务下沉。健全激励嘉许机制。制定出台《秭归县新时代文明实践

志愿服务管理办法》等文件,把参与文明实践活动与各种奖励结合起来,创办爱心公益银行,开设积分兑换超市,调动群众积极性,激发道德自觉。建立县领导联系指导新时代文明实践工作制度,将县直部门下沉村(社区)开展志愿服务情况纳入文明单位考核重要内容,实现文明创建与文明实践机制无缝对接。

(三)延伸"服务触角",推动线上线下互融式动员

统筹"两个中心",精准化吸引群众。将新时代文明实践和融媒体中心建设紧密对接,在"云上秭归"客户端开设"文明实践"专栏,设置"党务+政务+服务"栏目,实现问政咨询、表达诉求、农技服务等"一网联通",新时代文明实践活动直播"一键链接",志愿服务点派单"一触即得"。统筹"两个中心"建设以来,全县通过线上征集"需求菜单"18083条,派出"服务菜单"16681条。"一键求助"模式让橙农轻松链接"云上秭归"的"源秭原味"商城,助橙农用小脐橙撬动大梦想。县融媒体中心建设的经验两次在中宣部内刊推介,得到中央领导同志的点名表扬。

建设"六小文化",便民化服务群众。统筹整合全县2035个村落"六小文化"(建设小院坝、配小设施、设立小场所、开辟小墙壁、组织小活动、培育小队伍)资源,在村落、田间地头和农户家中开展理论宣讲、文化惠民、农技培训等志愿服务活动,将文明实践活动延伸到群众家门口。组织村落夜话、送免费"小医疗"、送生活"小科学"、送村落"小文化"、讲文明"小故事"等系列文明实践活动近3万场次,充分激发群众主人公意识,广大群众积极参与,打造聚人心的"百姓之家"。

打造"七大品牌",特色化引导群众。打造理论宣讲、精神扶贫、文化振兴、生态文明、幸福村落、创新服务、微心愿圆梦等七大志愿服务品牌,带动形成"好人好事有人夸,坏人坏事有人抓,新风正气传得开,陈规陋习必须改"的生动局面。湖北省"理论热点面对面"示范点落户秭归,秭归流动党员和农民工宣讲队荣获"湖北省基层理论宣讲先进集体"称号。《你的名字》等7首村歌入选中国百佳村歌;屈原镇屈原村"村规民约"入选全国100篇优秀村规民约。秭归县"村落夜话"乡村治理经验入选全省农村"一约四会"优秀典型案例,在全国加强乡村治理体系建设推进会上推介。2021年2月,"微心愿圆梦"志愿服务品牌入选中央文明办《建设新时代文明实践中心工作方法100例》。

二、坚持项目引领，推动志愿服务结对式动员

根据群众对志愿服务的多样需求，采取不同结对服务方式，分类打造接地气聚人气的志愿服务项目。

（一）打造主题性志愿服务项目，推动结对动员常态化

着眼满足群众普遍、共性的现实要求，建设具有引领作用的主题志愿服务队伍。结合党史学习教育，定期开展"文明实践进万家"活动。针对特殊群众内生动力不足等问题，策划实施"立壮志、改陋习、树新风"农村精神扶贫、"农闲45分钟微宣讲""农民自强讲堂"等志愿服务项目，以"精神脱贫"助力"精准扶贫"，以思想破冰引领发展突围，解决群众对基础设施建设、改善生产生活等方面共性需求。磨坪乡雁落坪村通过政策宣讲凝聚村民共识，推动实施基础设施补短板项目，修通1.2公里"断头路"；茅坪镇长岭村驻村工作队长期开展生态种茶政策引导，改变茶农守旧思维，实现增收致富。相关报道在《人民日报》（头版）、新华社和央视（《新闻联播》《朝闻天下》栏目）等中央媒体刊播（发）。

（二）打造普惠性志愿服务项目，推动结对动员专业化

着眼满足群众日常需求，依托志愿服务站点，建设普惠性志愿服务团队。围绕就业培训，县人社局推出"23 ℃人社志愿服务项目"，帮助2万多名建档立卡贫困劳动力实现就业和增收脱贫；围绕法律援助，县政法系统推出"法援有情"、"三官一律"（法官、检察官、警官、律师）进村落志愿服务项目；围绕农村人居环境整治，县住建局推出"五好生态治理"（建好志愿队伍、划好责任网格、办好生态课堂、定好奖惩规矩、守好生态底线）志愿服务项目……对接群众多样化需求。

（三）打造特惠性志愿服务项目，结对动员精准化

着眼满足群众个性化、差异化需求，采取"一对一""多对一"等形式，建设特惠性志愿

服务队伍。秭归县农村"三留守"等十类特困群体共计4.18万人,占全县常住人口35.4万人的11.8%。

县新时代文明实践中心组织全县上下开展"微心愿圆梦"系列志愿服务。聚焦696名农村留守老人,各行政村牵头组建"邻里守望"志愿服务队,开展"敲门行动";聚焦661名农村留守儿童,团县委牵头组建"希望家园"志愿服务队,利用寒暑假开展助学辅导;聚焦195名农村留守妇女,县妇联牵头组建"巾帼"志愿服务队,开展传统绣艺、美丽庭院、文化文艺等技能传授;聚焦16775名残疾人员,县残联牵头组建"爱心有约"志愿服务队,帮助残疾人解决生活困难;聚焦540名失独家庭,县卫健局牵头组建"康乃馨"志愿服务队,455名志愿者和失独家庭一对一"结对认亲";聚焦319名独居老人,各乡镇牵头组建"情暖夕阳"志愿服务队,坚持每周上门嘘寒问暖;聚焦331名单亲家庭,县教育局牵头组建"爱心爸妈"志愿服务队,对单亲学生开展生活指导、心理疏导、思想引导和学习辅导,传递亲情温暖;聚焦970户城市贫困家庭,县民政局牵头组建"小城大爱"志愿服务队,开展生活救助、爱心帮扶等活动;聚焦298户偏远地区居民,县扶贫办牵头组建"扶贫济困"志愿服务队,组织开展"全域大走访、政策大宣讲、矛盾大排查、问题大整改"活动;聚焦20298名在外农民工,县总工会牵头组建以秭归县驻宜昌农民工服务中心主任、党的十九大代表王华君命名的志愿服务队,长期开展"五帮"(帮思想、帮双创、帮维权、帮解困、帮成才)志愿服务活动,被誉为"城乡路上的红色义工"。

2020年12月,秭归县作为湖北省唯一代表,在全国文明实践志愿服务工作培训班上以《圆梦微心愿 传递大温暖》为题作了大会交流发言,秭归县"微心愿圆梦"志愿服务项目在此次交流展上做了展示,中宣部副部长傅华点名表扬了秭归县"邻里守望"和"希望家园"志愿服务队。《中宣部百城千县万村行|宜昌秭归"微心愿"上墙 让幸福触手可及》作为湖北卫视该栏目开篇之作播出,《"幸福使者"温暖秭归留守老人》等宣传报道在《人民日报》、新华社、中新社、《湖北日报》、湖北卫视等中央媒体及省级媒体刊播(发)。

三、坚持机制先行,推动志愿服务应急式动员

动员多方力量、整合各类资源,打造科学高效的运行机制,优化供需对接,强化应急响应能力。

（一）建立协同作战机制

全县新时代文明实践中心由党委、政府统一指挥调度，联动团县委、红十字会、卫生健康、应急管理、交通运输等部门，共同开展志愿者招募、培训、调配工作，快速有序投入应急志愿服务，确保"群众的需要在哪里，志愿者就服务到哪里"。新冠疫情发生后，秭归县依托新时代文明实践中心，迅速组织万名志愿者进驻百个责任小区、千个农村村落，化身宣传员、守门员、检测员、服务员、快递员、驾驶员，推动联防联控文明实践。沙镇溪镇高潮村原书记、主任宋青山在义务帮村民运送生产生活物资途中因公殉职，上榜"中国好人"、全国"疫情防控最美志愿者"，被追授为第24届"中国青年五四奖章"。

（二）建立能力储备机制

在卫健、消防、公安、应急管理、防灾减灾等部门建立应急志愿者档案，由主管部门指导开展专业培训，加强联动协作，培育一批具备医疗急救、现场救护、特种设备操作等专业素养的骨干志愿者队伍。县中医院创新"急诊—ICU—专科门诊—专家门诊"一体化联动模式，成为宜昌市唯一入网120急救平台的县级医院，三度蝉联全市急救大赛冠军。县自然资源规划局建立地灾监测预警志愿服务队，659名监测员志愿者对813处地质灾害点实时监测预警，秭归实现连续17年地质灾害"零伤亡"。

（三）建立平战结合机制

依托新时代文明实践所(站)，全县8个社区和186个村建立应急志愿服务点，配备卫生防疫包等物资装备，由基干民兵、村落"两长八员"、退役军人等组建应急志愿服务队，开展志愿者培训、防灾减灾知识宣讲、应急志愿服务等，形成群防群控格局。2021年5月20日，湖北省应急管理厅和省地震局联合16家参演单位，300余名各类应急力量，在秭归县开展地震应急综合演练。重点突出信息收集数字化、现场指挥规范化和抢险救援科技化，有效检验了县域应急救援体系的快速反应和抗震救灾水平，以及突发事件中学校、医院、社区等单位和群众的自救互救能力。

让新时代文明实践生根开花

张伟伦[①]

在新时代的发展背景下,如何积极地贯彻习近平新时代中国特色社会主义思想已经成为各级党政部门需要关心的问题,也是我党思想工作的重点。建设新时代文明实践中心,是党中央牢固思想宣传工作的基层基础,立足于战略和全局所作出的一项重大举措。在新时代文明实践中心的建设中,实践中心的本身空间、场馆内各类宣传材料勾连起的过往与现今、通过不同的铺陈展设创造出的多样情境以及整体营造出的氛围等等都构成了一个个场景。本文从"场景"的角度出发,结合笔者在多个实践中心的实地调研,对新时代文明实践中心的建设进行深入的研究,探讨其中不同的场景类别以及带给受众不同的体验,从而发现新时代文明实践中心场景传播目前存在的一些问题,以期为我国新时代文明实践中心建设提供一些有益的优化思路和建设性意见。让新时代文明实践中心能够真正打通"最后一公里"的壁垒,消除思想与文化鸿沟,让新时代文明实践中心更好地发挥其应有作用。

2018年7月,中央全面深化改革委员会研究通过了《关于建设新时代文明实践中心试点工作的指导意见》,首次提出建设新时代文明实践中心。在之后的一系列中央政策文件及党和国家领导人的讲话中,也多次提出推进新时代文明实践中心建设工作。由此可见,建设新时代文明实践中心是党中央重视和加强基层思想文化工作的战略部署,是打通基层公共文化服务"最后一公里"、促进乡村振兴的重要抓手。新时代文明实践中心在弘扬主流价值、促进乡风文明、丰富乡村文化活动等方面都有着重要的作用,因此对新时代文明实践中心进行深入研究,从中发现问题并提出解决对策,能极大推进新时代文明实践中心的建设工作,对我国的乡村振兴战略和基层文化建设工作有着重大的理论和实践意义。分析发现,新时代文明实践中心建设的主要做法有加强党政统筹力度、健全志愿服务体系、建立健全各项保障机制以及整合资源打造活动平台等;进而发

---

① 作者简介:张伟伦,男,湖北省嘉鱼县官桥镇人民政府。

现,取得的成效有提升群众满意度和凝聚力、改善群众精神面貌、提升群众综合素质和推动乡村移风易俗。同时,也存在着资金和人才短缺、地区之间开展活动次数不均衡、实践活动形式与内容老化以及群众参与度不足等问题。针对这些存在的问题,结合文化治理理论、公众参与理论以及文化场景理论等基础理论,从领导干部及群众思想观念陈旧落后、协同机制不完备、管理机制不健全、活动开展供需不匹配等四个方面深刻剖析了相关问题产生的原因,最后从完善保障机制、健全协同机制、健全管理机制、构建参与机制、注重实践内容和形式的创新等五个方面提出了推进新时代文明实践中心建设的建议,这些合理化建议将为全国其他地区新时代文明实践中心建设提供有益的参考,从而更好地实现乡村全面振兴。

新时代农民群众对美好精神文化生活需求同精神文明发展不平衡不充分的矛盾成为社会主要矛盾的重要方面,如何传承和发展农村优秀传统文化,推动基层文化繁荣发展仍然面临一定问题。对此,党中央作出新时代文明实践中心建设的战略部署,要求用社会主义先进文化占领农村基层思想文化阵地,传承和发展好农村优秀传统文化,不断提升农民群众思想觉悟、道德水准、文明程度。加强新时代文明实践视域下农村优秀传统文化传承路径研究,对进一步学习贯彻习近平新时代中国特色社会主义思想、弘扬农村优秀传统文化价值、丰富新时代文明实践的理论内涵、实施乡村振兴战略都具有重要的理论意义和现实意义。这就要求我们坚持目标导向和问题导向相结合,以新时代文明实践为研究视域,加强以志愿服务为主要方式开展农村优秀传统文化传承活动研究,致力于探讨全社会广泛参与文化传承的有效方式。近年来在新时代文明实践中心建设工作中,我国通过坚持以文育人推进精神文明建设、志愿服务项目化助力体系化传承、借助理论宣讲平台弘扬优秀传统文化、传承传统民俗节日文化增强精神力量、举办优秀传统技艺文化活动等系列措施,在提高文化资源整合度、增强文化自觉和文化自信、提升传统文化融入生产生活程度等方面取得了较好成效,但由于人们对文化传承的重要性认识程度不一、现代化进程对传统文化当代价值的消解、文化传承合力尚未完全形成、文化教育体系有待进一步健全、文化传承政策保障不足等原因,农村优秀传统文化传承仍然面临总体思路的规划有待进一步厘清、创造性转化创新性发展落实不到位、主流价值阐发片面化、传承主体力量相对薄弱、志愿服务活动资金保障不足等问题仍然存在。针对这些问题,我们以马克思主义理论为指导,运用社会意识反作用于社会存在、筑牢主流意识形态的文化根基等原理进行分析,总结宜兴市农村基层文化传承的创新经验,提出了贯彻落实新发展理念、构建农村传统文化传承协同机制、创新运用志愿服务传承农村优秀传统文化、拓宽文化传承载体、健全文化传承保障体系等优化路径。

形式多样的理论宣传、暖心走心的志愿服务、多姿多彩的文体活动……在嘉鱼,新时代文明实践工作开展得有声有色,既有温度又有热度:紧贴群众需求,加强顶层设计,建设阵地队伍,着眼凝聚群众、引导群众、以文化人、成风化俗,以"大手笔"打造新时代文明实践中心的嘉鱼样本。

形成区镇村三级覆盖阵地布局,规范化推动阵地建设,增强文明实践引领力;公益化推动队伍建设,增强文明实践服务力;特色化推动项目建设,增强文明实践吸引力;全域化推动实践覆盖,增强文明实践辐射力。这就是多年来嘉鱼以"大手笔"推进文明实践绽放的幸福之花。理论宣讲干货多、文体活动乐翻天、志愿服务暖人心……放眼嘉鱼,一个个创新阵地、一次次暖心服务、一桩桩惠民实事,以实实在在的成效让党的创新理论"飞入寻常百姓家",进一步增强了群众获得感、幸福感、安全感。

近年来,养前村以党建引领乡村精神文明建设,大力推进新时代文明实践站建设工作,不断丰富百姓的精神文化生活,文明基因已然落地生根。

(一)党建引领营造文明实践良好氛围

书法教室、图书借阅、乐器之家、健身基地……走进养前村新时代文明实践站,功能齐备的动空间收获了众多百姓"粉丝"。嘉鱼县各行政村两委班子坚持党建引领新时代文明发展,设置了理论宣传、教育服务、文化服务、体育服务、科技服务"五项"常规性文明实践活动功能室,并配备了完善的设施,以党建+新时代文明实践的形式,开展理论宣讲、党员教育、老党员座谈会等活动。

(二)科学规划,建立分层分类志愿服务链

嘉鱼县着力构建"村干部+街长+志愿者"的志愿服务模式,打造专兼职相结合的志愿服务队伍,激活了百姓参与文明实践活动的内生动力。在村屯美化过程中,村民自发组织了由老党员、老退伍兵组成的村屯建设岗、巾帼环保队安全防火志愿队等组织,实现了支部带头村民人人参与自主管理的良好局面。为加强长效管理,嘉鱼县对民生资金的投入力度不断加大,群众感受到了集体的凝聚力与战斗力,建设美好家园聚集了民心。

(三)形式创新开展有成效的文明实践活动

嘉鱼县结合新时代文明实践站传播新思想、引领新风尚,以阵地资源为依托、志愿队伍为基础、活动项目为牵引,让文明实践活动的触角横向到边、纵向到底。

广大志愿者在广场周边对静态停车进行定岗监督,引导车辆正确停在画线的停车位里;对过路行人进行文明劝导,引领行人秩序出行;遇到随手乱扔纸屑的老人,他们轻

声做出提醒；遇到乱扔烟头的青年，他们上前规劝，大力弘扬了"奉献、友爱、互助、进步"的志愿服务精神，提高了县内居民的文明道德素质。

（四）因地制宜打造多维度的文明实践阵地

在推进乡村振兴战略中，以新时代文明实践活动为契机，充分挖掘本地资源特色，依托较为完善的设施农业基础、依托嘉鱼县独特风景自然资源优势，着力发展文化旅游和电商经济产业，从而推动了乡村经济发展、打造了地方名片，提升了百姓福祉。

嘉鱼县秉持"物质精神两手抓，口袋脑袋一起富"的发展理念，以欣欣向荣的精神文明，丰富多彩的群众文化，继续深入实施乡村振兴战略，全面落实"党建引领，发展富民"的工作理念，真正把新时代文明实践站建设成为群众身边离不开的"精神加油站"。

（五）聚焦顶层设计，做好统筹文章

嘉鱼县各村（社区）将深化文明实践同建设和谐社区、发展慈善公益事业、健全社会救助体系结合起来，建立健全长效机制，发挥新时代文明实践站的辐射作用，鼓励辖区居民积极参加社区开展的文明实践活动。大力弘扬志愿精神、共建和谐嘉鱼的奉献精神，用最真实、最温情的行动树立标杆、冲锋在前，为社区建设贡献力量。

志愿服务是新时代文明实践工作的主要活动方式，志愿者是新时代文明实践工作的主体力量。为加强对新时代文明实践工作的指导，市、县（区、开发区）设立新时代文明实践（指导、服务）中心，制定新时代文明实践志愿服务管理办法，推动文明实践志愿服务运行制度化、规范化、科学化，使基层开展工作有章可循。

（六）15 分钟文明实践圈为生活着色加温

新时代文明实践所整合现有文化站和各村级综合文化服务中心，使其成为当地居民开展文化活动的主阵地。不断完善提升镇、村级公共文化服务设施，改造提升各村文化广场。增加农家书屋藏书量，实现"Wi-Fi"全覆盖，推出全方位、多层次、多元化的公共文化服务，让老百姓在家门口就能享受文化带来的便利。

近年来，嘉鱼县在居民聚集区、公共服务区、窗口单位及农村集市、劳务市场等重点公共场所广泛设置有人员、有项目、有管理、有文明实践显著标识的新时代文明实践志愿服务站（点、岗），构建点多面广、功能完备、便民利民的"15 分钟文明实践圈"，确保群

众可以随时参与文明实践活动。

（七）"你点我供"解决群众"急难愁盼"

随着文明实践的热情，邻里互助水平得到极大提高。孤寡留守老人的一日三餐常常是"应付"，一盘菜吃三顿，馒头咸菜也算一餐，更谈不上营养和健康。为解决村内老年人的就餐问题，部分村积极打造"一元餐厅"新时代文明实践项目，在幸福院内建设"一元餐厅"，村内老年人仅支付一元就能吃上一顿可口的午餐。

为进一步弘扬中华民族传统美德，倡导敬老尊老爱老良好风尚，东营经济技术开发区东城街道金湖社区积极探索开展"爱心照相馆"系列文明实践便民服务项目，将照相馆搬进社区，让辖区居民在家门口享受免费拍照服务。

嘉鱼县新时代文明实践工作坚持将解决群众实际困难与解决群众思想问题相结合，围绕为老服务、为小服务、为困难群体服务、为需要心理疏导和情感慰藉人群服务、为社会公共需要服务的"五为"服务，总结创新出群众点单、中心派单、组织认单、政府买单、群众评单的"你点我供"五单运行机制，精准对接群众需求，解决群众的"急难愁盼"。

新时代文明实践所建设过程中的重点和难点

卜美娟[①]

建设新时代文明实践中心(所、站等),是以习近平同志为核心的党中央作出的重大决策,是推动习近平新时代中国特色社会主义思想深入人心、落地生根的重要载体;是加强和改进湖北省嘉鱼县渡普镇宣传思想文化工作和精神文明建设,筑牢党员群众感党恩、听党话、跟党走的思想根基;是打通宣传群众、教育群众、关心群众、服务群众"最后一公里"的重要手段。

一、现状

(一) 基本情况

近年来,对于广大农村农民来说,生产生活发生了翻天覆地的变化,主要体现在三个方面:生产方式由集体向分散转变,生活方式由在农村向进城务工转变,获得信息的渠道由广播电视向手机转变。因此,宣传群众、教育群众、服务群众"最后一公里"的方法手段也要相应改变。新时代文明实践所是顺应时代变迁,回应百姓需求的具体举措;是推动乡村全面振兴、满足农民精神文化生活新期待的战略之举;因而需要在内容、载体、效果等方面牢牢把握"实"字这个核心要求,做到吸引人、可持续、有实效。

---

① 作者简介:卜美娟,女,一级科员,湖北省嘉鱼县高铁岭镇人民政府。

(二) 举措及成效

(1) 聚焦思想政治引领,发挥新时代文明实践中心凝聚群众的作用。渡普镇依托新时代文明所深入推动习近平新时代中国特色社会主义思想落地生根。开通理论宣讲"直通车",将党的创新理论送到田间地头、街道社区和村湾院落,推动党的创新理论"飞入寻常百姓家"。同时大力推进公民思想道德建设。制订村规民约,开展"身边好人""星级文明户"等评选,建立健全道德评议组织机构、红白理事会等村民议事会组织机构,推进移风易俗,在镇域内广泛宣传公益广告,破除人情攀比、奢侈浪费、天价彩礼等陈规陋习,提倡婚事新办、喜事简办、殡葬改革,培育道德文明新风尚。

(2) 聚焦乡村文化建设,发挥新时代文明实践中心以文化人的作用。首先,打造传统文化特色。渡普镇拥有唐帽山、千年古樟、七星洞、陆水红源等多处景点,可在不同景点开展符合景点特色的活动。同时,进一步深挖村镇特色文化符号、盘活地域文化资源,促进文化与旅游产业发展相结合。其次,传承红色文化基因。渡普镇多次组织党员、群众、青少年在陆水红源开展红色教育研学等活动,深化人们对红色文化的价值共鸣,激发广大人民群众的奋斗精神。

(3) 聚焦志愿服务活动,发挥新时代文明实践中心服务群众的作用。开展志愿服务是社会文明进步的重要标志,也是新时代文明实践中心的主要活动形式。渡普镇成立新时代文明实践志愿服务总队,新时代文明实践中心可组织和引导志愿者组建新时代文明实践志愿服务队伍,志愿服务队伍主要来自党政机关、镇直部门、村两委等。建立了"文明实践志愿服务点"。整合现有基层公共服务阵地资源,打造群众身边的理论宣讲、科技科普服务、文化服务等文明实践阵地,开展点对点、面对面的文明实践服务。

二、当前工作重点

建设新时代文明实践所,重点是志愿队伍要全面。新时代文明实践所的实践活动要依托志愿服务队伍和志愿者来开展,因此需要组建政治过硬、素质优良、结构合理、专兼职结合的文明实践队伍。重点用好理论宣讲团、百姓宣传团,要有宣讲功底的人才和骨干,传播党的理论和政策;同时,深挖并用好文艺文化人才、非物质文化遗产传承人、农村致富带头人、民间优秀文艺人才、科技人才等,做好传文化、传技能、传知识等工作;发挥好乡贤、退休村干部、社会能人、热心人的作用,组建村(社区)志愿者队伍,推动社会主义核心价值观扎根乡村,传树文明乡风;组织宣传身边好人、道德模范、文明家庭、最美系列人物等先进典型,通过身边人讲身边事、身边事教育身边人的方式,让广大群众通过身边榜样接受文明洗礼。

建设新时代文明实践所,重点是移风易俗要入心。现在,不同年龄段的人观念习惯差别很大,还有不少人群生活在当下,思想观念却还停留在过去。有的群众集体意识不强,对基层党组织、居民自治组织开展的各种活动漠不关心,对参与社会公共事务缺乏热情,只想过好自己的小日子;有的群众公德意识不强,对乱扔烟头、随地吐痰、打喷嚏咳嗽不掩口鼻、在公共场合大声喧哗等不文明行为不以为然,认为小节无伤大雅;有的群众健康意识不强,喝酒宁伤身体不伤感情,熬夜上网打麻将、不吃早饭等不健康习惯比较普遍,一些人舍得花钱请客,舍不得花钱吃药,无病不调养,有病靠硬扛;有的群众讲起环保头头是道,具体到行动仍然污水乱泼、垃圾乱倒。这些落后的思想观念和生活习惯如果得不到有效改变,新时代、新生活也就无从谈起。因此我们要大力开展移风易俗、弘扬时代新风行动,破除陈规陋习、传播文明理念、涵育文明乡风。倡导科学文明健康的生活方式,宣传普及工作生活、社会交往、人际关系、公共场所行为等方面的文明仪规范。针对红白事大操大办、奢侈浪费、厚葬薄养等不良习气,广泛开展乡风评议,发挥村民议事会、道德评议会、红白理事会、禁毒禁赌协会等群众组织的作用。切实加强无神论宣传教育,引导农村群众自觉抵制腐朽落后文化侵蚀。大力弘扬科学精神,广泛普及科学知识。

建设新时代文明实践所,重点是活动形式要丰富。建设新时代文明实践所,必须考虑能否满足新时代人们多元多样多变的文化需求,满足了才会"有花盛开、蜂蝶自来"。越来越多的人不满足于被动学理论、受教育,不愿接受强迫灌输式、一厢情愿式的思想文化传播。对于普通群众来讲,多少哲理高深的鸿篇巨制都不如舞台上"红脸的英雄、白脸的奸臣"来得直观、看着痛快。因此我们要广泛开展群众乐于参与、便于参与的文化活动,让群众在多姿多彩、喜闻乐见的文化活动中获得精神滋养、增强精神力量;同时把讲的机会交给群众自己,既可以大家围坐一起,开展读书交流、书画切磋,开展道德评议、家风学习,开展科普法治教育、种植养殖课堂,探讨育儿知识、教子心得,把每个人的生活经验与大家共同分享。也可以让党员干部和群众进行平等对话,共同议一议镇里、村里的规划建设、经济发展、社会治理,把新时代文明实践中心作为走好群众路线、融合干群关系的"连心桥"。经常性组织开展村湾夜话、乡村广场舞、地方戏曲会演、群众体育比赛、文艺培训等活动,提振农村群众的精气神。

建设新时代文明实践所,重点是保障措施不能少。推进新时代文明实践工作健康有序开展,要进一步加强资源整合。整合盘活现有资源,整合现有基层宣传思想文化阵地、涉农惠民项目、各类志愿服务队伍,各个部门、各种渠道在一个主题下向农村基层聚焦发力,形成乡村文化振兴倍增效应。同时,要进一步加强政策保障。县、镇财政给予经费补助和资金支持,健全激励机制,每年选树一批新时代文明实践示范点,营造良好舆论氛围。要进一步加强考核监督。建立文明实践工作测评体系,通过实地考察、问卷调查、查阅台账等方式,将考核结果纳入全县经济社会发展综合考核指标体系,作为文明单位(校园、村镇、社区)、文明城市、文化强省建设,以及先进县创建的重要内容,从而真正发挥好新时代文明实践中心的重要作用。

三、当前工作难点

(1) 活动开展人员不足。一是工作队伍来源比较单一,目前主要依靠行政力量推动,机关和村干部兼职开展文明实践活动,由于日常工作任务比较繁重,长期、批量地派干部下村开展活动不现实,而且村里在家的多为留守老人和儿童,不便参加活动,青年人上有老下有小,也大多忙于自己的工作,同时志愿服务意识淡薄,对新时代文明实践的认识不全,对乡风文明的认识浅显。二是基层善于贴近群众宣讲理论政策的"名嘴"很少,热心公共文化事业的文艺积极分子还没有完全挖掘出来。不久前我们了解到,渡普镇的文艺文化骨干是一位非物质遗产传承人,年龄偏大,目前想着自己年岁已大,想寻找传承人,便与渡普镇取得联系。为此,渡普镇立即联系学校和镇妇联,并确定了课程时间,但由于他本人家事缠身,一直未能正常开课。确实,在乡里这种有一技之长,但完全能自由支配自己时间的人还是少数。三是缺少专职人员统筹组织新时代文明实践所开展活动,乡镇负责新时代文明实践活动的人员都兼职有别的工作,新时代文明实践活动的开展需要精心谋划,在创新创作上要下大功夫来开展一些群众喜爱的活动,志愿服务活动并不是拿个方案、申请个活动、写个小结这么简单,而是要考虑方方面面,小型活动或许一两个人可以安排布置过来,但大型活动,要考虑到很多,尤其是要有特色能吸引群众,这样的人才需要对策划活动有一定的功底。

(2) 活动开展保障不够。一方面是缺少经费支持,在添置设备、保障各建设点日常运转的基础上,策划组织、推陈出新的活动捉襟见肘。每场活动,都有一定的支出,比如"万人洁城"活动,人员多,需要用到扫把、簸箕、手套等工具;还有包粽子大赛,不能仅仅是单调的包粽子,需要一点节目暖场,吸引群众的目光,而请人表演节目、音响等都是需要费用的。另一方面是基层群众对一些宣讲、演出活动容易产生"审美疲劳",活动的形式单一,参加活动的积极性较难保持,这时多种表演形式也显得尤为重要。大家对于宣讲活动并不陌生,但永远都是一个人在宣讲,下面的人只是听,感觉像一个人的独角戏。久而久之,讲的人激情退却,听的人毫不在意,这样的宣讲没有发挥它的真正作用。毛泽东同志说过,文化思想阵地我们不去占领,敌人就会占领。战争年代,党带领人民取得一个又一个胜利,靠的是"枪杆子"和"笔杆子"。现在我们进行伟大斗争、建设伟大工程、推进伟大事业、实现伟大梦想,更应该把占领宣传主阵地、掌握舆论主导权作为宣传思想工作的重中之重。

（3）活动开展供需不匹配。一些文明实践活动的针对性、趣味性、便利性不够强，存在供需错位的倾向。比如，有群众反映理论宣讲、政策阐释不够通俗易懂；文艺下乡时，他们喜闻乐见的本地戏分量不足；有的群众建议夜间有人辅导广场舞；家住比较偏远的群众提出参加活动来回不方便；等等。由于种种原因，志愿服务在不少地方无法满足群众的这些需要。

四、对策和建议

（1）提高政治站位。建设新时代文明实践中心（所、站等）是以习近平同志为核心的党中央从战略和全局高度作出的重大决策，是宣传思想工作守正创新、开拓新局的重要举措，事关乡村振兴战略，事关意识形态工作大局，事关党的执政基础，必须提高政治站位，增强方向意识，将其作为一项重要的政治任务来抓。要突出党委的领导核心作用，压紧压实各级党委责任，聚焦"一个目标、四个定位、五项工作、三个到位、提升四大能力"的要求，着力用习近平新时代中国特色社会主义思想教育人，用社会主义核心价值观培育人，把中心打造成为基层宣传群众、教育群众、引领群众、服务群众的强大阵地，更好地凝聚起广大基层群众的共识，同心同德，为实现第二个百年奋斗目标和中华民族伟大复兴中国梦而奋斗。

（2）增强阵地意识。充分整合各类资源，不断拓展延伸阵地，实现提质扩面、提档升级。一是整合资源建好镇村主阵地，注重盘活老祠堂、闲置教学点等沉睡资源，整合党群服务中心、综合文化服务中心、综治中心等村（社区）级阵地，打造"党群服务＋文明实践"综合体，实现场地集中布局、功能集合构建、资源集聚壮大，形成"1＋1＞2"的倍增效应。二是拓展延伸阵地，依托现有资源，探索将文明实践阵地建设从农村向城市社区、大学校区、工业园区、文明单位、风景旅游区、非公企业等延伸，使文明实践全域铺开。三是建好网络阵地，推动新时代文明实践中心和县级融媒体中心、学习强国等平台融通联动，打造党的理论传播网络矩阵。

（3）精准开展服务。服务是暖人心、聚民意的重要途径，要将解决实际问题和解决思想问题有机结合，在精准服务见实效中凝聚民心民意，实现从外聚人气到内聚人心。一是问需于民。弘扬唯实求真精神，大兴调查研究之风，深入群众察实情，拓宽联系服务群众渠道，建立完善群众需求搜集反馈机制，精准把握群众需求，实现从"大水漫灌"到"精准滴灌"。二是问计于民。汲取群众智慧，发挥群众主体性作用，调动当地"百姓名嘴""草根明星"等的积极性，运用群众喜闻乐见的方式，广泛开展文明实践活动，把文明实践融入群众日常生产生活，增强主流意识形态的亲近性、体验性和感召性，进而引发群众共鸣，增强听党话、跟党走的行动自觉。三是问效于民。坚持实效导向，把"办实事"

"见实效"贯穿文明实践活动始终,将"我为群众办实事"实践活动与文明实践志愿服务活动紧密结合,着力解决群众"急难愁盼"问题,在增强群众获得感、幸福感、安全感中引导和凝聚群众。

(4)完善长效机制。通过完善体制机制,推动文明实践活动规范化、常态化开展。一要建立联动机制。在纵向上,建立完善上下联动协同机制,实现所、站的上下联动,确保上下一盘棋;在横向上,注重功能整合,打通条块界限,支持发挥镇一级"一线指挥部"作用,对各公共服务部门、基层组织等进行功能整合,推动资源共建共享,使文明实践工作与乡村振兴、基层党建、基层社会治理等充分融合,形成"中心吹哨、部门动员、各方参与"的工作格局,全面高效发挥作用。二要完善指导考核机制。因地制宜探索完善文明实践的日常调度、考核、奖补和服务指导机制,向上级争取优质资源下沉。三要完善投入机制。加大财政支持力度,积极探索通过爱心捐赠、成立新时代文明实践基金等方式,鼓励引导社会资金投入新时代文明实践所、站建设,拓宽资金保障渠道。

新时代文明实践中心（所、站）建设过程中的重点和难点

任志勇[①]

自2019年先后入列全省、全国新时代文明实践中心试点县以来，湖北省十堰市房县牢牢把握"统一思想、凝聚力量"这个中心环节，在实现中心（所、站）全覆盖的基础上，紧紧围绕中央文明办和省文明办关于中心（所、站）建设的相关文件精神进行了探索，在几年的实践中发现，新时代文明实践重点和难点在建队伍、强机制、搭平台、推项目、做活动。

一、"建好队伍"，为推动新时代文明实践提供人才支撑

新时代文明实践的根本在于解决新时代基层宣传思想文化工作"谁来做，怎么做，做什么，为谁做"的问题，出发点在人，落脚点也在人，人力资源占主导因素，因此新时代文明实践的第一要务就是要解决人的问题，即工作运行机构人员和志愿服务队伍。

对标省委文明办制定的《湖北省新时代文明实践中心（所、站）建设标准（试行）》，房县新时代文明实践中心、所、站均落实了党组织一把手担任中心主任、所长、站长的组织架构，组建了8+N志愿服务总队、乡镇支队、村（社区）志愿服务分队，初步解决了文明实践谁来做的问题，但难点在于基层宣传思想文化专业人才缺乏，像房县这样的中部偏远山区县人口外流较大，农村空心化、老龄化严重，有时间、有素养、有情怀主动参与文明实践的人才极度匮乏。

目前房县各地新时代文明实践志愿服务队伍主要依靠党政企事业单位党员干部为主，在中心集镇人口相对集中区域则以乡村退休教师干部群体、个体工商户和中老年文

[①] 作者简介：任志勇，湖北省十堰市房县新时代文明实践指导中心。

艺爱好者为主。以房县军店镇、青峰镇、门古寺镇、大木厂镇为例，这四个乡镇分别分布在县城西部、东部、西南部、北部，每个乡镇辐射周边3~4个乡，属中心集镇，商贸相对发达，人口相对集中，主动参与实践所志愿服务队的除本地党员干部外，多为本地退休教师、村干部、乡镇退休干部、个体工商户业主及中老年文艺爱好者。在实地调研中我们了解到，这些人员参与志愿服务的主要因素在于：一是有一定的文化水平和时间精力，二是有社会交往的需要，三是有通过参与服务获得集体归属感和荣誉感的主观愿望。在偏远乡村则因人口较少而上述三类人员不多、基本文化活动场所缺乏使志愿服务队伍相对不足，难以形成优势力量推动文明实践。

二、"强化机制"，为推动新时代文明实践提供制度保障

体制机制是保障新时代文明实践中心常态长效运行的规则准则，关系到中心（所、站）能否高效持久运转、能否上传下达政令畅通，关系到激发活力守正创新。因此新时代文明实践体制机制建设应重点解决中心（所、站）建设资金投入机制、工作考评奖励机制、文明实践队伍管理机制、志愿服务队伍培训管理机制、志愿服务激励嘉许机制、志愿服务基金管理运行机制等。

在具体实践中房县先后出台了《房县志愿服务管理办法》《房县志愿服务激励嘉许办法》，将文明实践纳入意识形态、综合目标考核和文明村镇、文明单位考评，比照省市标准结合实际制定了《房县新时代文明实践中心、所、站建设考评标准（试行）》，常态化督办。制定了《县级领导包联乡镇新时代文明实践工作制度》《关于开展文明单位结对共建新时代文明实践站、县直机关企事业单位包联建设新时代文明实践点工作的通知》等，建立起联系指导和结对共建制度，这些体制机制都有力推动了中心（所、站）常态运行，但在实际操作中还有诸多难点没有解决。其一在于建设资金投入机制。所站建设虽然可依托现有资源整合建设，但机构运转、活动经费等都有缺口。基层乡镇文明实践所站一般主要依托乡镇文化站建设，实践站一般依托党群服务中心建设，这两类场所前者在大部分乡镇基本没有专门场所，后者则局促狭小不利于开展活动。其二在于志愿服务激励嘉许机制难以落到实处。以乡镇实践所站为例，很多地方设立了爱心超市，但超市资金来源有限，村集体无专项支出，仅靠爱心捐赠难以为继。以考核为目的推广的服务计时管理系统难以广泛应用，特别是基层所站，中老年群体不善于也不愿使用网络平台，同时考核导向导致服务真实性难以保证且监督困难。在县一级，很多激励嘉许缺乏系统联动很难落地。其三在于志愿服务基金管理运行机制，志愿服务除了人力投入外还需资金物资的投入，如志愿者的基本保险，服务中产生的餐饮、交通等费用，专业管理运行团队的基本保障，以及其他运行经费。县级中心目前正在探索成立基金会，但从十堰

市基金的整体运行情况来看仍存在基金募集、管理、使用、监督等方面机制问题需解决。

三、"搭建平台",为推动新时代文明实践整合阵地资源

资源阵地平台是推动新时代文明实践的硬件保障,是开展各类实践活动的重要载体及支撑,平台既有实体平台也有虚拟平台。按照县域整体进行规划,资源共享、阵地共建、活动共联,打破壁垒和条块分割的工作思路,房县新时代文明实践中心设立了平台调度组,由五个重点责任单位牵头整合,搭建理论宣讲、教育服务、文化服务、科技科普、体育健身五大服务平台。同时打通"两个中心",在融媒体中心"云上房县"上线"新时代文明实践平台"和"志愿中国",将阵地资源、服务内容、活动信息上网,线上管理志愿服务,为落实文明实践开展志愿服务活动提供了极大便利。2022年房县还启动了50个乡村文化大礼堂建设,按照"文化礼堂、精神家园"的主题定位,以"有场所、有展示、有活动、有队伍、有机制"为基本要素,形成集礼堂、讲堂、影院、剧场、展厅、文体活动场所为一体的群众文化综合体,为文明实践提供实实在在的平台阵地。

房县在平台建设中遇到的难题主要有以下几个方面:一是平台阵地资源本身相对匮乏,可整合资源不多。二是阵地资源统筹使用存在一定的管理、资金等困难。如各单位自建的运动健身场馆、展览场馆等在业余及节假日开放,将面临管理维护成本增加、运营成本增加等问题。三是网络平台难以有效统一。以十堰市整个地区为例,房县、竹山因先行试点就各自使用了两家不同的平台,后全市又推广了"志愿汇"平台,平台间难以互联互通互认。

四、"培育推广项目",为推动新时代文明实践先行示范

志愿服务项目是推进新时代文明实践实现专业化、规范化、品牌化的必由之路,可以从根本上实现志愿服务活动的精准、常态、常效。

房县在项目培育上的做法:一是专题培训学项目,即学习借鉴外地成熟经验项目,如全国新时代文明实践推进会交流案例和中央文明办印发的《建设新时代文明实践中心工作方法100例》。二是百花齐放谋项目,即各地结合自身实际谋划设计申报项目,报县中心汇总审核,印发项目资料供各所站借鉴。三是指导调度育项目。对各地设计的项目进行实地参与调研,在摸索实践中不断评估优化项目。四是评估总结推项目。在各所

站运行优化的基础上,通过现场观摩、经验交流会、擂台比赛等形式对有实效、有特色的项目进行推广。

在具体实践中,房县围绕"学习实践科学理论、宣传宣讲党的政策"之类的实践项目,推出了"两团多队"党史宣讲、"理论热点面对面"、"送'理'上门"、"户院大家谈"、"下店子大讲堂"、"户院故事会"等一批项目;围绕"丰富活跃文化生活"培育了文艺快车、传统文化进校园、楹联送万家、民歌学堂等项目;围绕"持续深入移风易俗",以抵制天价彩礼、厚葬薄养、大操大办、铺张浪费为着力点,实施推广"人情新风"特色志愿服务项目,以及爱心超市、"四好"创建、巧妇洁家园、春雨润乡土、新市民融入新生活等;围绕"培育践行主流价值",推出了一批如一村一律师、春蕾助梦、暑期学堂、情暖夕阳、跑腿代购、爱心妈妈、平安计划、相约健康、家风巡讲等实践项目,瞄准重点人群、特殊群体,聚焦群众"急难愁盼",在服务中切实让群众感受到党和政府的温暖。

在实际操作中培育项目的难点在于:一是难以精准把握群众需求,群众需求是多样化、个性化的,不同群体需求不同,而基层所站能提供的服务又相对单一;二是要保持项目的稳定性,需稳定的队伍、资源经费等,而很多项目常常因人员变动、经费不足半途而废;三是如理论政策宣讲之类项目缺乏灵活多样的手段和专业化人才队伍。

五、"做实活动",让新时代文明实践落地生根服务群众

新时代文明实践的"中心"是以人民为中心,出发点是服务群众,落脚点是凝聚群众,只有实实在在地服务群众才能有效宣传群众、教育群众,最终凝聚群众,引领群众感党恩、听党话、跟党走。

为促进新时代文明实践志愿服务活动常态化有效开展,形成"周周有活动、月月有主题、节节有庆典、年年有创新"的工作格局,房县探索了点单式、集中式、站点式等多种方式做实志愿服务活动。一是做实点单。及时回应社会关切,努力做到"民有所呼,我有所应",落实群众点单、中心(所、站)派单、志愿者接单、社会评单的"四单"运行模式,群众通过电话、微信、短信等方式开展线上点单,或到实践中心(所、站)线下点单,或者由中心(所、站)走访点单,收集汇总后由中心(所、站)统筹调度,向所在志愿者队伍下达"派单"通知书,明确志愿服务时间、地点、内容,及时服务。二是做实日常。坚持每年一个年度清单,每月一个调度清单,将文明实践分解成一个个具体活动,明确到时间节点和重点责任单位,普惠性服务群众。三是做实实践站点。全县97个县直企事业单位志愿服务队包联52个小区、26条街道、34个重点部位,设立新时代文明实践站点,作为相对固定的服务场所,包环境卫生、公益宣传、文明劝导、政策宣传等,每周五或周六下午常态向群

众提供服务。

在实际实践操作中,要做实活动仍有诸多难点需要解决,一是点单机制在实际操作中仍需完善,群众主动点单、评单意识不强,中心(所、站)派单多通过行政方式推行,工作流程生硬,能有效满足群众需求的菜单不多,供给仍显不足;二是点位服务活力不足,群众参与度不高。

新时代文明实践资源整合及作用发挥

陆龙杰　戚　锐[①]

在新时代文明实践中心建设实施方案出台之前,基层思想政治工作的重要抓手是文明村镇建设和农村精神文明建设工作。新时代文明实践中心建设有别于文明村镇建设和农村精神文明建设工作,但新时代文明实践中心建设却包含了文明村镇建设和农村精神文明建设工作的所有内容。文明村镇建设、精神文明建设的各个方面和环节如果都是一盘特色菜品,那么新时代文明实践中心建设就是囊括了这一盘盘特色菜品的一桌美味佳肴。如何把这一桌菜肴加工、上桌、入口,并能回味无穷,那么菜的品质、搭配、烹饪至关重要。在新时代文明实践中,"菜"即新时代文明实践资源,具体分为阵地资源、人才资源、资金资源、制度资源、文化资源、节日资源、历史资源等。

一席色香味俱全的菜肴首先要策划采购哪些食材,确定哪些资源可列为新时代文明实践范畴。其次要依据现有烹饪条件和菜品种类,合理搭配食材。具体来说,就是充分整合利用新时代文明实践阵地资源;精准挖掘新时代文明实践人力资源;争取新时代文明实践资金资源;挖掘中华五千年文化资源;利用春节等传统节日资源;等等。最后,将食材加工制作成色香味俱全的成品菜肴,荤素搭配,实现资源大整合,即整合各类资源,发挥出新时代文明实践中心的功能定位。

本文主要从新时代文明实践资源选择和定位,新时代文明实践资源分类,新时代文明实践资源整合和搭配,新时代文明实践资源作用和意义,四个方面加以阐述。

一、新时代文明实践资源选择和定位

在新时代文明实践资源选择上,应突出群众需求、中心定位和区域特色。群众更关

[①] 作者简介:陆龙杰、戚锐,中共房县县委宣传部。

心的不一定是 GDP 的增速,而是自己的荷包鼓不鼓、工作好不好、生活质量高不高、教育有没有差异、医疗住房贵不贵、环境舒适不舒适等。具体而言,我们应以"实""旺""广""识"四字统领新时代文明实践资源选择。

新时代文明实践资源选择和定位应突出一个"实"字。聚焦群众的"急难愁盼"问题,科学整合已有的资源禀赋,根据建设新时代文明实践中心的要求,划分、标识和运用新时代文明实践资源。最终实现的是:哪里有困难,哪里就有新时代文明实践;哪里有期盼,哪里就有新时代文明实践;哪里幸福指数最高,哪里就一定有新时代文明实践。

新时代文明实践资源定位应聚焦一个"旺"字。新时代文明实践建设首要任务是将习近平新时代中国特色社会主义思想入脑入心,教育引导干部群众听党话、感党恩、跟党走。以理论宣讲、文体活动等各类文明实践活动作为载体,开展一系列文明实践活动,哪里人气最旺、人口最密集,哪里就是新时代文明实践活动开展的最佳场所。根据新时代文明实践建设要求,县一级建中心、乡镇一级建所、村一级建站的要求,中心应建在县城人口较为密集、人气最旺的区域,充分利用县城内各类各级行政、人力、阵地、学习资源。乡镇新时代文明实践所建在集镇小区综合文化服务中心以及乡镇政府附近,让群众出门就有归属感,遇到困难自然想到的和找到的是新时代文明实践所。新时代文明实践站建在村委会和综合文化服务中心,让新时代文明实践的触角延伸到每一个村民。

新时代文明实践中心定位还应体现一个"广"字。就是面要广,要将新时代文明实践的触角在中心、所、站之外进一步延伸,广泛建设、布置新时代文明实践点,赋予所有小区、医疗、商业、教育各个领域新时代文明实践含义。新时代文明实践点的建设不拘泥于中心、所、站建设标准,但要突出直接、实用、贴心的定位,有新时代文明实践点标志和必要的志愿服务展示内容即可,不单独设办公室,不需要过多的制度框架上墙展示。在群众有需要的时候,新时代文明实践点的志愿者能站出来接单,在最短的时间内高效率解决群众的困难。

新时代文明实践中心定位还要蕴含一个"识"字。就是辨识度要高,全国各地新时代文明实践中心不应一个模子画到底,而应突出地域特色和地方文化色彩。在对标中央建设新时代文明实践要求和基本功能定位上,巧妙地结合地方名片。新时代文明实践中心既是服务本地群众的一个平台,让群众寓教于乐的一个舞台,更是一个对外展示宣传的好媒介。就十堰而言,房县的忠孝文化、野人之谜、诗经文化;武当山的仙山道家文化;丹江口的一江清水一江情;这些都是可以深度挖掘包装的阵地、文化、自然资源。

房县新时代文明实践中心选址建设于县城诗经文化广场,市民之家二楼,以新时代文明实践中心为中心,周边是博物馆、非遗馆、图书馆、罗国士艺术画馆、便民服务中心、体育场,此外新时代文明实践中心毗邻司法局、文旅局等 8+N 志愿服务队牵头单位,很好地实现了新时代文明实践包罗万象、融会贯通的作用,较好地贯彻了新时代文明实践在资源选择、取舍上的针对性。此外,房县广泛设置新时代文明实践站点,在医院、商超、小区、学校成立志愿服务点,将文明实践内涵予以充分融入、内嵌。充分挖掘房县独有的诗经、黄酒、野人、忠孝等文化，通过新时代文明实践讲、演、说，文明实践活动的常态化开展，提高品牌影响力，提升地方的文化高度和深度。

二、新时代文明实践资源分类

新时代文明实践资源可谓面面俱到、无所不有，只要有益于文明实践活动开展、有助于解决群众"急难愁盼"问题均应考虑统筹和利用。具体分为行政资源、阵地资源、人才资源、资金资源、制度资源、文化资源、节日资源、历史资源等。在推动新时代文明实践工作中，合理挖掘和利用各类资源是保证文明实践活动开展的重要前提。同时，也避免了新时代文明实践活动开展的局限性、单一性。

（1）行政资源。新时代文明实践建设是以县、乡镇、村三级为单位，在县一级成立新时代文明实践中心，由县（市区）党委书记或专职副书记担任中心主任；在乡镇一级成立新时代文明实践所，由乡镇党委主要负责同志担任所长；在行政村设新时代文明实践站，由村党组织主要负责同志担任站长。经过试点发现，行政资源是保证新时代文明实践工作顺利开展的第一条件，县、乡镇、村"一把手"在推动新时代文明实践工作中的作用非常关键，只要三级书记一起抓、用心抓，切实扛起主体责任，亲自开展工作调研、督导，发挥党组织的领导核心作用，工作就会引起各级干部群众重视。各级书记做新时代文明实践志愿服务表率，以上率下，全民参与志愿服务的一盘棋就会形成，新时代文明实践工作开展就有了更多保障。县直相关部门根据部门职能特点组建理论宣讲、文化艺术、卫生健康、科技、科普等志愿服务队，部门主要负责人任各志愿服务队队长。这就将各部门紧密地结合在县新时代文明实践中心之中，整合了现有行政资源，筑牢了县新时代文明实践中心根基。

（2）阵地资源。科技、教育、文旅、体育、司法等部门的各类资源都是新时代文明实践阵地资源，把行政事业单位及学校、医院赋予文明实践定义后，聚焦理论宣讲、教育服务、文化服务、体育、卫生健康、科技、科普、扶弱济困等方面，充分挖掘利用图书馆、市民之家、教育基地、文艺大舞台、体育中心、律师事务所这些涉及群众吃穿住行方方面面的阵地资源，这些资源都可为新时代文明实践工作所用。笔者经过调研，切实感受到各地在新时代文明实践中心建设上，充分考虑了本地阵地资源优势，将新时代文明实践中心选址于人气最旺、功能最全的地点，更好地实现资源整合、流程再造的建设思路。如房县新时代文明实践中心地点位于县市民之家，竹山县新时代文明实践中心位于秦巴文化艺术中心。

（3）人才资源。除了行政资源和阵地资源外，新时代文明实践谁来做也是首先要落实的问题。中心、所、站的建设突出功能定位，新时代文明实践中心不是建参观馆，而是通过新时代文明实践中心这一大阵地集群和平台,开展各类文明实践活动,达到寓教于乐,凝聚群众,巩固夯实党的执政基础。所以需要有相当的人力资源将新时代文明实践这团新水激活。在人力资源选择上,退休职工、老党员、老干部、老军人、老教师、老模范、在各领域德高望重、贡献突出、具有模范带头作用的各界人士都是新时代文明实践人才资源。乡镇村一级,新乡贤、致富能人、先进人物、道德模范、热心公益人士以及创业返乡人员等应被吸纳到新时代文明实践领域。在各个领域有特长和造诣的干部群众特别是百姓宣讲员是宝贵的资源,各地要充分挖掘、培育出能说能唱接地气的百姓宣讲员,通过群众喜闻乐见的方式宣传党和政府的惠民政策、民生工程、扫黑除恶、法制教育等工作。

(4)节日资源。新时代文明实践活动的开展要利用一些重要的时间节点,在开展各类文明实践活动的同时,唤醒人们多一些传统节日的情感共鸣,一些传统节日和特殊日子如春节、学雷锋日、端午节、六一儿童节、"七一"、国际禁毒日、国庆节、中秋节、重阳节、宪法日等日子都是一类比较好的节日资源,新时代文明实践对节日资源进行了整合,在不同的特别日子里开展不同的主题活动,给文明实践赋予节日的内涵。因此,新时代文明实践要深度挖掘、包装传统佳节,让节日中的文明实践活动都有一种节日主题,让"我们的节日"在文明实践力量的驱动下,更能体现出中华文化的博大精深。

此外,文化资源、历史资源、资金资源也是保障文明实践工作开展中必不可少的一部分,各地有不同的历史、文化资源禀赋,如红色文化、地质文化、名人文化。各地的地域人文文化,可以说是百花齐放,绚烂多彩。在挖掘新时代文明实践资源的时候,要充分考虑当地的文化、历史特点,把新时代文明实践中心建设与地域特色有机融合,将文明实践活动的开展与地域特色有机融合,将文明实践内涵与宣传推介本地文旅资源有机融合。不同地区文明实践活动中体现出不同的当地历史文化,让文明实践推出于本地的时候,更具特色、更经得起历史的沉淀,在文明实践大比武大融合中,碰撞出新的火花。

三、新时代文明实践资源整合和搭配

新时代文明实践资源涉及面广、种类多,不管是县一级资源还是乡镇村一级资源,其统筹利用要有针对性、方法性。县新时代文明实践中心需要对各种阵地进重新布局、整合和利用,使之成为县文明实践的大舞台。

在人力资源整合上,要优先考虑人才与岗位的匹配。如整合法律专业人才资源与新时代文明实践法律平台对接。整合心理学专业人才与健康平台对接。整合各类文体专业人才加入文体志愿服务队。整合退休教师、公职人员潜心研学党的创新理论,从群众角度讲出接地气、效果好的主旋律故事。

在阵地资源整合上，要求同存异，找到不同资源的共同点和相通之处。让阵地资源在整合中发挥出更大作用。如整合工会活动场所成为新时代文明实践综合活动基地；整合好人馆、博物馆、红色教育基地等，使之成为文明实践的公民道德实践基地；整合体育中心、各学校及小区体育区域成为文明实践中心体育健身实践基地；整合党校、社区宣教室，使之成为党的理论和政策宣讲基地；整合所有文化广场、生态园、图书馆为文化宣传实践基地。

此外，部分医疗部门如卫健局、县医院、中医院、疾病预防控制中心整合为卫生健康实践基地；青少年活动中心及科技馆为科技创新实践基地；等等。在乡镇一级，由各乡镇实践所将党员活动中心、综合文化站等资源整合，形成实践所文明实践活动的主阵地。在村一级，由村实践站将党群中心、乡村大舞台、农家书屋、名人故居等资源整合，构成实践站文明实践的主场所。

四、新时代文明实践资源整合的作用和意义

新时代文明实践资源的意义在于能否使新时代文明实践中心建设达到预期的目的，很好地巩固党在基层的宣传阵地。新时代文明实践中心听起来是新名词，但其使命和任务与宣传思想文化工作如出一辙，都是要发挥出举旗帜、聚民心、育新人、兴文化、展形象的使命任务。挖掘、利用、统筹新时代文明实践资源的作用，就是让新时代文明实践工作在不大拆大建情况下，在科学合理的方法下，在资源最大化利用下轻装上路，走得更远、走得更宽。整合新时代文明实践资源的作用有三点：

（1）有助于摸清、激活县域内各类资源。通过新时代文明实践工作推进，会逐渐摸清县域内各领域、各类别、各行业的资源，把县（市、区）域内的家底再一次摸清、把多年沉睡的资源唤醒，避免空置浪费。通过新时代文明实践工作的推进和发展，有助于全县再一次梳理现有资源，并对资源的统筹利用和功能定位再次思考。很多长年闲置或者用途没有发挥到极致的资源被赋予新时代文明实践定义以后，都将变得更有价值，只需要文明实践活动的激活，各类资源也将重登舞台，发挥作用至最大化。这一点不是只针对新时代文明实践工作，对资源本身利用和职能发挥最优、最大化都具有重要的意义。

（2）文明实践的加持利于资源再配置再优化。资源相对独立，其作用发挥便有限，新时代文明实践对现有资源依据功能、作用再次统筹和配置优化，使单一作用的资源在与其他资源结合后，有了新的定义和延伸。在结合中得到新的配置，在文明实践活动的开展中对各种资源再次优化。在阵地资源中，通过理论宣讲这个平台的汇聚作用，使得党校、镇村宣讲室、学校以及法律、科普活动室成为一个有机整体，将相关机制体制理顺，便能达到四两拨千斤的作用。退休干部、新乡贤、退休教师，以及有文化艺术爱好，熟知

党的政策理论的人才汇聚，从而得以相互借鉴、取长补短，推动理论政策宣讲、科技知识法律知识的普及更加深入人心，这是人力资源优化。

（3）可逐步促使优秀资源下沉共享。新时代文明实践工作重点是要加强基层宣传思想阵地，在基层文明实践活动开展中，省市帮扶建设新时代文明实践中心，县帮扶建设新时代文明实践所（站），以及文明实践活动工作常态长效开展，可以有效推动县域之内、乡镇之间、村之间资源流动互动、取长补短，最大限度发挥资源的综合利用效益。在推动新时代文明实践工作朝着更高、更远方向发展的过程中，各级各类资源不断深度融合、下沉共享，让乡镇一级资源在吸收优势资源的同时，文明实践活动开展得有声有色，借鉴先进理念和思维方式形成强大动能，以文明实践工作助推乡村振兴和基层社会治理进入新阶段。

建设新时代文明实践中心是党中央作出的一项重要举措，目的是将党的宣传阵地建在群众身边，通过理论宣讲、党的政策宣讲、科学知识普及、文化体育活动、文明乡风培育等方式，打通宣传、教育、关心、服务群众的"最后一公里"，让习近平新时代中国特色社会主义思想"飞入寻常百姓家"，在新时代文明实践工作推动中，资源的合理选择、科学统筹、合理利用将会推动新时代文明实践工作行稳致远。

参考文献

[1] 习近平谈治国理政:第1卷[M].2版.北京:外文出版社,2018.

[2] 习近平谈治国理政:第2卷[M].北京:外文出版社,2017.

[3] 习近平谈治国理政:第3卷[M].北京:外文出版社,2020.

[4] 习近平谈治国理政:第4卷[M].北京:外文出版社,2022.

[5] 中共中央马克思恩格斯列宁斯大林著作编译局.马克思恩格斯选集:第1~4卷[M].北京:人民出版社,2014.

[6] 习近平.高举中国特色社会主义伟大旗帜 为全面建设社会主义现代化国家而团结奋斗——在中国共产党第二十次全国代表大会上的报告[M].北京:人民出版社,2022.

[7] 中共中央关于党的百年奋斗重大成就和历史经验的决议[N].人民日报,2021-11-17(001).

[8] 习近平.习近平在庆祝中国共产党成立100周年大会上的讲话[M].北京:人民出版社,2021.

[9] 习近平.论党的宣传思想工作[M].北京:中央文献出版社,2020.

[10] 中央文明办一局.建设新时代文明实践中心指导手册[M].北京:学习出版社,2020.

[11] 中央文明办一局.建设新时代文明实践中心工作方法100例[M].北京:学习出版社,2020.

[12] 习近平.坚持把解决好"三农"问题作为全党工作重中之重,促进农业高质高效乡村宜居宜业农民富裕富足[N].人民日报,2020-12-30.

[13] 习近平.建设中国特色中国风格中国气派的考古学 更好认识源远流长博大精深的中华文明[N].人民日报,2020-09-30(1).

[14] 中共中央关于制定国民经济和社会发展第十四个五年规划和二〇三五年远景目

标的建议[M].北京:人民出版社,2020.

[15] 习近平.在教育文化卫生体育领域专家代表座谈会上的讲话[N].人民日报,2020-09-23(2).

[16] 中共中央党史和文献研究院.习近平关于"三农"工作论述摘编[M].北京:中央文献出版社,2019.

[17] 新华社.习近平主持召开中央全面深化改革委员会第三次会议[EB/OL].[2018-07-06].http://www.gov.cn.

[18] 中共中央关于坚持和完善中国特色社会主义制度推进国家治理体系和治理能力现代化若干重大问题的决定[N].人民日报,2019-11-06(1).

[19] 习近平.把乡村振兴战略作为新时代"三农"工作总抓手[J].实践,2019(6).

[20] 习近平.高举新时代改革开放旗帜 把改革开放不断推向深入[N].人民日报,2018-10-25(1).

[21] 中共中央,国务院.乡村振兴战略规划(2018—2022)[N].人民日报,2018-09-27.

[22] 习近平.决胜全面建成小康社会 夺取新时代中国特色社会主义伟大胜利——在中国共产党第十九次全国代表大会上的报告[M].北京:人民出版社,2017.

[23] 中央文明委.关于深化群众性精神文明创建活动的指导意见[N].人民日报,2017-04-06(9).

[24] 习近平.在文艺工作座谈会上的讲话[M].北京:人民出版社,2015.

[25] 中共中央文献研究室.十八大以来重要文献选编(上)[M].北京:中央文献出版社,2014.

[26] 习近平.建设社会主义文化强国 着力提高国家文化软实力[N].人民日报,2014-01-01(1).

[27] 中共中央文献研究室,中央档案馆.建党以来重要文献选编(1921—1949):第26册[M].北京:中央文献出版社,2011.

[28] 国务院应对新型冠状病毒感染疫情联防联控机制综合组.关于对新型冠状病毒感染实施"乙类乙管"的总体方案[EB/OL].[2022-12-26].http://www.gov.cn/xinwen/2022-12/27/content_5733739.htm.

[29] 上海市精神文明建设委员会办公室.上海市新时代文明实践志愿服务指导手册[M].上海:上海三联书店,2021.

[30] 广州市精神文明建设委员会办公室,广州市从化区精神文明建设委员会.新时代文明实践中心三十讲[M].广州:广州出版社,2018.

[31] 代玉启.推进精神生活共同富裕的理与路[J].社会科学家,2022(11).

[32] 徐秦法,刘星亮.中国式现代化道路何以突出文化建设?——基于物质文明和精神文明关系视角的考察[J].社会科学战线,2022(12).

[33] 黄恩华.新时代文明实践中心建设路径探析[J].人民论坛,2022(13).

[34] 张蘩.基层治理有效的结构、能力与方式辨析[J].求索,2022(6).

[35] 崔晶.基层治理中的政策"适应性执行"——基于Y区和H镇的案例分析[J].公共管理学报,2022(1).

[36] 黄承伟.推进乡村振兴的理论前沿问题[J].行政管理改革,2021(8).

[37] 唐仁健.以高度政治自觉奋力开创乡村振兴新局面[J].中国纪检监察,2021(6).

[38] 高蕾,徐壮,董博婷.奏响文明实践新乐章——各地新时代文明实践中心试点工作取得扎实成效[N].新华每日电讯,2021-11-22(10).

[39] 张明海.新时代社会文明程度的理论意涵与提升路径[J].探索,2021(5).

[40] 蒙象飞.农村社会主义精神文明建设现状探析[J].毛泽东邓小平理论研究,2021(11).

[41] 全开祥,赵品卫."结网":县级融媒体中心的"下沉"建设——基于对义乌市融媒体中心镇街分中心的考察[J].中国广播电视学刊,2021(11).

[42] 夏小华,雷志佳.乡村文化振兴:现实困境与实践超越[J].中州学刊,2021(2).

[43] 朱尉,高兆强.十四五时期公共文化服务推动乡村振兴的认识纠偏与进路探析[J].图书与情报,2021(1).

[44] 何利娜.新时代文明实践中心建设的基本逻辑、原则导向和实施路径[J].特区实践与理论,2021(4).

[45] 金莹,刘艳灵.协同治理视角下公共文化云服务模式的运行逻辑与优化路径[J].图书馆,2021(2).

[46] 宋惠芳.新时代文明实践中心建设的创新路径研究[J].马克思主义研究,2021(8).

[47] 戴春.协同治理视角下新时代文明实践中心参与社区治理问题研究[J].重庆科技学院学报(社会科学版),2021(1):26-31.

[48] 李前进,赵冬.打造新时代文明实践中心建设的"江宁样本"[N].新华日报,2021-07-09.

[49] 郑海鸥.聚焦服务群众 弘扬时代新风[N].人民日报,2021-11-23.

[50] 李为君,夏颖,孔寅.乡风文明的塑造 改革开放以来农村文化建设研究[M].北京:首都经济贸易大学出版社,2021.

[51] 宋听松.打造"小平台"发挥"大作用" 基层新时代文明实践中心的建设与完善[J].人民论坛,2020(36).

[52] 方提,尹韵公.县级融媒体中心是基层社会治理的重要抓手[N].光明日报,2020-12-18(11).

[53] 方舒.协同治理视角下"三社联动"的实践反思与理论重构[J].甘肃社会科学,2020(2).

[54] 江凌.接地气 有活力 可持续 高质量拓展新时代文明实践[N].学习时报,

2020-09-28.
- [55] 陈瑞峰.推动新时代文明实践中心建设高质量发展[N].学习时报,2020-11-12.
- [56] 李康.乡村振兴背景下新时代文明实践中心建设面临问题及对策研究——以W市为例[D].开封:河南大学,2020.
- [57] 张晨霞.新时代文明实践中心建设研究——以内蒙古自治区为例[D].呼和浩特:内蒙古大学,2020.
- [58] 彭晓明,徐铁男,刘文峰.乡风文明培育必读[M].北京:中国农业科学技术出版社.2020.
- [59] 章寿荣,程俊杰.推动新时代文明实践中心标准化建设:理论本质与实现路径[J].现代经济探讨,2020(3).
- [60] 刘明.山东省新时代文明实践中心建设研究[J].智库时代,2020(4).
- [61] 邓帅.加强志愿者队伍建设 推进新时代文明实践中心有效运行[J].中共青岛市委党校青岛行政学院学报,2020(3).
- [62] 展伟.新时代文明实践中心的时代价值[N].光明日报,2019-11-20(6).
- [63] 周盼.推进基层社会多元主体协同治理[N].中国社会科学报,2019-01-30.
- [64] 罗昕,金昱伶.县级融媒体中心建设的原则与路径[J].青年记者,2019(15).
- [65] 聂晓葵.提升新时代文明实践中心建设水平[N].经济日报,2019-12-27.
- [66] 夏劲松.新时代文明实践中心建设的探索与思考[N].马鞍山日报,2019-12-30.
- [67] 曹峰.建好县级融媒体中心和新时代文明实践中心[J].红旗文稿,2019(12).
- [68] 张祖平.志愿服务如何服务于新时代文明实践中心建设[J].中国社会工作,2019(24).
- [69] 刘波亚,李金玉.网络空间中主流意识形态的认同逻辑[J].教学与研究,2019(4).
- [70] 陈信凌,范懿.新媒体精准传播下的乡风文明建设研究[J].江西社会科学,2019(11).
- [71] 王树荫.中国共产党思想政治教育史[M].北京:中国人民大学出版社,2010.
- [72] 田琨.乡村振兴战略 乡风文明和治理有效篇[M].北京:中国农业出版社,2018.
- [73] 黄志斌,王兰兰,王鹤琴,等.大学生振兴乡村志愿服务胜任力分析[J].中国成人教育,2018(24).
- [74] 陈尧.网络民粹主义的政治危害[J].人民论坛,2016(9).
- [75] 练宏.弱排名激励的社会学分析——以环保部门为例[J].中国社会科学,2016(1).
- [76] 马雪松.结构、资源、主体:基本公共服务协同治理[J].中国行政管理,2016(7).
- [77] 徐润雅.我国城市社区协同治理模型与运行机制研究[D].合肥:中国科学技术大学,2016.
- [78] 徐大同.准确认识西方政治民主制度[J].红旗文稿,2015(15).

[79] 李汉卿.协同治理理论探析[J].理论月刊,2014(1).

[80] 王芝眉.结构断裂:转型期主流意识形态认同困境的内潜性原因分析[J].新疆大学学报(哲学社会科学版),2014(6).

[81] 辛丽雯.研究生支教团的思想政治教育功能研究[D].哈尔滨:哈尔滨工程大学,2014.

[82] 徐翔.文化与媒介传播中的虚假认同问题——基于文化研究的多维视角[J].吉首大学学报(社会科学版),2011(1).

[83] 杨茹,宋国恺.新时期新型农民与乡风文明[M].北京:中国社会出版社,2010.

[84] 周黎安.转型中的地方政府:官员激励与治理[M].上海:上海人民出版社,2008.

[85] 李友梅,肖瑛,黄晓春.社会认同:一种结构视野的分析——以美、德、日三国为例[M].上海:上海人民出版社,2007.

[86] 周黎安.中国地方官员的晋升锦标赛模式研究[J].经济研究,2007(7).

[87] [澳]欧文·E.休斯.公共管理导论(第三版)[M].张成福,王学栋,韩兆柱,等译.北京:中国人民大学出版社,2007.

[88] 田雨杰,慈勤英.虚假认同:带着面具生存[J].中国青年研究,2003(11).

[89] [美]詹姆斯·N.罗西瑙.没有政府的治理[M].张胜军,刘小林,等译.南昌:江西人民出版社,2001.

跋

激活乡风文明之根

激活乡风的中华文明建设有以下几层意思：第一是指文明建设植根于中华文明。第二个意思是这个文明现在还在，它是活着的，不在书上，不在教室里面，在我们的农村里。第三个意思是这个文明需要我们去激活。就是说，我们要用一种开放的视野、先进的文化去激活。

中华文明几千年来没有断流，支撑整个中华民族的是什么东西？是我们的农村。改朝换代的力量主要靠谁？农民起义靠农民。这里面有一个文明逻辑，即文明的底层逻辑。这个逻辑是：我们中华文明、农耕文明从哪里来？我们中华文明、农耕文明是从天地之中来的。《周易》的乾卦和坤卦揭示了一个这样的道理：乾卦讲"天行健，君子以自强不息"；坤卦讲"地势坤，君子以厚德载物"。我们人就是学天学地、自强不息、积极向上，通过自己的劳动、奋斗来创造文明。厚德载物就是向上。我们创造的文明是从哪里来的？当然是靠自己的努力，但不完全是自己的努力，还有天和地，所以要感恩天、感恩地、感恩人。我们的文化里有一些至善的东西——向善向上、自强不息、厚德载物，这是我们中华民族的血脉基因。

那么，什么是文明？什么是中华文明？自由平等民主是不是文明？是，但也不全是。真正的文明是建立在向善向上基础上的自由平等民主。这就是我们中华民族的深层次的根基，这就是中国式现代化的文化逻辑，这就是"两个结合"的精髓要义。习近平总书记在2017年12月28日的全国农村工作会议上有一个讲话，这个讲话有三个意思。第一个意思是，优秀农村文化能够提振农村精气神，能够增强凝聚力。所以乡村振兴既要扶贫，也要铸魂，要形成文明乡风、良好家风。第二个意思是，中华文明根植于农耕文明。第三个意思是，要深入挖掘基层创新优秀传统乡风、乡土文化，要把农耕文明优秀文化遗产和现代文明要素结合起来。百年来为中国革命、中国建设、中国改革作出巨大贡献的是三农，即农村、农民、农业。所以，三农是中国现代化最大的回旋余地。对于中国的发展,这里面有最勤劳最善良的力量,即我们的农民;这里面有最深厚最丰富的中华民族的文化底蕴。这个力量对我们搞中国式现代化、社会主义现代化建设,对我们的文明实践,都是非常重要的。因此,要怎么挖掘它、激活它,这是摆在我们面前的一个重大现实问题。

我对这个问题的理解,也是基于我们之前在省里几个村子做的一个尝试。按照习近平总书记讲的思路和逻辑,我们要怎么去激活乡风文明的根脉?我们在2022年12月份去了一个村子,针对村子里的一老一小搞了一个"五心"(培德心、立孝心、悟道心、信爱心、暖民心)活动,还搞了"树三风",即树立尊道贵德的文明乡风、孝亲敬老的良好家风、向善向上的淳朴民风,以及"十大行动"。这个村子的建设效果非常明显,整个村子里的农民面貌完全发生了变化,村子遇到困难都能迎刃而解——因为人心通了。

文明实践从哪里入手?从哪里突破?我觉得就是从我们几千年以来流淌在中华文化之中的、流淌在中华民族每一个人血脉的文明入手,这可能是能够在比较短的时间里看到成效的,而且我相信这一定会是可以持续的,也一定是可以复制的。

湖北省人大常委会委员

教科文卫委员会副主任委员

湖北省新时代文明实践研究院名誉院长

喻立平

2023 年 4 月 15 日